Labirintos da Alma

Conflitos e soluções

A. Merci Spada Borges

LABIRINTOS DA ALMA

Conflitos e soluções

FEB

Copyright © 2012 *by*
FEDERAÇÃO ESPÍRITA BRASILEIRA – FEB

1ª edição – 2ª impressão – 1 mil exemplares – 6/2016

ISBN 978-85-7328-912-1

Todos os direitos reservados. Nenhuma parte desta publicação pode ser reproduzida, armazenada ou transmitida, total ou parcialmente, por quaisquer métodos ou processos, sem autorização do detentor do *copyright*.

FEDERAÇÃO ESPÍRITA BRASILEIRA – FEB
Av. L2 Norte – Q. 603 – Conjunto F (SGAN)
70830-106 – Brasília (DF) – Brasil
www.febeditora.com.br
editorial@febnet.org.br
+55 61 2101 6198

Pedidos de livros à FEB
Gerência comercial
Tel.: (61) 2101 6168/6177 - comercialfeb@febnet.org.br

Dados Internacionais de Catalogação na Publicação (CIP)
(Federação Espírita Brasileira – Biblioteca de Obras Raras)

B732l   Borges, Aparecida Merci Spada, 1940–

Labirintos da alma: conflitos e soluções / Aparecida Merci Spada Borges – 1. ed. – 2. imp. – Brasília: FEB, 2016.
300 p.; 23 cm

Inclui referências

ISBN 978-85-7328-912-1

1. Espiritismo. 2. Obsessão. I. Federação Espírita Brasileira. II. Título.

CDD 133.9
CDU 133.7
CDE 30.00.00

Sumário

1 A influência dos Espíritos é uma realidade 7

2 O homem é um Espírito!... 21

3 Médiuns e mediunidade a serviço do bem 45

4 Um conto do outro mundo: não julgueis!........................ 63

5 Os fluidos e a lei da atração na vida do homem 75

6 Pensamento e vontade na trajetória do Espírito 83

7 Entre o bem e o mal 101

8 Alegoria de Adão e Eva 117

9 Lei de causa e efeito: a justiça nas mãos de Deus 125

10 Reflexões sobre as paixões humanas 135

11 O que é obsessão?... 147

12 A obsessão e suas consequências 165

13 Cinco anos de obsessão 187

14 Causas da obsessão 193

15 Quem ama não constrange, não persegue, não mata!.... 201

16 Loucura e obsessão ou obsessão é loucura? 211

17 Como "diagnosticar" a influência perniciosa?...................219

18 Passe – terapia espiritual 225

19 A fé remove os obstáculos do caminho 233

20 Quando floresce a fé 239

21 Prece, canal de ligação com os planos maiores 245

22 Transformação moral, a salvação do Espírito 255

23 Tratamento e cura das obsessões 265

24 Depoimento de Frida 285

25 Epílogo 289

Referências 297

1
A INFLUÊNCIA DOS ESPÍRITOS É UMA REALIDADE

Deus, foco de inteligência e de amor, é tão indispensável à vida interior quanto o Sol à vida física! Deus é o Sol das almas. É Dele que emana essa força, às vezes, energia, pensamento, luz, que anima e vivifica todos os seres. Quando se pretende que a ideia de Deus é inútil, indiferente, tanto valeria dizer que o Sol é inútil, indiferente à natureza e à vida.[1]

Almas existem de aptidões infinitamente variadas: almas obscuras e brilhantes, nobres ou vulgares, tristes ou alegres. Almas de fé, almas de dúvida, almas de gelo, almas de fogo! Todas parecem misturar-se, confundir-se na imensa arena da vida. Dessas discordâncias aparentes, dessas atrações, desses contrastes, provêm as lutas, os conflitos, os ódios, os amores loucos, as felicidades inebriantes, as dores agudas. Mas, desse bracejar contínuo, certa mistura se produz; perpétuas trocas se efetuam; uma ordem crescente se origina. Os fragmentos das rocas e as pedras arrastadas pela torrente transformam-se, pouco a pouco, em calhaus redondos e polidos. O mesmo acontece com as almas: chocadas, roladas pelo rio das existências, de grau em grau, de vida em vida encaminham-se na senda das perfeições.[2]

---

[1] DENIS, Léon. *O grande enigma*. Primeira parte, cap. VIII.
[2] Id. Ibid. Segunda parte, cap. XIII.

Em todos os tempos, em todos os lugares, sempre se ouviu falar, ou se presenciou, quando não se participou, de fenômenos que envolvem a alma dos mortos. Esses fenômenos, de características variadas, são possíveis graças à existência da alma e sua sobrevivência após o desencarne, bem como à comunicabilidade existente entre homens e almas. De todos, os mais fantásticos são os das aparições. Odiadas, amadas, evitadas, desejadas, recebem as mais diferentes denominações de acordo com a região ou país em que se manifestam. Assim: assombração, fantasma, alma do outro mundo, alma penada, espírito do mal, demônios, satanás, espíritos batedores, duendes e inúmeras outras que quase sempre se apresentam de forma assustadora ou sofrida. Não há locais apropriados para se manifestarem. Basta a conexão mental. Entretanto, entre os mais temidos e já consagrados, estão casas abandonadas, castelos, casarões, barracões que acabam ganhando a designação de lugares mal-assombrados.

As aparições agradáveis, belas, luminosas são denominadas de sombras amigas, anjo bom, anjo da guarda, espírito de luz, amigo espiritual, santo, Nossa Senhora e outros que entraram no agrado popular e hoje fazem parte da cultura regional de muitos povos.

As aparições podem se fazer notadas em quaisquer outros lugares, dentro ou fora dos lares, nas igrejas, nos teatros, nas ruas e mesmo em meio à natureza.

Nas reuniões de amigos ou de familiares, não é raro aparecer alguém propenso a contar "causos" que envolveram os seres espirituais que povoaram e continuam povoando a mente de crianças e adultos desde eras remotas.

Allan Kardec buscou informações e estudou o assunto, e as questões, dirigidas aos Espíritos, esclarecem muitas dúvidas:

> Em geral, as crenças populares guardam um fundo de verdade. Qual terá sido a origem da crença em lugares mal-assombrados? O fundo de verdade está na manifestação dos Espíritos na qual o homem, instintivamente, acreditou desde todos os tempos. Mas [...] o aspecto lúgubre de certos lugares lhe fere a imaginação e esta o leva, naturalmente, a colocar nesses lugares os seres que ele considera sobrenaturais. Demais, a entreter essa crença supersticiosa aí estão as narrativas poéticas e os contos fantásticos com que o acalentam na infância.[3]

---

[3] KARDEC, Allan. *O livro dos médiuns*. Segunda parte, cap. IX, it. 132.

O Mestre da Codificação, durante as conversas que mantinha com os Espíritos amigos, fazia questão de não levar dúvidas para casa e, assim, não receava questionar:

> Será racional temerem-se os lugares assombrados pelos Espíritos? Não. Os Espíritos que frequentam certos lugares, produzindo neles desordens, antes querem divertir-se à custa da credulidade e da poltronaria dos homens do que lhes fazer mal. Aliás, deveis lembrai-vos de que em toda parte há Espíritos e de que, assim, onde quer que estejais, os tereis ao vosso lado, ainda mesmo nas mais tranquilas habitações. Quase sempre, eles só assombram certas casas, porque encontram ensejo de manifestarem sua presença nelas.[4]

Realmente, há habitações em que as aparições ou almas do outro mundo, indiferentes às Leis divinas, invadem, apossam-se do ambiente, quando não das pessoas. Fazem um barulho tremendo, assustam os moradores ou visitantes e usam de todos os meios para espantá-los. Isso é percebido quando há uma ou mais pessoas que apresentam mediunidade de efeitos físicos. Essas pessoas ou não sabem, ou nada fazem para se manterem a salvo das influências. São pessoas que se entregam aos mais variados vícios, ao nervosismo, à irritabilidade, cultivam com prazer a superstição, o deboche, os palavrões e não cuidam de pôr em prática as lições de Jesus.

Que são, na realidade, as aparições? São Espíritos que, um dia, próximo ou distante, viveram na Terra. Algumas vezes, são parentes ou conhecidos desejosos de chamar a atenção, pedir perdão e dizer que continuam vivos. Muitos ali aportam para cobrar débitos, fidelidade, responsabilidades, concretizar seus desejos de vingança ou simplesmente se divertir com o medo alheio, que bem sabem provocar. São inteligências espirituais desvencilhadas da roupagem carnal pelo processo do desencarne.

Alma é o termo que Allan Kardec preferiu adotar para designar a inteligência humana enquanto encarnada. Ele optou pelo termo Espírito para denominar as pessoas que, com o processo da morte do corpo, passam a viver no mundo espiritual. São, portanto, termos diferentes que denominam um só ser: a inteligência espiritual que ora anima o corpo material, enquanto encarnado no orbe e ora vive no plano espiritual. Uma vez desencarnado, o ser prossegue a sua

---

[4] KARDEC, Allan. *O livro dos médiuns*. Segunda parte, cap. IX, it. 132.

existência, adquire novas experiências do outro lado da vida enquanto aguarda reencarnação subsequente. Há muita coisa a realizar nos intervalos reencarnatórios, todavia nem todos se utilizam das oportunidades evolutivas. A aquisição de novas experiências depende do esforço, da boa vontade, da elevação moral de cada Espírito. Poucos, porém, se aproveitam do ensejo de trabalhar no bem.

Embora invisíveis para a maioria dos encarnados, os Espíritos têm um corpo fluídico denso e real quando desencarnados. Sabe-se, no entanto, que as entidades inferiores raramente visualizam as superiores. Em situações especiais, a vestimenta fluídica do ser espiritual pode tornar-se densa e visível aos encarnados e com a mesma aparência e características da veste carnal. Esses períodos em que o Espírito aparece são de rápida duração, por isso mesmo denominam-se aparições.

Os médiuns que têm o dom da vidência estão aptos a registrar as aparições, mas nem todas. Em situações excepcionais, elas podem se tornar visíveis e tangíveis a inúmeras pessoas ao mesmo tempo por meio da materialização. Para que esse fenômeno, embora raro, se concretize, é necessário que haja médium apropriado.

A presença dos Espíritos entre os encarnados é mais comum do que se imagina. Felizmente, nem todos podem vê-los. Entretanto, onde há seres encarnados, sempre haverá Espíritos que com eles se afinam. É a lei da atração ou da afinidade. Trata-se de Lei divina que rege o universo e aproxima os seres pelas semelhanças existentes entre si. A semelhança se revela pelos pensamentos, simpatias, sentimentos, ideais, comportamentos, atitudes, enfim, pelas virtudes e pelos vícios.

A morte do corpo não transforma o indivíduo. Ele será do lado de lá exatamente como era do lado de cá, pois virtudes ou vícios são aquisições do Espírito e não da matéria. Bom ou mau, orgulhoso ou humilde, egoísta ou altruísta, responsável ou irresponsável, carrancudo ou brincalhão, digno ou indigno e outros tantos atributos que manterá até que se decida, por livre vontade, discernir e optar entre os "tesouros" conquistados na Terra e que abrem os caminhos da elevação espiritual. Na travessia para o outro lado, a única mudança que se opera de imediato relaciona-se à vestimenta. Esta, na Terra, ostenta-se densa, material, palpável, grosseira, visível e perecível. Por ser temporária, na Terra fica. A alma, ao partir, despe o manto roto e continua carregando a vestimenta espiritual que, antes intermediária, revela-se, então, principal e sutil. Tanto mais bela será quanto mais elevado o ser que a reveste. Bem mais inferior e maculada quanto a vida viciosa que cultivou. Matéria sutil, a vestimenta espiritual torna-se gradativamente mais vaporosa à medida que o Espírito cresce em sabedoria e moralidade. No entanto, aquele que nada fez para progredir, ou apenas cresceu em intelectualidade, mas permaneceu indiferente à moralidade, à ética, permanecerá na vileza até que um dia decida-se livremente pela transformação moral.

Muitos Espíritos, ao transporem o portal da imortalidade, não atinam com a roupagem diferenciada e acreditam estar ainda encarnados. Isso porque, ainda condicionados à matéria densa, carregam os efeitos psicológicos da interação celular.

O Espírito André Luiz faz interessantes revelações referentes à vida no Além:

> Num impulso de curiosidade que não mais pode sopitar, abeirou-se Evelina de uma senhora simpática [...] cujos cabelos grisalhos lhe recordavam a cabeleira materna e assuntou com discrição:
>
> — Desculpe-me, senhora. Não nos conhecemos, mas a aflição em comum nos torna familiares uns aos outros. A senhora pode dar alguma informação [...]?
>
> — Minha filha, eu aqui, praticamente, não sei da vida de ninguém.
>
> — Mas escute, por favor. Sabe onde estamos? Em que instituto?
>
> A matrona achegou-se mais para perto de Evelina que, a seu turno, recuou para junto de Fantini e cochichou:
>
> — A senhora não sabe?
>
> Ante o assombro indisfarçável da senhora Serpa, dirigiu o olhar penetrante para Ernesto e aduziu:
>
> — E o senhor?
>
> — Nada sabemos — comunicou Fantini, cortês.
>
> — Pois alguém já me disse que estamos todos mortos, que já não somos habitantes da Terra...
>
> — Fantini sacou o lenço do bolso para enxugar o suor que passou a escorrer-lhe abundantemente da testa, enquanto Evelina cambaleou, prestes a desfalecer.[5]

Observa-se, pois, que o desencarne, embora natural a todos os seres vivos, nem sempre é percebido de imediato pelo Espírito que acaba de deixar o corpo.

---

[5] XAVIER, Francisco C. *E a vida continua...* Cap. 6.

Dependendo das circunstâncias psicológicas em que se situa, pode levar maior ou menor tempo para se conscientizar do desenlace.

O retorno à pátria espiritual ainda constitui dor suprema para o ser humano, pois, enquanto aprisionado no manto carnal, ele não se preocupa nem se prepara para o retorno. Recusa-se a aceitar o fato. O simples pensar no afastamento da matéria densa causa-lhe pavor. A morte do corpo, tanto para os que partem quanto para os entes queridos que aqui permanecem, provoca doloroso sentimento de perda e de consequente inconformismo. Não se aceita o desencarne como processo natural, e sim como a mais perturbadora de todas as provas.

A maioria das Religiões, embora importantes para os seres humanos, não lhes abre as portas para o entendimento e a aceitação do desenlace. Os conceitos religiosos, em sua multiplicidade, esbarram justamente no portal que se abre para a nova vida. Tudo o que existe além são mistérios e suposições. É então que o Espiritismo, ao erguer o véu da imortalidade, revela a verdade e a dinâmica do plano espiritual. Ultrapassa esse divisor de águas: comprova a existência de Deus, a existência e sobrevivência da alma, bem como a sua comunicabilidade com os encarnados, revela a vida futura e sua importância, esclarece o porquê da existência e do sofrimento, de onde o homem vem e para onde vai, esclarece a importância da reencarnação como o mais perfeito mecanismo de justiça e de evolução para o ser.

No entanto, nada disso é novidade. Ao longo dos milênios, os homens sempre tiveram a consciência da verdade espiritual. Os evangelistas registraram no Novo Testamento relatos, informações e revelações feitos pelo Cristo. O Espiritismo nada inventou, apenas restaurou os seus ensinamentos. Com isso, a continuidade da vida além das fronteiras da morte perde a máscara de dor e tragédia, deixa de ser uma separação definitiva, rompe com o estigma do "nunca mais" e preenche os corações de esperança.

Não existe maior consolo para os entes que ficam, tanto quanto para os que partem para lá, que a certeza de que a morte não é o fim, mas o recomeço de uma nova vida ao lado dos familiares espirituais que anteriormente fizeram a sua viagem de retorno. Nasce, então, a esperança de uma vida futura e feliz. A renovação de rotas e aprendizados, a correção dos erros e seu ressarcimento, a retomada das oportunidades perdidas, a reconstrução do destino, anteriormente estraçalhado, são notícias promissoras e reconfortantes. Por outro lado, o reencontro com os entes queridos, a consequente eliminação da ideia do inferno e a possibilidade do reencarne abrem novos entroncamentos para o destino do Espírito e do seu refazimento moral.

O Espiritismo esclarece que o processo evolutivo é para todos, não há privilegiados. Esse processo não se limita a uma única existência pela qual passa o indivíduo. Não! Uma única existência é muito fugaz para se alcançar a angelitude. São, pois, necessárias muitas etapas de aprendizado contínuo e ininterrupto que ultrapassa as fronteiras materiais. A evolução caminha de acordo com as Leis divinas, sábias e imutáveis. Portanto, a construção do destino do homem é, por ele mesmo, planejada, desenvolvida e concretizada. Não há data definida para se alcançar o pódio. Ela se realiza paulatinamente ao longo de encarnações sucessivas, de conformidade com a vontade, o livre-arbítrio do Espírito e sob o olhar complacente de mensageiros divinos. A trajetória pode ser mais longa e acidentada, ou menos longa e harmoniosa, de acordo com a escolha pessoal. Há Espíritos que preferem se distrair às margens da vida, em estradas tortuosas, então se perdem em meio a precipícios de dor. Nesse caso, o retorno à estrada reta é árduo e consequentemente mais demorado. Jamais será impossível! Para os Espíritos que seguem as pegadas deixadas pelo Mestre divino, a jornada se torna mais curta e mais suave. É questão de escolha. Mais cedo ou mais tarde, todos alcançarão o objetivo traçado pelo Pai: evolução moral e intelectual. Ambas são necessárias para que o Espírito alcance a angelitude.

O retorno do Espírito para a pátria espiritual não deve representar sofrimento, principalmente para os que viveram com dignidade, honestidade, humildade e que observaram e praticaram as divinas Leis.

É sempre bom analisar as próprias atitudes: Como vivem e agem? Estão habituados a inscrever o amor e a caridade na pauta da vida? Exercem o perdão, mesmo aos algozes? Conduzem os deveres com honradez? Respeitam as leis da natureza? Os códigos morais e civis? Fazem da honestidade um ponto de honra? Agem de acordo com o direito dos semelhantes e deveres próprios? Sim? Então, não há o que temer. Entretanto, para os que deixaram de cumprir com seus deveres, com suas obrigações morais, ainda haverá tempo de rever e reformular as atitudes. A possibilidade do reerguimento é acenada pelo divino Construtor de almas que deixa muito claro que veio para os "doentes", referindo-se, naturalmente, ao acolhimento de todos os habitantes do orbe. Portanto, nunca é tarde para redimensionar o caminho do porvir. Afinal, é ele que conduz todos além da vida.

O desencarne deveria ser um evento importante. E o é para alguns povos. Ele é o marco final não só de um ciclo de lutas e aflições, mas também de conquistas, de aprendizado e de vitórias. É o momento do retorno à pátria verdadeira. Fato consumado! É o reinício de um novo tempo. A messe não é apanágio terreno; ela se estende além do horizonte da nova existência. Após a semeadura, a colheita se torna irreversível. Créditos e débitos morais serão disponibilizados na balança da consciência. Nem todos, porém, aceitam a prestação de contas. Não há como fugir. É o encontro fatal com a consciência!

A crença em Deus, os pensamentos e procedimentos nobres, dignos, justos, a aceitação das vicissitudes, a resignação, a consciência tranquila facilitam o contato com equipes do auxílio espiritual. Entidades amigas, familiares amorosos, estarão aguardando os seus entes queridos que, exaustos, retornam após a jornada finda. É uma nova vida que se inicia! Para estes, o retorno ao plano espiritual é dia de festa. Comemoram-se os reencontros, as provas vencidas, as tarefas bem-sucedidas, o dever cumprido.

Infelizmente, para muitos, o descumprimento das Leis divinas, o materialismo, a ociosidade, a incredulidade, a revolta, os maus costumes, a indignidade, a injustiça, a corrupção e o crime não disponibilizarão passaporte para ambiente harmonizado. Almas desequilibradas, consciências atormentadas, aprisionadas nas teias do mal, necessitam de longo período reeducativo a fim de adquirirem reequilíbrio. Nesse estado, as mentes em convulsão pelas emoções exaltadas, pelos sentimentos aviltados emitirão irradiações sombrias, emanações deletérias que se erguerão em barreiras intransponíveis, impedimento à aproximação de Espíritos benfeitores.

Fogem do encontro com a própria consciência! Puro engano! Em fuga, entregam-se à própria desdita. E a dor se incumbirá de purificar as almas recalcitrantes. Um dia, cansadas de sofrer, retornarão ao seio da família espiritual.

Em consequência do estado mórbido, o Espírito em desequilíbrio será atraído por emanações mentais semelhantes. Assim, elegerá o convívio com as entidades que a ele se afinam. E, requisitado pelas regiões inferiores, com as quais contraiu débitos, ali permanecerá em conúbio sob o jugo de entidades semelhantes.

No entanto, a permanência em tais regiões não será eterna, nem imposta, como muitos acreditam. Nem infernos, nem demônios! Regiões transitórias, ali os Espíritos permanecerão de acordo com a própria vontade até que se arrependam e se entreguem ao esforço de se modificarem. Portanto, período de purgação voluntário e condicional. Chega-lhe, então, por meio da vontade, o momento de se libertar dos instintos malévolos e se purificar pela dor em reencarnação provacional ou expiatória. De posse do livre-arbítrio concedido pelo Pai, ali só permanecerá enquanto assim o desejar. Quando direcionar os pensamentos para

Deus, após esgotadas as energias envilecidas pela descrença, revolta, indisciplina, promiscuidade, ódio, vingança e predispuser-se ao acatamento das Leis divinas, então dará condições para ser resgatado. Para os entes queridos que, incansáveis, intercedem e aguardam esse momento renovador, representa uma grande vitória.

O período de permanência do Espírito recalcitrante em regiões inferiores varia de acordo com o seu querer, da mesma forma que se empenha em afastar ou não do vício quando encarnado. Seja qual for o seu estado moral, não fica esquecido. Há sempre integrantes da família espiritual que o amam e pelo qual intercedem. São almas abnegadas que, ansiosas, aguardam o retorno do "filho pródigo" ao regaço familiar. Portanto, nada de inferno, demônios e castigos eternos. Não! São educandários em regiões de confinamento e de expurgo, elaborados pelas criações mentais perniciosas e desarmonizadas de seres revoltados com as Leis divinas. Harmonizem-se os pensamentos de todos os confinados e as regiões desaparecerão do mapa espiritual! Da mesma forma, harmonizem-se os pensamentos e as atitudes com as Leis divinas e a dor desaparecerá da face da Terra.

Por conta dos desequilíbrios, dos comprometimentos com as sagradas Leis, há seres espirituais que preferem se ater nas redondezas da ambiência terrena. Isso porque os encarnados, adultos, jovens ou crianças, em desarmonia mental, atuam como instrumentos de atração. É de se perguntar: Como é possível? Isso ocorre porque a massa humana, dominada por sentimentos inferiores, vícios e interesses materiais diversos, disponibiliza condições mentais para atrair Espíritos que com ela se identificam na maneira de pensar, falar e agir.

Muitos são atraídos aos lugares em que viviam ou que estavam habituados a frequentar enquanto encarnados em consequência do apego a pessoas, objetos, bens materiais, espólios, desejos de vingança. Outros, ainda, ávidos por retornar aos hábitos viciosos, aos crimes, se acercarão dos ambientes e comparsas de outrora que lhe facilitarão a satisfação dos impulsos e sensações viciosas. Conscientes ou não do próprio desencarne, ali permanecerão enquanto houver pessoas ou motivos que os atraiam. Esse tipo de Espírito, em grande maioria, traz na aparência as marcas sofridas durante o período que antecedeu o desencarne. Uma grande parte se apresenta com as vestes sujas, rasgadas, barba por fazer, olhos esgazeados, mãos ensanguentadas a revelar a tragédia ou o delito em que se envolveu ou foi envolvido. Muitos, com a mente fixa no sofrimento físico, refletem no corpo espiritual as marcas dos ferimentos provocados por acidentes, crimes e suicídios. A fisionomia se mostra alterada pela agonia sofrida no corpo, pelas emoções conflitantes, pelo ódio e por instintos de vingança oriundos da causa do desencarne ou de planos que não conseguiu concretizar na vida física. É o condicionamento mental em que se compraz. Uma visão nada agradável. Por isso, quando percebida por médiuns dotados de vidência, provoca pavor. São as aparições mais temidas.

De forma geral, a aproximação de uma entidade inferior provoca sofrimento ao encarnado mesmo que este não tenha o dom da vidência. Esse fenômeno, mais comum do que se imagina, ocorre em virtude das emanações de fluidos deletérios que exalam da mente invisível. Esses fluidos se mesclam às energias que emanam das mentes encarnadas desprotegidas pela invigilância.

Os encarnados, na grande maioria, estão habituados à curiosidade mórbida, às notícias catastróficas. Adoram comentários sobre crimes, acidentes, fatos mesquinhos e desagradáveis, satisfazem-se com críticas alheias, realizam-se nas reclamações do tempo, da temperatura, da política, do vizinho, enfim, de tudo e de todos. Esses e outros são ingredientes ideais para a aproximação de companhias espirituais indesejáveis. Contaminam-se voluntariamente! Não foi em vão que o divino Enviado alertou: as coisas que saem da boca são mais prejudiciais do que as que entram!

Os hábitos cultivados em vida atuam como chamariz às companhias indesejáveis, e estas se tornarão companhias féis do Espírito após o desencarne. As ideoplastias, ou imagens que o encarnado cria e alimenta pelo pensamento, passarão a perturbar-lhe a razão e tanto mais se agravarão com a aproximação de familiares ou afins invisíveis que se envolveram no fato. Em desequilíbrio, suas emanações fluídicas poderão afetar o indivíduo, que passará a sentir dores, mal-estar, alteração de pressão ou qualquer outra sensação física. Nesses casos, nenhum exame médico identificará a causa. É natural! Ela se origina das tessituras da alma a que o bisturi não tem acesso.

A sensação, aparentemente física, que atinge o encarnado será momentânea se o Espírito causador estiver de passagem. Entretanto, poderá ser duradoura e até definitiva se, desorientado, permanecer no próprio lar, ou no convívio de pessoas com o mesmo teor vibratório. Geralmente, o Espírito aproxima-se de um local atraído por choro, desespero ou lamentações dos familiares. Quando não pelo desejo de fazer justiça com as próprias mãos. Esses são fatores que facilitam a atração de Espíritos recém-desencarnados, pois o desespero incontido, a revolta, os comentários, a inconformidade dos parentes, a persistência em recordar os fatos a eles ligados, a conservação e admiração de objetos pessoais, fotos e filmes em que aparecem afetam profundamente a alma do falecido. Em muitos casos, ele chega a rejeitar o socorro espiritual para lamentar sua desdita junto aos entes queridos.

A ajuda benévola de Espíritos familiares, de amigos espirituais que se engajaram no trabalho do Senhor, nem sempre é aceita pelos Espíritos recalcitrantes ora em virtude da vergonha ou humilhação de verem suas farsas e seus deslizes a descoberto, ora por se sentirem culpados ante as entidades que se apresentam para socorrê-los. Muitos preferem companhias malévolas e vingativas, buscam antigos comparsas, zombeteiros, oportunistas, viciosos e com eles se comprazem em perturbar os semelhantes, interferem nos pensamentos, nas atitudes e na vida dos encarnados com sugestões perigosas, absurdas, assustadoras ou ridículas.

Há também os que preferem se intrometer nas atividades diárias de seus entes queridos. Se apegados aos bens materiais, retornam ao lar, ciosos dos bens terrenos que deixaram. E a eles se apegam como se encarnados fossem. Em tais circunstâncias, tornam-se entraves nos processos de partilha de heranças, na venda de propriedades, no desenrolar dos negócios e até no relacionamento dos familiares. Daí os desentendimentos, as desavenças e até tragédias entre herdeiros.

O sentimento de ódio é um terrível fator de atração. O pensamento, saturado de substâncias deletérias, contamina as energias da alma e estabelece um entrelaçamento indesejado entre as pessoas que se odeiam. Se não desfeito a tempo pela terapia do perdão e da oração, transcenderá ao túmulo. Para o desencarnado, fica mais cômodo perseguir o seu desafeto, pois tem a seu favor o véu da invisibilidade. Aproxima-se sorrateiramente do inimigo e, por meio de sugestões conflitantes, emite fluidos deletérios que desestabilizarão o metabolismo físico, psíquico e perispiritual. Não foi sem motivo que Jesus aconselhou a necessidade de reconciliação com o inimigo o quanto antes.

As aparições, portanto, são mais comuns do que se imagina. Esse fenômeno espiritual não foi inventado nem surgiu com o Espiritismo. Pelo contrário, sempre esteve presente em todas as épocas da humanidade, desde os primórdios da civilização! Os Espíritos infelizes, sofredores, maldosos, brincalhões, debochados, quando percebidos no local em que se abrigam ou se reúnem, provocam pânico, o que deu origem às crenças das casas ou dos lugares mal-assombrados. Por isso as obras literárias de autores das mais variadas nacionalidades sempre ganharam colorido com a presença desses seres que nada mais são que as almas dos homens que povoam a Terra em diferentes épocas. As denominações, portanto, são criadas de acordo com a impressão que possam causar. Esse assunto foi profundamente estudado pelo codificador:

> Ora, ao desencarnarem, sobretudo quando estão em certa inferioridade, os homens conservam seus hábitos materiais; frequentam os lugares de que gostavam quando encarnados, aí se reúnem e aí permanecem. Eis por que há lugares mais particularmente assombrados; aí não vêm os primeiros Espíritos que chegam, mas os Espíritos que os frequentaram em vida. [...] Se se perturbam esses Espíritos, ainda inteiramente materiais, e que, na sua maioria, se julgam vivos, eles se irritam e tendem a vingar-se, e a implicar com os que os privaram de seu abrigo [...] Privam da tranquilidade e do sono os que os privam de sua habitação predileta, e eis tudo. A natureza do abrigo, seu aspecto lúgubre, nada tem que ver com isso; é simplesmente uma questão de bem-estar. Desalojam-nos e eles se vingam. Materiais por essência, vingam-se materialmente, batendo nas paredes, lamentando-se, manifestando seu descontentamento sob todas as formas.[6]

Os Espíritos elevados, quando se fazem visíveis, é sempre por um motivo útil, jamais pelo simples prazer de aparecer. Suas aparências são sempre belas, suas vibrações são agradáveis, as emanações de seus Espíritos são quase sempre luminosas, seus gestos são de amoroso aconchego; seus conselhos se pautam nas Leis divinas, portanto, pacificam e consolam; jamais intrigam ou se contradizem.

A história apresenta muitas aparições de Espíritos iluminados. Entre elas, tornou-se famosa a da Senhora de Fátima, cuja primeira aparição se deu na Cova da Iria, em Fátima, Portugal, a 13 de maio de 1917. Ela apareceu para três crianças: Lucia de Jesus, Francisco Marto e Jacinta Marto, conhecidos como Os Três Pastorezinhos. A Senhora dirigiu-se a eles com sublime doçura. Em suas aparições, ela aconselhava a oração e trazia mensagens de advertência e de esperança para o mundo, que, na época, se encontrava mergulhado na Primeira Guerra Mundial. As aparições da Senhora de Fátima foram comprovadas e reconhecidas pelo Papa. Elas tornaram-se mundialmente famosas. Em sua homenagem, foram construídos inúmeros santuários pelo mundo. O mais famoso é o Santuário de Fátima, erguido no local das aparições. Ele é destino religioso de turistas de todas as regiões do planeta.

Como se observa, as crenças populares têm sempre um fundo de verdade, e Allan Kardec empenhou-se em esclarecer a dúvida que sempre pairou sobre o espírito humano em relação a essas crenças, bem como sobre os benefícios ou

---

[6] KARDEC, Allan. *Revista Espírita*, março de 1869.

malefícios oriundos desse inter-relacionamento. Questionou, então, os Espíritos superiores, e as respostas foram surpreendentes:

> Influem os Espíritos em nossos pensamentos e em nossos atos?
>
> Muito mais do que imaginais. Influem a tal ponto, que de ordinário são eles que vos dirigem.
>
> Como distinguirmos se um pensamento sugerido procede de um bom Espírito ou de um Espírito mau?
>
> Estudai o caso. Os bons Espíritos só para o bem aconselham. Compete-vos discernir.
>
> Pode o homem eximir-se da influência dos Espíritos que procuram arrastá-lo ao mal?
>
> Pode, visto que tais Espíritos só se apegam aos que, pelos seus desejos, os chamam, ou aos que, pelos seus pensamentos, os atraem.
>
> Renunciam às suas tentativas os Espíritos cuja influência a vontade do homem repele?
>
> Que querias que fizessem? Quando nada conseguem, abandonam o campo. Entretanto, ficam à espreita de um momento propício, como o gato que tocaia o rato.[7]

A influência espiritual pode provir tanto de um bom quanto de um mau Espírito. Os bons Espíritos não constrangem os encarnados, não se impõem, não induzem ao erro ou à maledicência, não intrigam, não estimulam a vaidade, nem o ódio, nem qualquer das paixões humanas. Eles são amorosos e pacientes, aconselham, orientam, protegem e jamais se ofendem. Respeitam o livre-arbítrio de cada indivíduo e, se não forem ouvidos, se afastam. "A bondade e a afabilidade são atributos essenciais dos Espíritos depurados."[8]

Os maus Espíritos não respeitam direitos nem deveres, invadem lares, ambientes e locais interditos aos encarnados. Para eles, qualquer hora, qualquer lugar serve para se fazer notar. Eles impõem seus desejos, melindram-se

---

[7] KARDEC, Allan. *O livro dos espíritos*. Q. 459, 464, 467 e 468.
[8] Id. *O livro dos médiuns*. Segunda parte, cap. XXIV, it. 264.

facilmente, estimulam o erro, a maledicência, a intriga, o ódio e todos os vícios e sentimentos inferiores que ainda encontram guarida na mente humana.

> Em alguns casos, diz Kardec, mais louvável é a intenção a que cedem: procuram chamar a atenção e pôr-se em comunicação com certas pessoas, quer para lhes darem um aviso proveitoso, quer com o fim de lhes pedirem qualquer coisa para si mesmos. Muitos temos visto que pedem preces, outros que solicitam o cumprimento, em nome deles, de votos que não puderam cumprir, outros, ainda, que desejam, no interesse do próprio repouso, reparar uma ação má que praticaram quando vivos.[9]

O fator primordial da aproximação dos Espíritos, bem como da influência que eles exercem, está no pensamento. É ali que se inicia a boa ou a má conivência. Questão de sintonia!

Da influência constante e persistente de Espíritos inferiores sobre os encarnados surge um dos males mais ferrenhos de toda a trajetória humana: a obsessão. De difícil diagnóstico para a ciência, uma vez que ainda não se propôs a ultrapassar a tênue linha que separa as moléstias que afetam a matéria física das que perturbam o psiquismo, geralmente, é percebida quando já se instalou o desequilíbrio mental da vítima.

---

[9] KARDEC, Allan. *O livro dos médiuns*. Segunda parte, cap. V, it. 90.

2

O HOMEM É UM ESPÍRITO!

Sou o grande médico das almas e venho trazer-vos o remédio que vos há de curar. Os fracos, os sofredores e os enfermos são os meus filhos prediletos. Venho salvá-los. Vinde, pois, a mim, vós que sofreis e vos achais oprimidos, e sereis aliviados e consolados. Não busqueis alhures a força e a consolação, pois que o mundo é impotente para dá-las. Deus dirige um supremo apelo aos vossos corações, por meio do Espiritismo. Escutai-o. Extirpados sejam de vossas almas doloridas a impiedade, a mentira, o erro, a incredulidade. São monstros que sugam o vosso mais puro sangue e que vos abrem chagas quase sempre mortais. Que, no futuro, humildes e submissos ao Criador, pratiqueis a sua lei divina. Amai e orai. [...][10]

A verdade está ao alcance de todos: "Conhecereis a verdade e a verdade vos libertará", proclamou Jesus.

Sim. O homem é um Espírito! Afinal, quem pensa? Quem raciocina? Quem predomina na natureza? O corpo não é! O cérebro é instrumento de transmissão do pensamento e da vontade assim como o aparelho de TV é mecanismo transmissor da imagem e do som.

Complexa escultura em matéria densa, o corpo humano foi artisticamente esculpido pelas mãos hábeis do Criador. Suas células foram matemática e estrategicamente organizadas em células, sistemas, órgãos e tecidos. O corpo

---

[10] KARDEC, Allan. *O evangelho segundo o espiritismo*. Cap. VI, it. 7.

é, com toda a sua magnificência, a embalagem perecível de uma preciosa escultura em evolução: o Espírito, essência mental imperecível, fonte do pensamento, da vontade e da razão.

O corpo material, com todos os seus sistemas e funções, o que faria sem o comando do Espírito? Não passaria de um amontoado heterogênico de órgãos e tecidos. Portanto, se o corpo, que se desagrega ante as vicissitudes da vida e do tempo, é tão bem estruturado e definido, o que pensar do Espírito imortal?

Provavelmente, foi pensando nisso que Kardec perguntou aos Espíritos da Codificação: "Que é o Espírito? O princípio inteligente do universo".[11] Nessa resposta, os Espíritos se referem à essência, elemento integrante e mais importante do ser que tem por agente o perispírito e por invólucro o corpo físico. Para desfazer qualquer sombra de dúvida, Kardec retoma o assunto:

Que definição se pode dar dos Espíritos?

> Pode dizer-se que os Espíritos são os seres inteligentes da Criação. Povoam o universo, fora do mundo material. (Nota do codificador: A palavra Espírito é empregada aqui para designar as individualidades dos seres extracorpóreos e não mais o elemento inteligente do universo.)[12]

Com essas duas questões, desfazem-se quaisquer dúvidas que possam surgir entre espírito, parte integrante do ser, a que Kardec chamou de alma, enquanto encarnada; e Espírito, ser individual, inteligente, revestido de perispírito, que prossegue no plano espiritual com individualidade e liberdade próprias, conforme viveu na Terra. Por isso os Espíritos, que se comunicam com os homens, são facilmente identificáveis pelas diferentes formas de mediunidade, em especial a vidência. O médium Francisco Cândido Xavier identificava facilmente os Espíritos, entre os quais tinha muitos amigos. Alguns já eram seus conhecidos, pelo menos de nome: Dr. Adolfo Bezerra de Menezes, Eurípedes Barsanulfo, Castro Alves, Humberto de Campos, sua mãezinha Maria João de Deus, seu irmão José e outros tantos que se tornaram conhecidos do público por livros e mensagens, como: Emmanuel, André Luiz, Hilário Silva e uma gama imensa de entidades que usaram o canal abençoado da mediunidade de Chico para trazer à humanidade a verdade inexorável.

---

[11] KARDEC, Allan. *O livro dos espíritos*. Q. 23.
[12] Id. Ibid. Q. 76.

O Espírito, uma vez desligado do corpo físico pelo fenômeno do desencarne, ou morte do corpo, tal como se entende na Terra, prosseguirá sua vida. "Não há, portanto, solução de continuidade na vida espiritual, sem embargo do esquecimento do passado. Cada Espírito é sempre o mesmo eu, antes, durante e depois da encarnação, sendo esta apenas uma fase da sua existência. [...]"[13]

Milhares de questões sabiamente elaboradas por Kardec foram dirigidas aos Espíritos luminares. Estes, com paciência e amor, ofertaram aos encarnados as mais belas revelações, incrustadas nas páginas iluminadas da Codificação:

> Os Espíritos constituem um mundo à parte, fora daquele que vemos?
>
> Sim, o mundo dos Espíritos ou das inteligências incorpóreas.
>
> Os Espíritos têm forma determinada, limitada e constante?
>
> Para vós, não; para nós, sim. O Espírito é, se quiserdes, uma chama, um clarão ou uma centelha etérea.
>
> Essa chama ou centelha tem cor?
>
> Tem uma coloração que, para vós, vai do colorido escuro e opaco a uma cor brilhante, qual a do rubi, conforme o Espírito é mais ou menos puro.
>
> Os Espíritos gastam algum tempo para percorrer o Espaço?
>
> Sim, mas fazem-no com a rapidez do pensamento.[14]

Essas questões elucidam muitas dúvidas sobre o plano espiritual, a vivência e convivência dos Espíritos além dos portais da vida. Entretanto, sempre há dúvidas imensas nos corações que desconhecem o trabalho incansável dos Espíritos. Entre elas se destacam a rapidez com que se obtém, em certos casos, o socorro espiritual, bem como a resposta às súplicas elevadas aos Céus nos momentos de angústia, perigos e aflições. Essas dúvidas, que são de muitos, foram levantadas por Marília, uma jovem integrante da Mocidade Espírita, durante um encontro doutrinário.

Conta ela que, certa feita, em viagem, ao lado do pai que dirigia o veículo, se viram, num trecho do percurso, em situação de grave perigo. O carro,

---

[13] KARDEC, Allan. *A gênese*. Cap. XI, it. 22.
[14] Id. *O livro dos espíritos*. Q. 84, 88, 89.

quase parado, aguardava o momento oportuno para ultrapassar uma carreta que gemia lentamente em uma subida da rodovia. Naquele instante, em uma estrada vicinal que desembocava logo ali, no ponto em que estavam, apontara na curva uma caminhonete desgovernada. Prestes a invadir a rodovia, bateria certamente no veículo em que estavam. O pai não se apercebera do perigo, pois sua atenção estava voltada para a oportunidade de ultrapassagem, mas Marília, ao perceber a tragédia iminente, gritou, com toda a sua fé, por socorro à Nossa Senhora. O pai, alheio ao perigo, não entendeu o porquê de sua reação.

Momentos de tensão! Como se não bastasse, logo ali, no acostamento, bem na lateral da vicinal, um grupo de pessoas aguardava o ônibus para embarcar. Em questão de segundos, o veículo desgovernado recuperou a marcha indo se deter contra o barranco lateral. Com a graça de Nossa Senhora, nada do que fora instantaneamente previsto aconteceu. Ninguém se feriu! A jovem agradeceu à Mãe Santíssima e, aliviada, prosseguiu viagem.

Dias depois, estando em prece, recordou-se do fato. Católica fervorosa que era, agradeceu Nossa Senhora e, em pensamento, perguntou: Como foi possível uma assistência tão rápida? Ainda em prece, sentiu-se transportada ao local onde reviu a cena. Vários Espíritos estendiam uma tela de energia protetora formando uma barreira em torno das pessoas que aguardavam o ônibus no acostamento. Dali, a barreira se alongava até o veículo em que se encontrava. Naquele instante, entendeu que o auxílio de Nossa Senhora incluía muitos outros auxiliares espirituais. Foi uma visão muito rápida, mas suficiente para entender a magnificência do amor maternal da mãe de Jesus. No entanto, ficou ainda a interrogação: Como? Com que rapidez? Esse fenômeno abriu caminho para adentrar os portais do Espiritismo, onde trabalha, na atualidade, na divulgação do Evangelho de Jesus.

Quando as preces se justificam, são atendidas imediatamente pelos Espíritos, enviados de Jesus. Para eles não há distância. Além do mais, têm condições de prever com antecipação as dificuldades que envolverão seus tutelados. O auxílio, no caso de Marília, já estava a caminho, foi preciso apenas dar sintonia. E isso foi feito quando ela pensou com fervor em Nossa Senhora.

Há que observar, no entanto, que existem situações complexas que exigem um tempo maior para que as preces sejam atendidas, mas sempre o serão quando feitas com fé e seriedade.

Interessante notar que os Espíritos superiores, ao se aproximarem dos encarnados, o fazem delicadamente. Adentram suas casas com todo respeito, ajudam, aconselham, visitam seus entes queridos, estejam ou não as portas fechadas. É preciso apenas que as portas do coração estejam abertas.

No entanto, não são apenas os bons Espíritos que adentram os lugares fechados. Também o fazem os inferiores, os infelizes, os equivocados. Estes entram e saem das residências sem qualquer cerimônia, sem autorização ou qualquer respeito. Sejam ou não chamados, invadem o ambiente sem constrangimento. Como isso é possível? Por onde entram ou saem?

Para esclarecer certos fatos nebulosos, Allan Kardec recorreu aos Espíritos da Codificação: "A matéria opõe obstáculo ao Espírito? Nenhum. Eles passam através de tudo. O ar, a terra, as águas e até mesmo o fogo lhes são igualmente acessíveis".[15]

Que coisa! Realmente os Espíritos não encontram obstáculo no mundo físico.

Tal qual a luz e o calor do Sol que transpõem vitrais, a água que infiltra em paredes e solos aparentemente impenetráveis, o ar que se esvai sem se aperceber, a semente que rasga o solo em busca de luz, os Espíritos transitam por toda parte, entram e saem de qualquer ambiente que lhes convém. Entretanto, nem todas as pessoas são dotadas de mediunidade que lhes permita vê-los ou percebê-los. Felizmente! Há pessoas com mediunidade mais ou menos acentuada que às vezes os visualizam de forma tão efêmera que mais se assemelham a uma sombra. Outras podem vê-los e até identificá-los de forma rápida, mas perceptível. Ainda outras podem vê-los de forma nítida e, por longo tempo, até com eles travar conversação. Cada situação é única, pois está vinculada ao grau de sensibilidade, estabilidade emocional, sintonia e ostensividade de cada médium.

A atividade dos Espíritos do Senhor é muito intensa, bem mais do que o trabalho dos encarnados no planeta. Ali eles não se preocupam com o número de horas trabalhadas, não há privilégios, nem aposentadorias. Tudo é realizado com prazer. Cada um sabe da sua responsabilidade e se esforça por cumpri-la. Para eles, a necessidade dos semelhantes é o mais importante. Eles passam por enormes sacrifícios e renúncias para atender as súplicas ininterruptas que chegam do orbe terreno. O seu trabalho é de amor e desprendimento sem qualquer interesse remuneratório.

O homem não está na Terra para se divertir ociosamente. Aqui encarna para construir o seu carreiro evolutivo. O lazer é necessário para o refazimento de suas energias após as tarefas árduas. No entanto, sem trabalho, sem esforço e sem suor, não desenvolverá as habilidades físicas, intelectuais e morais. Por isso

---

[15] KARDEC, Allan. *O livro dos espíritos*. Q. 91.

os Espíritos não atendem pedidos que o próprio homem possa desenvolver com o seu esforço e inteligência.

É gratificante imaginar a dinâmica do mundo espiritual pela ótica dos Espíritos. E isso é possível graças à narrativa experiente e responsável do Espírito André Luiz. Conta ele que, recém-integrado à equipe espiritual, ainda inexperiente, mas desejoso de servir, foi levado à presença de Aniceto, seu superior, que o advertiu:

> — Nosso serviço é variado e rigoroso. O departamento de trabalho afeto à nossa responsabilidade aceita somente os cooperadores interessados na descoberta da felicidade de servir. Comprometemo-nos, mutuamente, a calar toda espécie de reclamação. Ninguém exige expressão nominal nas obras úteis realizadas, e todos respondem por qualquer erro cometido. Achamo-nos, aqui, num curso de extinção das velhas vaidades pessoais, trazidas do mundo carnal. Dentro do mecanismo hierárquico de nossas obrigações, interessamo-nos tão somente pelo bem divino. [...]

O instrutor abnegado prossegue na tarefa de preparar o espírito de André Luiz para o trabalho digno:

> — [...] Costumo dividir a classe em grupos especializados, de acordo com a profissão familiar aos estudantes, para melhor aproveitamento no preparo e na prática. Tenho, presentemente, um sacerdote católico-romano, um médico, seis engenheiros, quatro professores, quatro enfermeiras, dois pintores, onze irmãs especializadas em trabalhos domésticos e dezoito operários diversos. Em "Nosso Lar" a ação que nos compete é desdobrada de maneira coletiva; mas, nos dias de aplicação na crosta terrestre, não me faço seguido de todos. [...] Considerando, pois, o serviço atual, temos interesse em aproveitar as horas no limite máximo, não só em benefício dos que necessitam de nosso concurso fraternal, como também a favor de nós mesmos, no que toca à eficiência.[16]

Assim é no plano espiritual. Atividade constante em benefício dos semelhantes. Por isso ninguém há que possa dizer que esteja abandonado por Deus.

---

[16] XAVIER, Francisco C. *Os mensageiros*. Cap. 2.

Todos, independentemente do que pensam ou do que fazem, contam com a proteção de um Espírito amigo. Ninguém está órfão da Misericórdia divina.

Eis uma revelação importante que os Espíritos fizeram após as perguntas que Kardec lhes dirigiu:

> Momentos haverá em que o Espírito deixe de precisar, de então por diante, do seu protetor?
>
> Sim, quando ele atinge o ponto de poder guiar-se a si mesmo, como sucede ao estudante, para o qual um momento chega em que não mais precisa de mestre. Isso, porém, não se dá na Terra.
>
> Quando em estado de selvageria ou de inferioridade moral, têm os homens, igualmente, seus Espíritos protetores? E, assim sendo, esses Espíritos são de ordem tão elevada quanto a dos Espíritos protetores de homens muito adiantados?
>
> Todo homem tem um Espírito que por ele vela, mas as missões são relativas ao fim a que visam. Não dais a uma criança que está aprendendo a ler um professor de filosofia. O progresso do Espírito familiar guarda relação com o do Espírito protegido. Tendo um Espírito que vela por vós, podeis tornar-vos, a vosso turno, o protetor de outro que vos seja inferior e, os progressos que este realize, com o auxílio que lhe dispensardes, contribuirão para o vosso adiantamento. Deus não exige do Espírito mais do que comportem a sua natureza e o grau de elevação a que já chegou.
>
> Podemos ter muitos Espíritos protetores?
>
> Todo homem conta sempre com Espíritos, mais ou menos elevados, que com ele simpatizam, que lhe dedicam afeto e por ele se interessam, como também tem junto de si outros que o assistem no mal.
>
> Os Espíritos que conosco simpatizam atuam em cumprimento de missão?
>
> Não raro, desempenham missão temporária; porém, as mais das vezes, são apenas atraídos pela identidade de pensamentos e sentimentos, assim para o bem como para o mal.
>
> Parece lícito inferir-se daí que os Espíritos a quem somos simpáticos podem ser bons ou maus, não?

> Sim, qualquer que seja o seu caráter, o homem sempre encontra Espíritos que com ele simpatizem.
>
> Os Espíritos familiares são os mesmos a quem chamamos Espíritos simpáticos ou Espíritos protetores?
>
> Há gradações na proteção e na simpatia. Dai-lhes os nomes que quiserdes. O Espírito familiar é antes o amigo da casa.

Em nota, Kardec esclarece:

> O Espírito protetor, anjo de guarda ou bom gênio é o que tem por missão acompanhar o homem na vida e ajudá-lo a progredir. É sempre de natureza superior, com relação ao protegido. Os Espíritos familiares se ligam a certas pessoas por laços mais ou menos duráveis com o fim de lhes serem úteis, dentro dos limites do poder, quase sempre muito restrito, de que dispõem. São bons, porém, muitas vezes, pouco adiantados e mesmo um tanto levianos. Ocupam-se de boamente com as particularidades da vida íntima e só atuam por ordem ou com permissão dos Espíritos protetores. Os Espíritos simpáticos são os que se sentem atraídos para o nosso lado por afeições particulares e ainda por uma certa semelhança de gostos e de sentimentos, tanto para o bem como para o mal. De ordinário, a duração de suas relações se acha subordinada às circunstâncias. [...][17]

Nas tarefas de auxílio aos encarnados ou desencarnados, os maiores obstáculos encontrados pelos bons Espíritos está na barreira que se levanta com os pensamentos inferiores. Estes formam verdadeiras muralhas miasmáticas que dificultam a aproximação dos trabalhadores do bem. Em contrapartida, as entidades inferiores encontrarão grande facilidade para se aproximar de seus aficionados pela semelhança vibratória entre as partes que se atraem.

Por outro lado, as vibrações superiores funcionam como barreira protetora contra os Espíritos inferiores, por isso os bons pensamentos, o hábito da prece, o amor ao próximo, a caridade incondicional articulam telas invisíveis de proteção. Pela sintonia estabelecida, estabelecem-se pontos de luz para que os Espíritos superiores se aproximem e afugentem os Espíritos do mal.

---

[17] KARDEC, Allan. *O livro dos espíritos.* Q. 500, 509, 512 a 514.

A aproximação de Espíritos junto aos encarnados torna-se viável graças ao corpo espiritual de que ambos são dotados. A afinidade de fluidos e pensamentos entre eles faculta a conexão perispírito a perispírito. O corpo sutil do Espírito, sob ação do pensamento e da vontade, permite-lhes tornarem-se visíveis a uma ou mais pessoas, desde que tenham vidência. No entanto, para que a comunicação se estabeleça, não basta apenas ser médium, é preciso que o Espírito não só o deseje, mas também obtenha a permissão dos Espíritos superiores para se fazer visível. A aparência do Espírito apresentará, geralmente, as mesmas características do corpo físico que o embalava na última encarnação, ou na encarnação que lhe é conveniente relembrar.

O homem, ser integral, é constituído de espírito, que é a essência pensante; corpo carnal, que lhe serve de vestimenta reencarnatória; e perispírito, corpo sutil, de substância semimaterial e eletromagnética. Esse corpo sutil ocupa posição intermediária e atua como agente entre o corpo material e o espírito. Assim Allan Kardec o explica:

> O perispírito, ou corpo fluídico dos Espíritos, é um dos mais importantes produtos do fluido cósmico; é uma condensação desse fluido em torno de um foco de inteligência ou alma. [...] Do meio onde se encontra é que o Espírito extrai o seu perispírito, isto é, esse envoltório ele o forma dos fluidos ambientes. Resulta daí que os elementos constitutivos do perispírito naturalmente variam, conforme os mundos. [...] A natureza do envoltório fluídico está sempre em relação com o grau de adiantamento moral do Espírito. Os Espíritos inferiores não podem mudar de envoltório a seu bel-prazer; pelo que não podem passar, à vontade, de um mundo para outro. Alguns há, portanto, cujo envoltório fluídico, se bem que etéreo e imponderável com relação à matéria tangível, ainda é por demais pesado, se assim nos podemos exprimir, com relação ao mundo espiritual, para não permitir que eles saiam do meio que lhes é próprio. Nessa categoria se devem incluir aqueles cujo perispírito é tão grosseiro, que eles o confundem com o corpo carnal, razão por que continuam a crer-se vivos. Esses Espíritos, cujo número é avultado, permanecem na superfície da Terra como os encarnados, julgando-se entregues às suas ocupações terrenas. Outros, um pouco mais desmaterializados, não o são, contudo, suficientemente, para se elevarem acima das regiões terrestres. [...]

Prossegue o codificador:

> [...] a constituição íntima do perispírito não é idêntica em todos os Espíritos encarnados ou desencarnados que povoam a Terra ou o espaço que a circunda. O mesmo já não se dá com o corpo carnal, que, como foi demonstrado, se forma dos mesmos elementos, qualquer que seja a superioridade ou a inferioridade do Espírito. [...] o envoltório perispirítico de um Espírito se modifica com o progresso moral que este realiza em cada encarnação, embora ele encarne no mesmo meio; [...] os Espíritos superiores, encarnando excepcionalmente, em missão, num mundo inferior, têm perispírito menos grosseiro do que os dos indígenas deste mundo.[18]

Observa-se, pois, que o corpo perispirítico dos Espíritos elevados é diferente do dos Espíritos em provas e expiações que habitam o orbe. Como o perispírito reflete em si as virtudes ou as mazelas armazenadas na mente do Espírito, infere-se que a organização física dos Espíritos sublimados, quando encarnados, reflete a sua grandeza e, por isso, são mais resistentes às moléstias que enxameiam a Terra. Por sua vez, a mente desses Espíritos permanece constantemente ligada aos planos superiores, tornando-se indenes às influências do mal. Jesus, por ser um Espírito de elevada hierarquia, tinha um corpo resistente às moléstias físicas e psíquicas. Jamais se soube que Ele tivesse sofrido qualquer doença. Pelo contrário, Ele tinha e tem o poder divino de curar os males do corpo e da alma humana.

O homem, ao longo de sua trajetória terrena, sempre se preocupou com uma questão muito controversa: a existência da alma e a sua ligação com a matéria densa. Ela já existia antes do corpo? Ela é criada no momento da concepção? Após a concepção? Qual seria, afinal, o momento de sua criação?

Enfim, com o advento do Espiritismo e a comunicabilidade dos Espíritos do Senhor, essas questões foram esclarecidas a Kardec:

> Que é a alma?
>
> Um Espírito encarnado.
>
> Que era a alma antes de se unir ao corpo?
>
> Espírito.

---

[18] KARDEC, Allan. *A gênese*. Cap. XIV. It. 7 a 10.

As almas e os Espíritos são, portanto, idênticos, a mesma coisa?

Sim. As almas não são senão os Espíritos. Antes de se unir ao corpo, a alma é um dos seres inteligentes que povoam o mundo invisível, os quais temporariamente revestem um invólucro carnal para se purificarem e esclarecerem.

Em que momento a alma se une ao corpo?

A união começa na concepção, mas só é completa por ocasião do nascimento. Desde o instante da concepção, o Espírito designado para habitar certo corpo a este se liga por um laço fluídico que cada vez mais se vai apertando até o instante em que a criança vê a luz. O grito que o recém-nascido solta anuncia que ela se conta no número dos vivos e dos servos de Deus.[19]

O Espírito, ao reencarnar, traz consigo o corpo perispiritual cuja tessitura eletromagnética atua como agente modelador do corpo físico. Pode-se, pois, afirmar que: "O perispírito é *o laço que* à matéria do corpo prende o Espírito, que o tira do meio ambiente, do fluido universal. Participa ao mesmo tempo da eletricidade, do fluido magnético e, até certo ponto, da matéria inerte".[20] Tem por função participar da formação do embrião a partir da união das moléculas perispiríticas às materiais.

A fantástica construção carnal, temporária, levada a bom termo célula a célula, é assim descrita por Kardec:

Quando o Espírito tem de encarnar num corpo humano em vias de formação, um laço fluídico, que mais não é do que uma expansão do seu perispírito, o liga ao gérmen que o atrai por uma força irresistível desde o momento da concepção. À medida que o gérmen se desenvolve, o laço se encurta. Sob a influência do princípio vitoma-terial do gérmen, o perispírito, que possui certas propriedades da matéria, se une, molécula a molécula, ao corpo em formação, donde o poder dizer-se que o Espírito, por intermédio de seu perispírito, se enraíza de certa maneira nesse gérmen como uma planta na terra. Quando o gérmen chega ao seu pleno desenvolvimento, completa é a união; nasce então o ser para a vida exterior. Por um efeito contrário, a união do perispírito e da matéria carnal,

---

[19] KARDEC, Allan. *O livro dos espíritos*. Q. 134 e 344.
[20] Id. Ibid. Q. 257.

que se efetuara sob a influência do princípio vital do gérmen, cessa desde que esse princípio deixa de atuar em consequência da desorganização do corpo. Mantida que era por uma força atuante, tal união se desfaz logo que essa força deixa de atuar. Então o perispírito se desprende, molécula a molécula, conforme se unira, e ao Espírito é restituída a liberdade. Assim, não é a partida do Espírito que causa a morte do corpo; esta é que determina a partida do Espírito.[21]

O corpo espiritual é de primordial importância para o Espírito. É ele o laço intermediário que faculta a ligação do Espírito à matéria e como tal exerce a sua função de agente na construção, funcionamento e reparação desde a multiplicação inicial das células embrionárias até o momento em que se opera o seu desligamento com a degeneração das células corpóreas. A sua presença tem sido suspeitada há longas eras. Paulo já fazia referência a esse corpo fluídico: "Semeia-se corpo animal, ressuscitará corpo espiritual. Se há corpo animal, há também corpo espiritual".[22]

Chegará o momento em que a ciência, embora a contra gosto, se encontrará na contingência de admitir o que muitos estudiosos já admitiram: a presença desse corpo modelador, reparador e sustentador das células orgânicas.

O Dr. Miguel Nicolelis, em seu interessantíssimo artigo "Vivendo com Fantasmas", aborda um fenômeno científico que há muito já é popularmente conhecido, embora muita gente acredite tratar-se de lenda. É um fato real e comprovado cientificamente: o *membro-fantasma*. Conta ele que, quando estudante de medicina, pela primeira vez, ficou extremamente chocado diante de um garoto de apenas 12 anos de idade. Internado no hospital, o garoto reclamava da dor terrível que sentia na perna esquerda, abaixo do joelho. Sem que ninguém fizesse algo para auxiliá-lo, resolveu examinar o menino e, ao perguntar onde doía, ele respondeu: "No pé esquerdo, na batata da perna, na perna toda, abaixo do joelho". Foi imenso o seu espanto ao levantar o lençol que cobria o garoto e assim se expressa:

> Só lembro que nada poderia ter me preparado para o que eu vi! Algo que chocou meus olhos e paralisou meu cérebro. Bastou um breve olhar

---

[21] KARDEC, Allan. *A gênese*. Cap. XI, it. 18.
[22] I Coríntios, 15:44.

atônito para que eu percebesse que, no corpo molhado de suor e dor, faltava metade da perna esquerda, amputada justamente abaixo do joelho em consequência de um atropelamento dias antes. Mesmo que tudo aquilo fosse incompreensível para mim, não havia dúvida de que, para aquela criança, o desconforto se originava em uma parte de seu corpo que não existia mais. [...] Já fora da enfermaria, lembro-me do cirurgião me dizendo: "Não era ele falando, era o seu membro-fantasma".[23]

Num outro momento do artigo, o eminente pesquisador explica que se trata de um fato desafiador que médicos e cientistas enfrentam há séculos. E o termo: "membro-fantasma" foi criado pelo médico americano Weir Mitchell com a finalidade *de descrever sintomas de soldados mutilados durante a Guerra Civil Americana.*

Informa ainda o autor: "A impressão da contínua presença de uma parte do corpo que não existe mais, acompanhada ou não de dor, não se limita a braços e pernas". Consta em seu artigo que a literatura médica registra relatos referentes às sensações sentidas por pacientes que tiveram outros órgãos extraídos, inclusive internos.

Ainda mais interessante nesse artigo revelador do Dr. Nicolelis é que ele informa que "[...] estudos mais recentes sugerem que mesmo crianças nascidas sem pernas ou braços podem sofrer com sensações fantasmas originadas em parte de seu corpo que jamais existiram".[24]

O autor faz referência a vários relatos e teses sobre o *membro-fantasma* que surgiram no decorrer dos séculos e não deixa de ressaltar a tese do psicólogo canadense Ronald Melzach, que defende a "teoria da neuromatriz":

> Essencialmente, ele postulou que o cérebro contém uma vasta rede de neurônios que, além de responder normalmente a estímulos sensoriais provenientes da periferia do corpo e ter sua atividade modulada por esses estímulos, provoca atividade elétrica neural contínua, indicando a identidade de nosso corpo e o seu estado natural intacto. Segundo ele, essa neuromatriz continua a operar ininterruptamente mesmo depois da remoção de uma parte do corpo e produz atividade elétrica que

---

[23] NICOLELIS, Miguel. *Revista Mente e Cérebro.* "Vivendo com Fantasmas".
[24] Id. Ibid.

nos faz sentir a presença de parte de nós, mesmo quando ela não existe mais. [...] A tese de Melzach de que a "identidade pessoal" do corpo é determinada, pelo menos parcialmente, por mecanismos genéticos foi em parte comprovada pela demonstração de que mesmo indivíduos nascidos sem membros convivem com fantasmas das partes ausentes. Essa observação sugere que nascemos com um "modelo cerebral básico" de como o nosso corpo deveria ser. [...] É plausível especular que a sensação do membro-fantasma resultaria de um conflito profundo entre a imagem corpórea (completa) e a nova configuração (reduzida) do corpo depois da amputação. O cérebro não receberia mais sinais táteis periféricos que validassem a previsão do modelo cerebral de como o corpo deveria ser.[25]

Nesse artigo, o autor apresenta ao olhar público um verdadeiro tesouro científico que não só revela o interesse de inúmeros cientistas, como também sugere a existência de um corpo modelador, eletromagnético, revestido de uma tessitura carnal a que Allan Kardec denominou de perispírito. No entanto, não importa se a denominação de Melzach seja neuromatriz e a de Kardec perispírito; o importante é o compartilhamento desse corpo energético com o corpo físico e que está despertando interesse científico pelos fenômenos reais que acarreta. Futuramente, novos focos de luz incidirão sobre essa realidade incontestável que o codificador já anunciara:

> Não vemos todos os dias a recordação ou a apreensão de um mal físico produzirem o efeito desse mal como se real fora? Não as vemos até causar a morte? Toda gente sabe que aqueles a quem se amputou um membro costumam sentir dor no membro que lhes falta. Certo que aí não está a sede ou sequer o ponto de partida da dor. O que há apenas é que o cérebro guardou desta a impressão. [...][26]

Sendo a existência do Espírito anterior à existência do corpo, sendo o perispírito o corpo sutil do Espírito e o instrumento modelador do corpo, ao qual se liga molécula a molécula, é fácil deduzir que a sua ligação à matéria ocorre

---

[25] NICOLELIS, Miguel. *Revista Mente e Cérebro.* "Vivendo com Fantasmas".
[26] KARDEC, Allan. *O livro dos espíritos.* Q. 257.

logo após a união do óvulo e do espermatozoide. Efetua-se, pois, em seguida à concepção, o que já foi confirmado pelos Espíritos. Portanto, qualquer atitude tomada após a concepção com o intuito de impedir a gestação do corpo carnal do Espírito se resume em crime. Crime? Sim! Violento atentado contra o direito à vida. Eis como o aborto é visto pelo mundo espiritual:

> Que consequências tem para o Espírito o aborto?
>
> É uma existência nulificada e que ele terá de recomeçar.
>
> Constitui crime a provocação do aborto em qualquer período da gestação?
>
> Há crime sempre que transgredis a lei de Deus. Uma mãe, ou quem quer que seja, cometerá crime sempre que tirar a vida a uma criança antes de seu nascimento, porque impede uma alma de passar pelas provas a que serviria de instrumento o corpo que se estava formando.[27]

Esse tipo de crime dá origem a uma grande parcela das mais terríveis obsessões, pois o Espírito em vias de reencarne, em sua generalidade, é devedor ou credor dos pais. Ao programar sua vida ao lado daqueles com os quais se comprometeu, traz a alma plena de esperança, ansiosa pelo sucesso. Com o abortamento, seus planos são interrompidos, suas esperanças perdidas. Sua alma se enche de angústia e de desespero, cuja dor superlativa, física e moral, se entrelaça convulsionando, quase sempre, as nascentes do ódio. Ante esse quadro aterrador, a dilacerar não apenas seu corpo indefeso, mas também os seus mais nobres ideais, ele sofre profundamente. Se for um Espírito resignado, será imediatamente amparado pelos amigos espirituais que muito colaboraram para o sucesso de sua encarnação. Todavia, se for um Espírito que ainda não aprendeu a vencer a revolta, não perdoará. Após o período de estupefação, entregar-se-á aos planos de vingança.

O aborto voluntário é uma violência de consequências dolorosas para o Espírito, que, ante o sofrimento e a interrupção da vida, deixará o ódio florescer e, enquanto não vir a justiça feita com as próprias mãos, não terá sossego.

Nessas circunstâncias, os responsáveis, mães, pais, médicos, enfermeiros ou qualquer outro responsável por tal crime, serão tenazmente perseguidos. Seus dias se mesclarão de dificuldades, suas noites, de terror e insônia. Sem

---
[27] KARDEC, Allan. *O livro dos espíritos*. Q. 357 e 358.

associarem suas mazelas ao ato insano praticado, justificarão seus desaires por conta do estresse, do trabalho, de terceiros e até da sorte. Na realidade, é a obsessão que se apresenta mais ou menos acentuada, de acordo com o seu grau de mediunidade. A lei de causa e efeito, cuja finalidade é reeducar o indivíduo infrator, se apresentará na medida justa.

Como já mencionado, o nascimento da criança completa a união do Espírito ao corpo material, e o corpo intermediário ou fluídico, além de modelador e construtor, atuará, então, como agente do Espírito e, assim, será o condutor submisso dos seus pensamentos e de suas vontades. Esse agente, sempre sob o comando do Espírito, se ocupa fielmente de suas tarefas e, em ação ininterrupta, transmite ordens às diversas partes do organismo. Em suas múltiplas atividades, se incumbe também de conduzir à mente espiritual as sensações externas percebidas e sofridas pelo corpo material. Esse agente, imperceptível aos olhos da matéria, desliza velozmente sobre os fios condutores do sistema nervoso e se incumbe eficientemente da tarefa em suas idas e vindas constantes e automáticas. Liberto do corpo material pelo fenômeno da morte, esse agente se apresenta como a vestimenta do Espírito por excelência.

O perispírito, sendo um envoltório extraído do meio ambiente, sofrerá variações de conformidade com os mundos em que o Espírito esteja sujeito a reencarnar.

Eis o que constatou o insigne codificador:

> Esse segundo invólucro da alma ou perispírito existe, pois, durante a vida corpórea; é o intermediário de todas as sensações que o Espírito percebe e pelo qual transmite sua vontade ao exterior e atua sobre os órgãos do corpo. [...] é o fio elétrico condutor que serve para a recepção e a transmissão do pensamento; é, em suma, esse agente misterioso, imperceptível, conhecido pelo nome de fluido nervoso, que desempenha tão grande papel na economia orgânica e que ainda não se leva muito em conta nos fenômenos fisiológicos e patológicos. [...] O perispírito faz, portanto, parte integrante do Espírito como o corpo o faz do homem. Porém, o perispírito, só por si, não é o Espírito, do mesmo modo que só o corpo não constitui o homem, porquanto o perispírito não pensa. Ele é para o Espírito o que o corpo é para o homem: o agente ou instrumento de sua ação.[28]

---

[28] KARDEC, Allan. *O livro dos médiuns*. Segunda parte, cap. I, it. 54 e 55.

Atuante na sua função de intermediário, o corpo eletromagnético exerce importante papel, tanto no equilíbrio orgânico quanto num sem-número de afecções que se inter-relacionam com a saúde física e psicológica do indivíduo, pois é nesse corpo fluídico que se refletem as gêneses patológicas e os distúrbios dolorosos sediados na alma. E, por sua vez, eclodirá no corpo material no momento oportuno. Por isso está no corpo perispirítico a causa principal das moléstias de longo curso, como a epilepsia, o câncer, a esquizofrenia, a hanseníase, o diabetes, a tuberculose e muitas outras doenças que afetam a vida do homem sobre a Terra.

O Espírito, depois que se liberta das amarras carnais, adquire, mais ou menos rápido, a faculdade de modificar sua aparência. Seu pensamento, sob o poder da vontade, exerce uma atividade modeladora sobre o seu corpo perispirítico, o que lhe faculta permanecer com a aparência que trouxe da última encarnação ou, se o desejar, adotar aparência de alguma encarnação anterior. Às vezes, essa alteração ocorre automaticamente, sem que ele se aperceba. Para isso, basta pensar como era para que a transformação ocorra. Nem sempre será agradável, pois a aparência estará em conformidade com o seu equilíbrio ou desequilíbrio moral.

Esse fenômeno, coordenado pelo Espírito, é possível devido à constituição do perispírito, que apresenta inúmeras propriedades, algumas conhecidas, outras não. De acordo com o poder da vontade, pode tornar-se elástico e, dessa forma, expandir-se ou reduzir o seu tamanho; pode entrar ou sair de ambientes fechados, pois a matéria densa não lhe representa obstáculos. Essa penetrabilidade lhe confere a possibilidade de adentrar os lares em que viveu ou lares alheios, mesmo que as portas estejam fechadas. Essa faculdade não dependente do grau de elevação. Se fosse possível visualizar o plano espiritual, a grande maioria dos encarnados se sentiria constrangida com as companhias indesejáveis que voluntariamente trazem para dentro do lar, onde permanecem se o ambiente os atrai, ou se afastam se lhes é impróprio.

Os Espíritos têm a faculdade de, em número considerável, permanecerem confortavelmente em ambientes acanhados e lotados. Em circunstâncias opostas ao mundo material, mediante temperaturas excessivamente frias, ou terrivelmente quentes, não sofrem qualquer alteração em suas moléculas perispiríticas.

Quando conquista certo grau de elevação, o Espírito irradia luz própria, que, de acordo com a vontade, pode ser ocultada em presença de Espíritos inferiores, a fim de não humilhá-los. Por isso Jesus convida a todos para que facultem o brilho da própria luz. Esse brilho só é viável aos que pautam a existência pelas Leis divinas.

É possível, embora raramente, o Espírito tornar-se tangível no fenômeno de materialização. Trata-se de um efeito raro porque exige pureza de hábitos e de intenções, fé e evangelização do médium que o produz. Além do mais, exige uma grande emanação de ectoplasma que se transporta do organismo do médium para revestir o Espírito que se materializa. Essa substância, de aparência leitosa e sensível, retorna ao médium com o encerramento do fenômeno. Por ser parte integrante do seu organismo, a exteriorização constante do ectoplasma pode colocar em risco a saúde do medianeiro. Os Espíritos que se materializam tornam-se visíveis a todos os presentes. Nem sempre, porém, de corpo inteiro. Ao se apresentarem, seja pela materialização ou pela vidência, eles se mostram com sua aparência em vida, tanto na última encarnação quanto em vidas anteriores. Sempre de acordo com a vontade expressa de cada um.

Outra forma de manifestação que o Espírito utiliza para se tornar visível e tangível a uma ou mais pessoas, além do fenômeno de materialização propriamente dito, são os Agêneres. Eles surgem e desaparecem instantaneamente de forma inexplicável. Sua permanência entre os encarnados é breve. A aparência desses seres é idêntica aos encarnados, sendo, muitas vezes, confundidos com eles. Apresentam a mesma consistência material, são palpáveis, e sua temperatura é compatível com a de uma pessoa normal. Falam pouco e seu intuito é de ajudar. Embora raríssimos, os Agêneres surgem em situações de extrema necessidade sem que alguém se dê conta do fenômeno.

Certa feita, Letícia, uma jovem de bom coração, embora pouco prudente, resolveu abandonar o emprego promissor que conseguira na capital paulista para se aventurar a estudar na cidade de Manaus. Ali, na capital amazonense, nada deu certo. Suas economias se extinguiram e, sem outros recursos, viu-se na contingência de retornar a São Paulo. Nesse período em que esteve fora de sua cidade, a situação econômica do país sofreu uma grande reviravolta, e o desemprego foi inevitável. Letícia recorreu a amigos, parentes, firmas em que trabalhara anteriormente, mas nada conseguiu. Por um longo período de dois anos, viveu à custa de sofrimento e humilhação. Passava as manhãs nas feiras livres catando sobras de legumes, recorria às Igrejas na esperança de arrecadar alguma ajuda. De secretária executiva que era, passou a trabalhar esporadicamente como faxineira. Suas provas pareciam não ter fim. Um dia, acompanhada de uma amiga igualmente desempregada, em que retornava da feira com a coleta de tomates amassados e cenouras quebradas, resolveu mudar o trajeto e, ao passar por uma rua desconhecida, parou. Ambas estavam confusas. Estariam perdidas? Olharam para os lados, não havia ninguém a quem pedir informação.

A rua estava deserta. Sem saber de onde, surgiu um jovem sorridente que lhes estendeu a mão com presteza e disse-lhes sem rodeios:

— Minhas filhas, suas provas estão no fim, logo ali, à direita — e apontou o local —, há uma empresa que está precisando de funcionários com suas qualificações. Despediu-se e partiu. Ou melhor, sumiu.

Letícia desejou chamá-lo, perguntar seu nome, quem era, de onde as conhecia, como ficara sabendo de suas necessidades, mas, ele desapareceu por encanto. Ficaram atônitas:

— Como é possível? Nunca o vimos em lugar algum! Tão jovem e nos chamou de filhas! Como sabia que estamos desempregadas? Por que afirmou que as nossas provas chegaram ao fim? Meu Deus! Será verdade? Tenha pena de nós!

Sem se aperceberem, chegaram diante do prédio apontado pelo jovem.

— Entramos ou não?...

Entraram.

Realmente estavam precisando de funcionários. Parecia que ambas viviam um sonho. Era verdade! Deus tinha se apiedado delas. Providenciaram os documentos exigidos, retornaram àquela empresa e foram contratadas. Letícia trabalhou satisfeita naquele local durante muitos anos. Nunca mais souberam do jovem que as auxiliou. A amiga, mais tarde, mudou-se para outra cidade.

Hoje, aposentada, Letícia se compraz, contando esse fato sempre que o assunto se refere às "coisas do outro mundo".

Esse caso sugere tratar-se de um Espírito amigo que, conhecedor de suas dificuldades, trouxe-lhes o auxílio na forma de um Agênere. Por que um Agênere e não uma simples visão? Nota-se que a entidade foi vista pelas duas amigas. Pelo que se sabe, nenhuma era vidente. Ao estender-lhes a mão, esta foi sentida com pressão normal e temperatura compatível com a de um corpo humano. E ainda mais: conhecia as suas aflições, e um ser humano não teria condições de desaparecer de imediato numa rua deserta e sem qualquer meio que pudesse encobri-lo.

Outro fato, digno de comentar, ocorreu com os irmãos Fábio e Francis na década de 1980. Moradores de uma grande cidade do interior paulista, ambos perfaziam diariamente um longo trajeto de carro para chegar à faculdade. Certa feita, retornando de madrugada, perceberam que um carro os seguia. Sem tempo de raciocinar, foram fechados e jogados contra a sarjeta de uma praça deserta, circundada de prédios comerciais, todos fechados àquela hora da noite. O carro vilão seguiu em alta velocidade. Os irmãos desceram e verificaram que não era possível tirar o carro dali sem ajuda, pois uma das rodas entortou e ficou presa na lataria amassada. Entraram desolados no carro, agradecidos a Deus por não ter sido pior. Não sabiam o que fazer. Em casa, a mãe aguardava a volta dos filhos, como sempre, o coração angustiado e a alma em prece.

Naquela hora da noite, em que não havia movimento algum, surgiu um senhor de cabelos grisalhos, aparentando terna jovialidade, aproximou-se carinhosamente dos jovens, colocou as mãos sobre seus ombros e, sem preâmbulos, exigiu que eles fugissem.

— Mas como? — perguntaram. — O senhor pode nos ajudar a sair daqui?

— Sim, meus filhos. Mas saiam, saiam imediatamente, prossigam a pé, eu os acompanharei. Eles pretendem voltar.

— Mas é longe e as ruas estão desertas!

— Imediatamente, sigam a pé. Ou melhor, corram e não olhem para trás.

Sem saber como, os jovens chegaram à sua casa, espavoridos e cansados de tanto correr. A mãe, preocupada, agradecia a Deus e àquela criatura que auxiliou seus filhos a retornar sãos e salvos. Mas os meninos estavam preocupados com o carro que ficara abandonado naquela praça erma. O pai, com bom senso, tranquilizou-os:

— De manhã, de manhã, meus filhos, nós iremos até lá e tomaremos as providências necessárias. Agora descansem, vocês estão muito assustados, sem contar com o cansaço.

E assim o fizeram. Na manhã seguinte, que surpresa! O carro apresentava várias marcas de bala na lataria. Principalmente na direção do banco traseiro. Os rapazes agressores haviam voltado e certamente acreditaram que os jovens estavam dormindo ali.

A circunstância em que aquele senhor aparecera, o local deserto, a maneira como se dirigira aos jovens, a confiança e tranquilidade que sentiram com a sua presença, a energia com que conseguiram correr sugerem a presença de aparição tangível. Tudo leva a crer se tratar do Espírito protetor na forma materializada de Agênere.

O perispírito, além de funções variadas e propriedades múltiplas que lhe fornecem os meios mais diversificados de aparição, transformação e adaptação, tem também papel preponderante nas comunicações mediúnicas, conforme explica Kardec:

> [...] o fluido universal, onde se contém o princípio da vida, é o agente principal das manifestações, agente que recebe impulsão do Espírito, seja encarnado, seja errante. Condensado, esse fluido constitui o perispírito,

ou invólucro semimaterial do Espírito. Encarnado este, o perispírito se acha unido à matéria do corpo; estando o Espírito na erraticidade, ele se encontra livre. Quando o Espírito está encarnado, a substância do perispírito se acha mais ou menos ligada, mais ou menos aderente, se assim nos podemos exprimir. Em algumas pessoas se verifica, por efeito de suas organizações, uma espécie de emanação desse fluido e é isso, propriamente falando, o que constitui o médium de influências físicas. A emissão do fluido animalizado pode ser mais ou menos abundante, como mais ou menos fácil a sua combinação, donde os médiuns mais ou menos poderosos.[29]

É imprescindível o perispírito na vida humana. Da mesma forma que ele é o agente entre o Espírito e a matéria, ele também atua como instrumento de atração entre Espíritos encarnados e desencarnados de acordo com a lei de afinidades. Assim, qualquer dúvida se dissipa com a explanação de Kardec: "Pela sua união íntima com o corpo, o perispírito desempenha preponderante papel no organismo. Pela sua expansão, põe o Espírito encarnado em relação mais direta com os Espíritos livres e também com os Espíritos encarnados. [...]"[30]

Isso se torna possível pela expansibilidade energética, própria do corpo perispiritual, conhecida pelo nome de aura. Esta nada mais é que a irradiação das energias do perispírito que ultrapassam os limites do corpo material. De acordo com a elevação de pensamentos e a vontade voltada para o bem, a aura ganha maior luminosidade e expansibilidade. No entanto, se os pensamentos forem voltados para a inferioridade e o mal, o perispírito não emitirá luz, pelo contrário, será opaco e sombrio. São esses atributos facilmente identificáveis pelos Espíritos.

O Espírito André Luiz elucida muitas dúvidas: "A alma encarnada ou desencarnada está envolvida na própria aura ou túnica de forças eletromagnéticas, em cuja tessitura circulam as irradiações que lhe são peculiares".[31]

Em outra de suas obras, ele afirma que:

> [...] Todos os seres vivos, [...] dos mais rudimentares aos mais complexos, se revestem de um "halo energético" que lhes corresponde à natureza. No homem, contudo, semelhante projeção surge profundamente

---

[29] KARDEC, Allan. *O livro dos médiuns*. Segunda parte, cap. IV, it. 75.
[30] Id. *A gênese*. Cap. XIV, it. 18.
[31] XAVIER, Francisco C; VIEIRA, Waldo. *Mecanismos da mediunidade*. Cap. 10.

enriquecida e modificada pelos fatores do pensamento contínuo que, em se ajustando às emanações do campo celular, lhe modelam, em derredor da personalidade, o conhecido corpo vital ou duplo etéreo de algumas escolas espiritualistas, duplicata mais ou menos radiante da criatura. [...] Aí temos, nessa conjugação de forças físico-químicas e mentais, a aura humana, peculiar a cada indivíduo, interpenetrando-o, ao mesmo tempo em que parece emergir dele, [...] valendo por espelho sensível em que todos os estados da alma se estampam com sinais característicos e em que todas as ideias se evidenciam, plasmando telas vivas, quando perduram em vigor e semelhança como no cinematógrafo comum.[32]

Em consequência da expansibilidade da aura, a aproximação entre pessoas pode tornar-se agradável ou desagradável, ocasionar bem-estar ou mal-estar, simpatia ou antipatia. Isso ocorre em virtude de emanações vibratórias das pessoas presentes. Dessa forma, não são apenas os Espíritos que exercem influência na atmosfera psíquica das criaturas. Em grande parte, são os próprios encarnados que imprimem leveza ou poluição à atmosfera em que atuam. E, mais uma vez, é o Espírito André Luiz quem esclarece:

A aura é [...] a nossa plataforma onipresente em toda comunicação com as rotas alheias, antecâmara do Espírito, em todas as nossas atividades de intercâmbio com a vida que nos rodeia, através da qual somos vistos e examinados pelas Inteligências Superiores, sentidos e reconhecidos pelos nossos afins e temidos e hostilizados ou amados e auxiliados pelos irmãos que caminham em posição inferior à nossa. Isso porque exteriorizamos, de maneira invariável, o reflexo de nós mesmos, nos contactos de pensamento a pensamento, sem necessidade das palavras para as simpatias ou repulsões fundamentais.[33]

Outro elemento revelador é a ausência de sexualidade nos Espíritos. Mas isso é possível?, perguntariam. Sim, é possível!

O Espírito que já conseguiu se libertar da sensação material e das paixões humanas, conectado à escala mais elevada, não tem sexo. No entanto, para o Espírito que ainda se liga à matéria e necessita da reencarnação, sua vestimenta perispiritual pode ser programada para o sexo masculino ou feminino. Essa

---

[32] XAVIER, Francisco C; VIEIRA, Waldo. *Evolução em dois mundos*. Primeira parte, cap. 17.
[33] Id. Ibid.

programação atende à finalidade reencarnatória, às tarefas específicas a cumprir ou às provas e expiações necessárias a seu progresso. Allan Kardec, atento a todos os detalhes, questiona os Espíritos:

> Em nova existência, pode o Espírito que animou o corpo de um homem animar o de uma mulher e vice-versa?
>
> Decerto; são os mesmos Espíritos que animam os homens e as mulheres.
>
> Quando errante, que prefere o Espírito: encarnar no corpo de um homem ou no de uma mulher?
>
> Isso pouco lhe importa. O que o guia na escolha são as provas por que haja de passar.

Em nota, Kardec esclarece:

> Os Espíritos encarnam como homens ou como mulheres, porque não têm sexo. Visto que lhes cumpre progredir em tudo, cada sexo, como cada posição social, lhes proporciona provações e deveres especiais e, com isso, ensejo de ganharem experiência. Aquele que só como homem encarnasse só saberia o que sabem os homens.[34]

Exatamente! Seja em corpo masculino ou feminino, o Espírito deve cumprir sua tarefa e exercer com dignidade o seu papel para que não tenha que retornar para corrigir as falhas cometidas. Retornar, sim! Mas que seja para enriquecer o carreiro evolutivo de experiências edificantes e não apenas para reformar o que construiu com negligência ou má-fé.

O homem, criatura divina, traz na própria constituição todos os recursos que lhe permitem trabalhar a sua evolução com responsabilidade. E, de acordo com o uso ou abuso que fizer do seu livre-arbítrio, acarretará para si as consequências. Estas podem surgir na atual ou em futuras reencarnações, de acordo com a lei de causa e efeito, pois a sua vida não se limita a uma única existência. Cidadão do universo, o Espírito escalará os mundos na medida em que se encontre habilitado para atingir o cume.

---

[34] KARDEC, Allan. *O livro dos espíritos*. Q. 201 e 202.

3

Médiuns e mediunidade a serviço do bem

A mediunidade não implica necessariamente relações habituais com os Espíritos superiores. É apenas uma aptidão para servir de instrumento, mais ou menos dúctil aos Espíritos, em geral. O bom médium, pois, não é aquele que comunica facilmente, mas aquele que é simpático aos bons Espíritos e somente deles tem assistência. Unicamente neste sentido é que a excelência das qualidades morais se torna onipotente sobre a mediunidade.[35]

Desde que uma opinião nova venha a ser expedida, por pouco que vos pareça duvidosa, fazei-a passar pelo crisol da razão e da lógica e rejeitai desassombradamente o que a razão e o bom senso reprovarem. Melhor é repelir dez verdades do que admitir uma única falsidade, uma só teoria errônea.[36]

Popularmente, os médiuns são avaliados como criaturas especiais, dotadas de dons divinos, de privilégios que facultam aos curiosos descobrir a verdade sobre quaisquer fatos e circunstâncias que envolvem encarnados e desencarnados. Endeusados por uns, execrados por outros, o médium apenas é dotado de uma aptidão como outra qualquer. Se não houver Espíritos que com eles queiram se comunicar, sua mediunidade não terá qualquer finalidade. Longe de ser privilégio, a mediunidade honesta, sincera e dignamente exercida representa responsabilidade, sacrifício e renúncia. O médium é, simplesmente, um indivíduo

---

[35] KARDEC, Allan. *O evangelho segundo o espiritismo*. Cap. XXIV, it. 12.
[36] Id. *O livro dos médiuns*. Segunda parte, cap. XX, it. 230.

com todas as necessidades, fragilidades e carências próprias dos humanos em provas e expiações neste orbe.

Allan Kardec assim define o médium:

> Todo aquele que sente, num grau qualquer, a influência dos Espíritos é, por esse fato, médium. Essa faculdade é inerente ao homem; não constitui, portanto, um privilégio exclusivo. Por isso mesmo, raras são as pessoas que dela não possuam alguns rudimentos. Pode, pois, dizer-se que todos são mais ou menos médiuns.[37]

Em sua generalidade, todas as pessoas apresentam um determinado grau de mediunidade que as torna mais ou menos sensíveis à aproximação de entidades espirituais. É comum ouvir relato de sonhos premonitórios, de pressentimentos, de fatos que ocorrem em vigília ou durante o sono com características fantásticas. A inspiração recebida pelos autores em suas criações artísticas e literárias, a intuição que, em certas circunstâncias, salvam vidas ou preparam o indivíduo para as provas de cada dia e outras tantas manifestações mediúnicas são comuns e podem ser frequentes ou esporádicas. Todavia, somente os de mediunidade acentuada ou ostensiva é que conseguem estabelecer contato com os Espíritos.

A mediunidade é considerada faculdade natural e espontânea. Ela possibilita o intercâmbio entre os dois planos da vida, o espiritual e o material. É uma aptidão que sempre fez parte da vida de todos os povos em todos os tempos. Os livros sagrados atestam as manifestações mediúnicas que, ao longo das eras, receberam nomes variados. Na antiguidade, não faltavam os oráculos e as pitonisas que transmitiam as informações dos Espíritos. No Antigo Testamento, são comuns os fenômenos mediúnicos. Nos livros do Novo Testamento, a mediunidade se faz presente em diferentes situações, principalmente nos tormentos dos inumeráveis obsidiados curados por Jesus. Não se pode omitir, entre muitas, a belíssima narrativa sobre a visão do Anjo Gabriel por Maria:

> E, entrando o anjo onde ela estava, disse: Salve, agraciada, o Senhor é contigo: bendita tu entre as mulheres. E, vendo-o, ela turbou-se muito com aquelas palavras e considerava que saudação seria essa. Disse-lhe, então, o anjo: Maria, não temas, porque achaste graça diante de Deus; e eis que em

---

[37] KARDEC, Allan. *O livro dos médiuns*. Segunda parte, cap. XIV, it. 159.

teu ventre conceberás e darás à luz um filho e por-lhe-ás o nome de Jesus. Este será grande e será chamado filho do Altíssimo. [...][38]

Outro fenômeno mediúnico reveste-se de intensa emoção: a aparição de Jesus a seus discípulos.

> Aos quais também, depois de ter padecido, se apresentou vivo, com muitas e infalíveis provas, sendo visto por eles por espaço de quarenta dias, e falando do que respeita ao reino de Deus. E, estando com eles, determinou-lhes que não se ausentassem de Jerusalém, mas que esperassem a promessa do Pai, que de mim ouvistes. [...] Mas recebereis a virtude do Espírito Santo, que há de vir sobre vós. E ser-me-eis testemunhas, tanto em Jerusalém como em toda a Judeia e a Samaria e até os confins da Terra. E, quando dizia isso, vendo-O eles, foi elevado às alturas e uma nuvem O recebeu, ocultando-O a seus olhos. E, estando com os olhos fitos no céu, enquanto Ele subia, eis que junto deles se puseram dois varões vestidos de branco, os quais lhes disseram: Varões galileus, por que estais olhando para o céu? Esse Jesus, que dentre vós foi recebido em cima no Céu, há de vir assim como para o Céu O vistes ir.[39]

Não se pode dizer que a mediunidade é uma faculdade permanente, pois sofre alterações e pode até desaparecer. O seu desempenho não depende apenas do médium, mas também dos Espíritos que com ele queiram comunicar-se, desde que, para isso, tenham autorização dos superiores. Há circunstâncias em que a mediunidade é suspensa pelos Espíritos amigos devido a doenças ou outros empecilhos que possam atrapalhar o seu livre exercício.

Dependendo do uso que se fizer dela, poderá acarretar, para o medianeiro, comprometimentos dolorosos para o futuro. Há situações em que, por Misericórdia divina, a mediunidade é bloqueada, para que o seu portador não se comprometa ainda mais com as divinas Leis. As questões seguintes são esclarecedoras:

Podem os médiuns perder a faculdade que possuem?

---

[38] LUCAS, 1:28 a 32.
[39] ATOS DOS APÓSTOLOS, 1:3, 4 e 8 a 11.

Isso frequentemente acontece, qualquer que seja o gênero da faculdade. Mas também, muitas vezes, apenas se verifica uma interrupção passageira, que cessa com a causa que a produziu.

Estará no esgotamento do fluido a causa da perda da mediunidade?

Seja qual for a faculdade com que o médium é dotado, ele nada pode sem o concurso simpático dos Espíritos. Quando nada mais obtém, nem sempre é porque lhe falta a faculdade; isso não raro se dá, porque os Espíritos não mais querem ou podem servir-se dele.

Que é o que pode causar o abandono de um médium, por parte dos Espíritos?

O que mais influi para que assim procedam os bons Espíritos é o uso que o médium faz da sua faculdade. Podemos abandoná-lo quando dela se serve para coisas frívolas, ou com propósitos ambiciosos. [...] Este dom de Deus não é concedido ao médium para o seu deleite e, ainda menos, para satisfação de suas ambições, mas para o fim de sua melhora espiritual e para dar a conhecer aos homens a verdade. Se o Espírito verifica que o médium já não corresponde às suas vistas e já não aproveita as instruções nem os conselhos que lhe dá, afasta-se em busca de um protegido mais digno. [...]

Assim, a interrupção da faculdade mediúnica nem sempre traduz uma censura da parte do Espírito?

Não, sem dúvida, pois que pode ser uma prova de benevolência. [...]

Com que fim a Providência outorgou de maneira especial, a certos indivíduos, o dom da mediunidade?

É uma missão de que se incumbiram e cujo desempenho os faz ditosos. São os interpretes dos Espíritos com os homens. [...]

Se é uma missão, como se explica que não constitua privilégio dos homens de bem e que semelhante faculdade seja concedida a pessoas que nenhuma estima merecem e que dela podem abusar?

A faculdade lhes é concedida, porque precisam dela para se melhorarem, para ficarem em condições de receber bons ensinamentos. Se não aproveitam da concessão, sofrerão as consequências. Jesus não pregava de preferência aos pecadores, dizendo ser preciso dar àquele que não têm?[40]

Houve tempos em que a mediunidade foi vista como se fosse bruxaria, e o médium era execrado, quando não preso e condenado à morte nas fogueiras montadas em praça pública. Um dos exemplos mais distinguidos no rol desses mártires foi o de Joana d'Arc, mas inumeráveis foram os médiuns levados à fogueira da Inquisição. Até os dias atuais, muitas Religiões ainda veem a mediunidade como indício de loucura ou alucinação.

Para evitar as sombras da superstição, bem como qualquer crítica desairosa contra médiuns, mediunidade e o próprio Espiritismo, Allan Kardec esclareceu:

> Para conhecimento das pessoas estranhas à ciência, diremos que não há horas mais propícias umas que outras, como não há dias, nem lugares, para comunicar com os Espíritos. Diremos mais: que não há fórmulas nem palavras sacramentais ou cabalísticas para evocá-los; que não há necessidade alguma de preparo ou iniciação; que é nulo o emprego de quaisquer sinais ou objetos materiais para atraí-los ou repeli-los, bastando para tanto o pensamento; e, finalmente, que os médiuns recebem deles as comunicações sem sair do estado normal, tão simples e naturalmente como se tais comunicações fossem ditadas por uma pessoa vivente.[41]

Dessas explicações, entende-se que o intercâmbio entre encarnados e desencarnados não exige qualquer aparato e ocorre de forma corriqueira tendo em vista que os invisíveis transitam livremente entre as pessoas de acordo com esclarecimentos de André Luiz: "A humanidade terrestre, constituída de milhões de seres, une-se à humanidade invisível do planeta, que integra muitos bilhões de criaturas".[42]

Num outro momento, o autor espiritual, em visita ao orbe terreno, informa:

> No longo percurso, através de ruas movimentadas [...] identificava, agora, a presença de muitos desencarnados de ordem inferior, seguindo os

---

[40] KARDEC, Allan. *O livro dos médiuns*. Segunda parte, cap. XVII, it. 220.
[41] Id. *O céu e o inferno*. Primeira parte, cap. X, it. 10.
[42] XAVIER, Francisco C. *Nosso Lar*. Cap. 24.

passos de transeuntes vários, ou colados a eles, em abraço singular. Muitos dependuravam-se em veículos, contemplavam-nos outros das sacadas distantes. Alguns, em grupos, vagavam pelas ruas, formando verdadeiras nuvens escuras que houvessem baixado repentinamente ao solo.[43]

A comunicação é tão natural, simples e sutil que muitas vezes ocorre sem ser percebida. São muitos os que são dotados de mediunidade e não se apercebem. Em qualquer hora ou lugar, captam ideias, conselhos, sugestões, referentes aos mais variados assuntos ou situações. A grande maioria não tem a mínima percepção de que são ideias vindas de entidades espirituais. As ideias chegam de acordo com o teor de sintonia estabelecida. Assim, vidas podem ser salvas com um pequeno atraso, com uma vontade inexplicável de mudar de rua para chegar ao trabalho, com o retorno para buscar algo que se esqueceu e tantas outras pequenas alterações cotidianas de que raramente se dá conta o encarnado. Entretanto, muitas brigas e traições, inúmeros acidentes e crimes são perpetrados graças a sugestões infelizes de Espíritos afins. Frequentemente, são eles que semeiam os maus pensamentos. Portanto, cabe a cada indivíduo preparar e proteger muito bem o seu campo mental para que dele se aproximem os semeadores do bem a fim de que as boas sementes produzam e frutifiquem. Uma fonte mental desprotegida, imprudente, dará guarida aos salteadores que se aproveitarão da invigilância para invadi-la. Campo protegido, colheita abundante e saudável.

Eis o que os Espíritos respondem a Kardec:

> Influem os Espíritos em nossos pensamentos e em nossos atos?
>
> Muito mais do que imaginais. Influem a tal ponto, que, de ordinário, são eles que vos dirigem.
>
> De par com os pensamentos que nos são próprios, outros haverá que nos sejam sugeridos?
>
> Vossa alma é um Espírito que pensa. Não ignorais que, frequentemente, muitos pensamentos vos acodem, a um tempo, sobre o mesmo assunto e, não raro, contrários uns aos outros. Pois bem! No conjunto deles, estão sempre de mistura os vossos com os nossos. Daí a incerteza em que vos vedes. É que tendes em vós duas ideias a se combaterem.

---

[43] XAVIER, Francisco C. *Os mensageiros*. Cap. 34.

Como distinguirmos se um pensamento sugerido procede de um bom Espírito ou de um Espírito mau?

Estudai o caso. Os bons Espíritos só para o bem aconselham. Compete-vos discernir.

Pode o homem eximir-se da influência dos Espíritos que procuram arrastá-lo ao mal?

Pode, visto que tais Espíritos só se apegam aos que, pelos seus desejos, os chamam, ou aos que, pelos seus pensamentos, os atraem.[44]

Realmente! O pensamento é uma fonte de atração que levou Jesus a afirmar que os "corações" humanos estariam no local onde estivessem os "tesouros" materiais, numa clara alusão ao aprisionamento da alma pelos bens terrenos.

A mediunidade é uma faculdade divina. Bem conduzida, abre as cortinas da verdade espiritual. O Consolador Prometido por Jesus se instalou entre os homens graças à mediunidade responsável de criaturas dedicadas que se entregaram arduamente ao trabalho de implantação da reconstrução moral sob orientação de Jesus e coordenação de Allan Kardec.

O pensamento é fio condutor que estabelece o intercâmbio entre o mundo dos Espíritos e a humanidade encarnada. Se assim não fosse, aquele que não apresentasse qualquer resquício de mediunidade seria apenas uma máquina pensante, sem qualquer via de ligação com os planos espirituais. É bem verdade que não estaria sujeito às más influências, mas, em contrapartida, também não estaria disponível às benesses superiores, suas preces não teriam destino, suas súplicas não seriam ouvidas. Nesse estado desolador, não teria mérito, nem demérito, uma vez que se encontraria isolado.

O homem é ser divino, criado para viver no meio social. Seu crescimento é acompanhado pelo olhar misericordioso do Pai que, em Sua justiça e misericórdia, dotou Suas criaturas com o grau de mediunidade correspondente à capacidade de cada uma. Por isso, alguns a apresentam em pequeno grau, outros, em grau mais ostensivo. Há médiuns que apresentam um tipo, enquanto há médiuns que reúnem todos. Mediunidade é conquista para os responsáveis; entrave para os frívolos. Entretanto, aqui na Terra, enquanto prova e expiação, a mediunidade,

---

[44] KARDEC, Allan. *O livro dos espíritos*. Q. 459, 460 e 464, 467.

para a maioria, é provacional. Nessas circunstâncias, dependerá do bom uso que se fizer da faculdade, para ampliá-la e aplicá-la em missões redentoras, ao longo de sucessivas existências. A mediunidade sublimada, exercida de acordo com os preceitos propostos por Jesus, é conquista árdua e de longo prazo, cujo preço é bastante alto, uma vez que exige amor, humildade e renúncia.

Sendo a mediunidade, em seu aspecto geral, de caráter provacional, infere-se que quanto maior a prova, mais ostensiva a mediunidade. Nem sempre, porém!

A mediunidade pode manifestar-se de forma ostensiva em sua multiplicidade. Então, permitirá ao médium perceber, ouvir, ver e comunicar-se com os Espíritos pelas mais diferentes formas. Tais indivíduos são raros. A grande maioria sente apenas a presença do ser invisível por um ou outro canal de comunicação. Mais comuns, no entanto, são os sinais insignificantes, que percebem certas... "pessoas suscetíveis de sentir a presença dos Espíritos por uma impressão vaga, por uma espécie de leve roçadura sobre todos os seus membros, sensação que elas *não podem explicar*".[45]

Tenha ou não uma faculdade mediúnica ostensiva, o homem, constantemente, está em contato com os Espíritos por intermédio de seus pensamentos.

Considerando-se que a Terra atravessa momentos avassaladores em virtude de débitos contraídos, provas e expiações vivenciadas com revolta por seus habitantes, não é de se estranhar que os médiuns videntes percebam, com maior amplitude, os Espíritos inferiores que por aqui transitam. E isso não é agradável! Não ser dotado de vidência é uma bênção! Os Espíritos inferiores são atraídos aos magotes para o globo em virtude da projeção mental dos indivíduos. Os ambientes diferenciam-se e se destacam pelas vibrações elevadas ou inferiores de acordo com os interesses de seus frequentadores, o que explica a sensação agradável ou desagradável que se sente de acordo com os locais. É importante reiterar, todavia, que não são os locais os responsáveis pelo teor das vibrações, e, sim, as pessoas que os frequentam.

Os Espíritos, tanto quanto os encarnados, são criaturas dotadas de livre-arbítrio, têm o direito de ir e vir, e nada os impede de transitarem por toda parte. Influenciam os pensamentos e atitude das criaturas, colaboram com ideias esdrúxulas ou picantes, incutem-lhes sentimentos malsãos de desconfiança, medo, ódio, paixão, inveja, ciúme, desejo e outros tantos em que se comprazem. Os bons não têm tempo a perder com bagatelas. Trabalham incansavelmente

---

[45] KARDEC, Allan. *O livro dos médiuns*. Segunda parte, cap. XIV, it. 164.

no atendimento às necessidades individuais e coletivas, aos apelos que lhes são dirigidos, além de tarefas variadas de auxílio e orientação.

Sendo o pensamento emitido através de ondas, estas se cruzam e se interpenetram constantemente, assim:

> Esta influência é de todos os instantes e mesmo os que não se ocupam com os Espíritos, ou até não creem neles, estão expostos a sofrê-la como os outros e mesmo mais do que os outros, porque não têm com que a contrabalancem. A mediunidade é, para o Espírito, um meio de se fazer conhecido.[46]

A aproximação de um Espírito poderá ou não ser percebida. Isso dependerá da sensibilidade mais ou menos acentuada do encarnado a que se dirige, bem como da afinidade fluídica ou do comprometimento deste com o Espírito. Portanto, o sensitivo, consciente ou não de sua faculdade mediúnica, nem sempre perceberá a aproximação fortuita ou ostensiva de entidades espirituais. Embora tenham a vidência e a audiência, os médiuns nem sempre veem todos os Espíritos, pois o fenômeno está intimamente ligado à vontade de se fazer ou não percebido.

Há médiuns que chegam a duvidar do que veem e ouvem. No entanto, aceitam facilmente a lisonja, os pensamentos que lhes enaltecem as falhas morais, as sugestões que lhe interessam, ignoram os bons conselhos de seus guardiões e, ante as próprias mazelas morais, julgam-se os mais corretos.

Assim se expressam os Espíritos da Codificação:

> Se o médium, do ponto de vista da execução, não passa de um instrumento, exerce, todavia, influência muito grande sob o aspecto moral. Pois que, para se comunicar, o Espírito desencarnado se identifica com o Espírito do médium; esta identificação não se pode verificar senão havendo, entre um e outro, simpatia e, se assim é lícito dizer-se, afinidade. A alma exerce sobre o Espírito livre uma espécie de atração, ou de repulsão, conforme o grau de semelhança existente entre eles. Ora, os bons têm afinidade com os bons e os maus com os maus, donde se segue que as qualidades morais do médium exercem influência capital

---

[46] KARDEC, Allan. *O livro dos médiuns*. Segunda parte, cap. XXIII, it. 244.

sobre a natureza dos Espíritos que por ele se comunicam. Se o médium é vicioso, em torno dele se vêm grupar os Espíritos inferiores, sempre prontos a tomar o lugar aos bons Espíritos evocados. As qualidades que, de preferência, atraem os bons Espíritos são: a bondade, a benevolência, a simplicidade do coração, o amor do próximo, o desprendimento das coisas materiais. Os defeitos que os afastam são: o orgulho, o egoísmo, a inveja, o ciúme, o ódio, a cupidez, a sensualidade e todas as paixões que escravizam o homem à matéria. Todas as imperfeições morais são outras tantas portas abertas ao acesso dos maus Espíritos. A que, porém, eles exploram com mais habilidade é o orgulho, porque é a que a criatura menos confessa a si mesma. [...][47]

A comunicação mediúnica organizada, com finalidade nobre e digna, não é um fato corriqueiro que se possa realizar em qualquer ambiente ou a qualquer hora. Por isso a residência não é um recinto apropriado. Há alguns requisitos que devem ser respeitados para que não se atraia para o grupo, ou meio familiar, uma turba de bandoleiros desencarnados. Na ambiência do planeta, mourejam Espíritos levianos, patéticos, malfazejos, mistificadores, viciosos e perversos. Estes podem se aproveitar do convite para se fixarem na residência dos médiuns. Não se avalia o imenso risco que se corre ao realizar reuniões mediúnicas no próprio lar! A Casa Espírita é local apropriado, conta com equipes de trabalhadores espirituais de grande responsabilidade, protetores e vigilantes permanentes. O ambiente é antecipadamente preparado para receber os Espíritos doentes, em sua maioria, desequilibrados e carentes de vigilância. Ali o atendimento aos Espíritos necessitados se compara ao pronto-socorro hospitalar.

É importante ao médium evitar: conversar, acatar, obedecer, polemizar, questionar ideias ou assuntos propostos pelos Espíritos que se manifestam em qualquer circunstância, fora de hora e sem disciplina. É preciso ter em mente que os bons Espíritos auxiliam sem alarde, respeitam os direitos e deveres de todos e, para eles, as Leis divinas estão sempre em primeiro lugar. A sua presença tem sempre uma finalidade útil e se deixam perceber apenas quando necessário. São eles humildes trabalhadores de Jesus, não se exaltam, não se envaidecem, não se expõem e não perdem tempo com futilidades.

---

[47] KARDEC, Allan. *O livro dos médiuns*. Segunda parte, cap. XX, it. 227 e 228.

O médium deve ter em mente que: "Há tempo de plantar e de se arrancar o que plantou [...], há tempo de chorar e tempo de sorrir.[...]"[48] O médium deve pautar a sua vida, o seu trabalho profissional, o seu período de lazer, bem como o seu tempo de dedicação à família e a Deus, de forma disciplinada. A ponte mental que se estende aos bons Espíritos também é utilizada pelos maus. É questão de vigilância! Por isso é importante reiterar a importância da oração e da vigilância. E cuidar para não ser alvo de qualquer Espírito, conforme aconselha João: "Caríssimos, não acrediteis em todos os Espíritos, mas provai se os Espíritos são de Deus, porque são muitos os falsos profetas que se levantaram no mundo."[49]

Para que haja disponibilidade e organização, é imprescindível estabelecer dia, local e hora apropriados para se receber uma visita, para se exercer a profissão, para se cumprir um compromisso. Assim também para qualquer comunicação com os Espíritos, é imprescindível que haja disciplina. A experiência comprova a eficiência e segurança em ter hora e local adequados para receber os Espíritos. Não há melhor lugar do que os ambientes apropriados das Casas Espíritas. Estas têm por objetivo divulgar a doutrina dos Espíritos à luz do Consolador prometido por Jesus. À semelhança dos prontos-socorros médicos, têm também por finalidade socorrer as pessoas espiritualmente doentes, bem como tratar e acolher os Espíritos necessitados. Os bons Espíritos estarão a postos a fim de auxiliar, tratar e reconduzi-los para as colônias espirituais.

O pronto-socorro espiritual é possível graças ao intercâmbio mediúnico. E para que seja confiável, deve sedimentar-se sobre as bênçãos do Evangelho e da disciplina.

No entanto, só Evangelho e disciplina não bastam. É preciso que os servidores espíritas, os médiuns, os passistas, os doutrinadores e os dirigentes primem pela experiência, por meio da persistência no bem, da frequência nos estudos constantes das obras básicas codificadas por Allan Kardec. Na atualidade, existem obras complementares respeitáveis e dignificadas por escritores e médiuns que plantaram o amor por meio da humildade e da dedicação com que abraçaram a causa espírita.

Deve ainda haver sintonia fluídica entre médium e Espírito comunicante. O preparo do médium é fator de equilíbrio no intercâmbio. Se for inexperiente, poderá desequilibrar-se e causar conflitos e desordem. Certamente,

---

[48] ECLESIASTES, 3:2 e 4.
[49] I JOÃO, 4:1.

o objetivo não é esse. O Espírito André Luiz, pela psicografia de Francisco Cândido Xavier, apresenta em seus livros um verdadeiro tratado sobre os mecanismos que envolvem a mediunidade bem como o intercâmbio com os Espíritos. O estudo desses livros abre a cortina para as realidades espirituais e traça ferramentas de segurança.

Certa feita, um grupo de jovens universitários, motivado pela curiosidade, resolveu se reunir em casa de um de seus membros. Eles não tinham conhecimento ou experiência mediúnica. Tudo o que sabiam era o que ouviram falar. Reuniram-se em torno de uma mesa de jantar e colocaram sobre ela alguns copos com água. Nenhuma prece, nenhum estado meditativo. Muita curiosidade. Movidos apenas pelo espírito de brincadeira, puseram-se a chamar pelo nome de algumas pessoas desencarnadas. O que ninguém sabia era que havia entre os jovens um dotado de mediunidade ostensiva. Após alguns minutos, eis que os copos começaram a se mover desordenadamente. Deslumbrados com o inusitado, puseram-se a incentivar o invisível:

— Vamos, apareçam se é que existem! Ah, ah, ah, queremos ver!

— Eu também!...

— E eu também!...

O jovem médium, incorporado por uma entidade violenta, levantou-se sem qualquer aviso, jogou os copos a distância e, virando-se para o lado, ergueu o colega, lançando-o no chão. A partir desse momento, estabeleceu-se o caos. O médium, totalmente dominado pelo Espírito equivocado, pôs-se a lançar pelo ar tudo que encontrava pelo caminho. O pavor tomou conta do ambiente. No entanto, a Misericórdia divina não abandona seus filhos. Uma entidade benevolente que se encontrava nas cercanias aproximou-se e conseguiu encontrar sintonia no pensamento da mãe de um dos jovens que, embora assustada, erguera o pensamento a Jesus e se pôs a orar. Naquele instante, intuída pelo Espírito amigo, saiu correndo em busca de um conhecido que tinha experiência em doutrinação.

O doutrinador, logo que chegou, orientou os jovens a orar. Em seguida, abriu o Evangelho no capítulo VI e, em voz alta, iniciou a leitura doce e reconfortante do Cristo Consolador. Lentamente, o jovem médium foi se acalmando. O Espírito invasor certamente bateu em retirada, e a paz retornou ao ambiente. O doutrinador, bastante experiente, transmitiu lições rápidas, mas de profundos conhecimentos, que os jovens ouviram aliviados. Foi uma lição e tanto! Não somente acreditaram na existência e comunicabilidade dos Espíritos, mas também aprenderam a não brincar com coisa séria.

Os Espíritos equivocados não respeitam qualquer norma ou critério, aproveitam qualquer oportunidade para invadir e dominar, impõem, exigem, oprimem e destroem. Sem qualquer cerimônia, adentram os lares, atraídos ou não pelos encarnados, e da mesma forma invadem as mentes invigilantes. Ainda mais facilmente quando são evocados.

Qualquer indivíduo que tenha mediunidade ostensiva, homem ou mulher, criança ou adulto, pode estabelecer intercâmbio entre os dois planos da vida pelo simples ato de pensar. No Evangelho de Jesus, encontram-se as regras básicas para a elevação do Espírito imortal. Daí a necessidade de a criatura evangelizar-se. O Espírito Emmanuel alerta: "A primeira necessidade do médium é evangelizar-se a si mesmo, antes de entregar-se às grandes tarefas doutrinárias, pois, de outro modo, poderá esbarrar sempre com o fantasma do personalismo, em detrimento de sua missão".[50]

O termo mediunidade, propriamente dito, é aplicado às pessoas que a apresentam de forma ostensiva. Como já foi ressaltado, trata-se de uma aptidão natural, orgânica e espontânea que faculta o intercâmbio entre o plano material e o espiritual. Todas as pessoas a têm em graus que diferem de acordo com tarefas, provas ou expiações de cada indivíduo, mas nem todos estão aptos à comunicação direta com o plano espiritual.

Assim explica o codificador: "A mediunidade é uma aptidão natural, inerente ao médium, como a faculdade de produzir sons é inerente a um instrumento; mas, assim como se precisa de um músico para que um instrumento toque uma ária, necessita-se de Espíritos para que um médium produza efeitos mediúnicos".[51]

A mediunidade, de forma geral, é uma faculdade sacrifical, pois o médium está muito mais em convívio com os Espíritos inferiores do que com os Espíritos esclarecidos. Somente a persistência no bem, os pensamentos elevados, o esforço em se melhorar facultar-lhe-á sintonia com os Espíritos superiores. Não que estes não queiram se aproximar; ocorre que o próprio médium, em seus delírios inferiores, ergue barreiras miasmáticas que dificultam a aproximação dos bons, facilitando a presença dos maus.

A mediunidade independe da moral do médium. Portanto, ela não dá atestado de santidade a ninguém, pelo contrário, no estágio moral em que a Terra se encontra, ter sensibilidade mediúnica sugere débitos e desvios que marcaram sua

---

[50] XAVIER, Francisco C. *O consolador*. Q. 387.
[51] KARDEC, Allan. *Revista Espírita*, outubro de 1865.

vida em passado delituoso. Em consequência, os deslizes do pretérito, para a grande maioria, representa prova cuja aprovação ou reprovação resultará do esforço, da vontade e do livre-arbítrio, portanto, o sucesso é individual e depende unicamente do médium. É a lei de Amor atuando na transformação moral da criatura que, uma vez vitoriosa, obterá novas oportunidades de ressarcimento se assim o necessitar. Uma vez zerados os débitos, prosseguirá a sua evolução, sem obstáculos, a caminho da angelitude. A mediunidade missionária é confiada a Espíritos perseverantes no bem, que já comprovaram, no amor, no sacrifício e na renúncia, a capacidade de executar a missão sem falhar, a exemplo de Allan Kardec.

O Espírito Emmanuel assim explica:

> Os médiuns, em sua generalidade, não são missionários na acepção comum do termo. São almas que fracassaram desastradamente, que contrariaram, sobremaneira, o curso das Leis divinas e que resgatam, sob o peso de severos compromissos e ilimitadas responsabilidades, o passado obscuro e delituoso. O seu pretérito, muitas vezes, se encontra enodoado de graves deslizes e de erros clamorosos. [...] São almas arrependidas que procuram arrebanhar todas as felicidades que perderam, reorganizando, com sacrifícios, tudo quanto esfacelaram nos seus instantes de criminosas arbitrariedades e de condenável insânia.[52]

Os médiuns, por serem mais sensíveis, com muito mais razão devem se precaver, vigiar pensamentos e atitudes, estudar as sutilezas da mediunidade, renunciar a locais, situações e circunstâncias moralmente desfavoráveis, afastar-se dos vícios que são portas abertas às influências e, sobretudo, pôr em prática as lições do Evangelho para se prevenir contra os ataques do mal.

Eis as constatações de Kardec: "O desenvolvimento da mediunidade guarda relação com o desenvolvimento moral dos médiuns? Não, a faculdade propriamente dita se radica no organismo, independe do moral. O mesmo, porém, não se dá com o seu uso, que pode ser bom ou mau, conforme as qualidades do médium".[53]

A mediunidade não é apanágio do espírita. Independentemente de idade, sexo, raça ou qualquer outra característica. Onde há homens, há médiuns e

---

[52] XAVIER, Francisco C. *Emmanuel*. Cap. XI.
[53] KARDEC, Allan. *O livro dos médiuns*. Segunda parte, cap. XX, it. 226.

mediunidade. Em todas as Religiões, eles se apresentam. Em todas as raças e em qualquer parte do mundo, existem médiuns. Eles renascem em qualquer classe social, entre intelectuais ou ignorantes.

Uma vez que as vias do pensamento estabelecem a potencialidade atrativa entre encarnados e desencarnados, é importante para o médium conhecer a Doutrina dos Espíritos, estudá-la a fim de aprender a monitorar a sua sensibilidade, a defender-se contra os ataques do mal, a entender as diferenças e sensações que ocorrem em seu organismo físico e psíquico para que a sua mediunidade não se torne instrumento de Espíritos oportunistas e obsessores.

A mediunidade, sendo uma faculdade de origem divina, é o canal abençoado que permite o contato com os planos maiores pelas vias do pensamento. Essas vias devem estar sempre bem conservadas e higienizadas. É por esse caminho que transitarão as súplicas humanas e por onde retornará o socorro dos Espíritos nos momentos de aflições.

A vidência, a audiência, a psicografia, a psicofonia, a inspiração, a intuição, a premonição são mediunidades mais conhecidas, no entanto, outras mais existem e, embora raras, podem se manifestar. A psicometria, a xenoglossia, a escrita direta, a voz direta, a materialização, o transporte de objetos, a transfiguração, o êxtase e muitas outras são faculdades que podem exercer sua função quando houver médiuns que as portem.

Embora os Espíritos estejam em toda parte, nem todas as pessoas são dotadas de mediunidade que lhes permita vê-los. Kardec explica:

Podem os Espíritos tornar-se visíveis?

> Podem, sobretudo, durante o sono. Entretanto, algumas pessoas os veem quando acordadas, porém, isso é mais raro.
>
> Pode-se provocar a aparição dos Espíritos?
>
> Isso algumas vezes é possível, porém, muito raramente. A aparição é quase sempre espontânea. Para que alguém veja os Espíritos, precisa ser dotado de uma faculdade especial.
>
> Podem os Espíritos tornar-se visíveis sob outra aparência que não a da forma humana?
>
> A humana é a forma normal. O Espírito pode variar-lhe a aparência, mas sempre com o tipo humano.

Não podem manifestar-se sob a forma de chama?

Podem produzir chamas, clarões, como todos os outros efeitos, para atestar a sua presença, mas não são os próprios Espíritos que assim aparecem. A chama não passa muitas vezes de uma miragem, ou de uma emanação do perispírito. Em todo caso, nunca é mais do que uma parcela deste. O perispírito não se mostra integralmente nas visões.

Poderiam os Espíritos apresentar-se sob a forma de animais?

Isso pode dar-se, mas somente Espíritos muito inferiores tomam essas aparências. Em caso algum, porém, será mais do que uma aparência momentânea. Fora absurdo acreditar-se que um qualquer animal verdadeiro pudesse ser a encarnação de um Espírito. Os animais são sempre animais e nada mais do que isto.[54]

Médium ostensivo é aquele que se comunica facilmente com os Espíritos. Esses médiuns, quando assumem a responsabilidade do trabalho no bem, usam sua mediunidade de forma persistente, gratuita e edificante. Eles têm em mãos um instrumento valoroso, cabe-lhes, pois, manter a conduta moral com rédeas firmes.

Médiuns fascinados ante a oportunidade de transformar sua aptidão em dinheiro fácil se transviaram e adentraram os caminhos sombrios da obsessão e dos abismos morais. Não é problema da atualidade. A mediunidade, em todos os tempos, tem se transformado, para alguns, em motivo de comercialização e até exploração. O médium que se propõe a usar a mediunidade com tais fins está criando para si mesmo um programa reencarnatório de dores e cobranças, quando não na mesma encarnação. Os Espíritos dedicados ao bem aconselham seus tutelados quando percebem o pendor para o desvio, no entanto, não interferem no seu livre-arbítrio. E quando não atendidos, afastam-se. A vaga deixada pelos bons Espíritos geralmente é ocupada pelos maus e mistificadores.

Os Espíritos superiores, engajados no trabalho sublime do Cristo, não se prestam a caprichos de médiuns oportunistas e ambiciosos. Estes, nas mãos de entidades mistificadoras, terão, mais cedo ou mais tarde, a decepção de verem os Espíritos inferiores a manejar-lhes as rédeas de seus destinos.

Eis o que dizem os sublimes colaboradores da Codificação:

---

[54] KARDEC, Allan. *O livro dos médiuns*. Segunda parte, cap. VI, it. 100.

> A mediunidade, porém, não é uma arte, nem um talento, pelo que não pode tornar-se uma profissão. Ela não existe sem o concurso dos Espíritos; faltando estes, já não há mediunidade. Pode substituir a aptidão, mas o seu exercício se anula. Daí vem não haver no mundo um único médium capaz de garantir a obtenção de qualquer fenômeno espírita em dado instante. [...] A mediunidade é coisa santa, que deve ser praticada santamente, religiosamente. Se há um gênero de mediunidade que requeira essa condição de modo ainda mais absoluto é a mediunidade curadora. [...][55]

Entre os benefícios da mediunidade exercida gratuitamente, de forma honesta e digna nos moldes de Jesus, ressalta a mediunidade de cura. E foi para desfazer qualquer dúvida sobre a comercialização desse tipo de mediunidade que Kardec esclareceu:

> Entre o magnetizador e o médium curador há, pois, esta diferença capital: o primeiro magnetiza com o seu próprio fluido, e o segundo, com o fluido depurado dos Espíritos, donde se segue que estes últimos dão o seu concurso a quem querem e quando querem, que podem recusá-lo e, por conseguinte, tirar a faculdade daquele que dela abusasse ou a desviasse de seu fim humanitário e caritativo, para dela fazer comércio. Quando Jesus disse aos apóstolos: "Ide! Expulsai os demônios, curai os enfermos!", acrescentou: "Dai de graça o que de graça recebestes".[56]

A Terra é um planeta que abriga Espíritos em provas e expiações, portanto, é natural e bem mais comum a presença deles em meio à multidão encarnada. Assim sendo, a grande maioria das entidades que se apresentam aos encarnados são necessitadas de auxílio. Embora doentes, descrentes, infelizes, equivocadas, malévolas, são necessitadas. Aproximam-se das pessoas sem qualquer aviso ou autorização, pedem socorro, solicitam informações. Como a maioria não é percebida, se exalta e se revolta, provoca e insulta os transeuntes. Se enrijecidas no mal, agridem e programam desforras, motivo pelo qual o ser humano deve policiar os pensamentos para não ser surpreendido por entidades afins. Orar sempre para

---

[55] KARDEC, Allan. *O evangelho segundo o espiritismo*. Cap. XXVI, it. 9 e 10.
[56] Id. *Revista Espírita*, janeiro de 1864.

manter contato com o plano espiritual e vigiar os pensamentos para bloquear de imediato os indesejáveis. Esse estado mental deve fazer parte do roteiro diário.

Allan Kardec recebeu colaboração dos mais diferentes tipos de médiuns em seus estudos, observações e pesquisas, o que lhe facultou dirigir aos Espíritos as mais profundas questões, entre elas:

> Qual o médium que se poderia qualificar de perfeito?
>
> Perfeito, ah! bem sabes que a perfeição não existe na Terra, sem o que não estaríeis nela. Dize, portanto, bom médium e já é muito, por isso que eles são raros. Médium perfeito seria aquele contra o qual os maus Espíritos jamais ousassem uma tentativa de enganá-lo. O melhor é aquele que, simpatizando somente com os bons Espíritos, tem sido o menos enganado.[57]

Como se observa, a mediunidade não é um dom do qual se pode dispor como bem se entende. Exercida corretamente, proporciona bem incomensurável. Mal direcionada, pode trazer dissabores em virtude do uso indevido. Isso ocorre porque o ser humano ainda não se conscientizou da necessidade de respeitar e amar os seus semelhantes, ora por ignorância, ora por falta de fé ou descaso por Jesus. Em suas lições se encontram o roteiro seguro para simplificar a sua prática: Amar a Deus! Amar e perdoar sem condições os seus semelhantes.

Em virtude da descrença e do interesse imediato, o médium desliza para as teias da obsessão. Pois, mesmo ignorando as normas espiritistas, o médium não se encontra desamparado, pois é da Lei divina que todos sejam assistidos pelo plano espiritual, bastando apenas sintonizar com o bem.

---

[57] KARDEC, Allan. *O livro dos médiuns*. Segunda parte, cap. XX, it. 226.

4

Um conto do outro mundo: não julgueis!

> E assim, tudo o que quereis que os homens vos façam fazei-o também vós a eles. Porque esta é a lei e os Profetas.[58]

Dalva ficara viúva havia vários anos. Seus dois filhos, após a adolescência, seguiram cada um o seu destino. Foram se aventurar em outras paragens. De vez em quando, enviavam alguma notícia. Pensando sempre neles, ela meditava:

— A saudade é muita, mas de que adianta me desesperar? Não criamos os filhos para nós, e sim para a vida. Eles não tinham decidido assim? É a vida deles! Assim deveria ser. O que é bom para eles deve ser bom pra mim também. É a vida!

Conformada com a situação, entregou-se às tarefas da casa e, dia sim, dia não, se dedicava à organização e à limpeza da paróquia. Enfeitava os altares com toalhas bordadas e flores da época. Sentia-se feliz assim. Tudo ia muito bem, a vida se tornara tranquila depois que o marido faleceu. Parecia tranquila, mas, na mesma tarde em que meditava sobre a bonança da vida, recebeu um telefonema da capital. Era de Núbia, sua irmã mais nova. Ela acabara de enviuvar e queria deixar a metrópole. Possuía poucos recursos. Pensou na irmã, que certamente não a desampararia e, além do mais, vivia sozinha. Não titubeou. A irmã, mais experiente, poderia ajudá-la e juntas haveriam de superar as agruras da saudade.

Com a aquiescência de Dalva, Núbia desembarcou, no dia seguinte, do primeiro ônibus que chegava da capital. As lembranças jorravam pelas vias do

---

[58] Mateus, 7:12.

pensamento. Já estivera ali outras vezes, mas sempre ao lado do marido. Evitava visitar a irmã a sós, pois havia muito tempo se antipatizara com o cunhado. Coitado, Deus o tenha! Mas a irmã... Que criatura boa! Era resignada e companheira! "Mas eu, sem o meu companheiro, que será de mim?"

Mergulhada em recentes lembranças, Núbia não percebeu que as lágrimas corriam como torrente incontida sobre o rosto envelhecido. Sim, era difícil aceitar a separação. Primeiro, foi o filho único que partiu, esmagando-lhe a alma frágil; agora, o bem-amado. Não. Não era fácil. Aguentaria? Sim, teria forças, era lutadora, haveria de vencer. Já vencera inúmeras dificuldades, por que não mais uma? Mas, certamente, não seria mais a mesma.

Ergueu a cabeça, enxugou o rosto, virou a esquina e logo adiante avistou a casa da irmã querida. E foi meditando: ela também sofria a saudade do marido, dos filhos distantes, a solidão... Juntas haveriam de vencer.

Bateu. Ninguém respondeu. Tornou a bater duas, três vezes... Nada! Ninguém atendeu.

— Estranho... — pensou. — Ela sabia que eu chegaria hoje! Será que... Não, não quero nem pensar!

Esperou. Colocou as malas no chão da varanda, assentou-se no degrau e ficou aguardando. Pouco depois, eis que Dalva surgiu com as mãos carregadas de sacolas. Pão, leite, geleia, manteiga, verduras e outras guloseimas. A alegria do reencontro apagou a tristeza daquelas almas calejadas pelas lutas cotidianas. Cada uma delas carregando a sua cruz, e a alma arquejada pelas dores.

Núbia não se fez esperar. Enquanto a irmã providenciava o café, ela arrumou a mesa sem interromper o fio da conversa. Os assuntos foram passados a limpo dia a dia. Cada uma, por sua vez, desfiou o rosário de suas vidas. Falaram dos seus maridos, recordaram as virtudes e os defeitos daqueles que já não estavam presentes. Dalva não deixou por menos:

— O falecido às vezes era bom, brincalhão quando não bebia umas e outras, mas tinha, ah! como tinha! muitos outros defeitos! Mas, quando bebia, era um tormento, ficava insuportável. Nos últimos tempos, estava pior, tornara-se intratável. Ninguém o queria por perto, ela vivia um verdadeiro pesadelo. Ele mesmo teceu o seu destino: na curva de uma estrada, perdeu a noção de tudo... A bebida arrastou-o para a cova. Culpa dele. Que fazer? Preferiu assim...

Terminaram os preparativos, assentaram-se e, durante a refeição, continuaram mergulhadas nas lembranças de um tempo que, feliz ou infelizmente, não voltaria mais. Finalmente, entre lágrimas e risos, resolveram desviar a conversa para as coisas agradáveis.

Feliz com a vinda da irmã, Dalva montou planos cheios de esperança. ficou mais alegre, a vida lhe sorria enfim. As tarefas domésticas foram divididas e, na paróquia, as atividades ficaram mais agradáveis. Mas nem tudo rola sobre os trilhos suaves da vontade. Não completaram três dias de alegria e o desassossego se instalou naquele ambiente tão aconchegante. Núbia preferia ficar sozinha assistindo a seus programas de TV favoritos, enquanto a irmã ia organizar a paróquia. De repente, ouviu a porta ranger:

— Dalva, Dalva, é você? Estranho..., a porta estava fechada, eu mesma fechei.

Foi verificar. Ninguém! A porta estava fechada. Pensou:

— Deve ter sido o vento.

Mas as coisas não terminaram ali. Uma gargalhada estridente invadiu o recinto.

— Meu Deus! Tem alguém em casa!

Vasculhou a casa toda, portas e janelas fechadas. Olhou em baixo da cama, atrás das portas, dentro dos armários e nada!

— Bem, eu devo estar cansada!

Novamente a gargalhada. Desligou a televisão e ficou à espreita. De repente, dois quadros que estavam pendurados na parede se movimentaram simultaneamente.

— Ui! que é isso! Tem algo de lúgubre nesta casa. Ah! tem! E eu vou descobrir.

Não demorou muito, chegou Dalva.

— Ah, irmã, ainda bem que não demorou. Você não sabe o que aconteceu.

— Que foi, Núbia? Você está pálida!

E ainda trêmula, foi relatando à irmã, sem pontos nem vírgulas, o que presenciou. É claro que cada detalhe foi aumentado pelo pavor que tinha do invisível.

Dalva, incrédula, após ouvir o relato da irmã, arrematou:

— Você acaba de perder o marido, Núbia, isso é normal, são alucinações passageiras, é psicológico.

Acalmou a irmã e ficou por isso mesmo. Mas os fenômenos não ficaram. E daquele dia em diante nenhuma das duas teve mais sossego. Dalva acabou dando a mão à palmatória. Procuraram o pároco, que fez questão de assustá-las ainda mais. Falou na presença e artimanhas do demo. Foi até a casa das duas irmãs e espargiu com água benta tudo que encontrou pelo caminho.

— Agora vocês vão ver — disse o pároco — o demo vai embora, nada mais vai acontecer.

Que nada! Foi só virar as costas e a algazarra recomeçou. Era barulho de todo lado, pancada aqui e acolá, movimento de objetos, risos debochados e sons estridentes. Dalva chamou a vizinha, que era entendida do assunto. Sobrenatural era com ela.

Foi pior, o quarteirão inteiro ficou sabendo. A curiosidade passou a atrair gente e mais gente. Alguém informou:

— Ah! podem estar certas, é poltergeist.

— O que é isso?

— É o nome que se dá quando um Espírito barulhento, galhofeiro, desordeiro, brincalhão quer perturbar uma família ou tomar posse de uma casa.

— Oh, meu Deus! Como foi isso? Cruz credo! Ah! já sei, foi Núbia. Tenho certeza. Foi ela que trouxe o demo para dentro de casa. Antes da chegada dela, não havia nada disso.

A partir de então, as duas irmãs passaram a se estranhar. Já não conversavam. Cada uma delas ficava no seu canto, entregue aos pensamentos sombrios. Era só choradeira. E os fenômenos não passavam. Dalva não tinha coragem de expulsar a irmã, mas que tinha vontade, ah, isso tinha. A vida foi se tornando cada dia mais difícil. Os copos caíam sem que ninguém pusesse as mãos. O barulho, às vezes, se tornava ensurdecedor. Ninguém dormia mais naquela casa. As irmãs tornaram-se duas "assombrações" assustadas, indo e vindo pela casa. Nenhuma tinha coragem de acusar a outra. Mas cada uma bem sabia que a culpa era da irmã.

Que situação! Núbia tinha certeza de que aquela casa era mal-assombrada. Os dias iam passando, os fenômenos se agravaram. A casa vivia cheia de gente curiosa à espera de algum fenômeno. E nada! Nada acontecia na frente de estranhos. E o pior: ainda passavam por mentirosas. Os curiosos iam embora decepcionados. Pronto! Era só ficarem sozinhas e o caos se instalava! Só podia ser o coisa-ruim.

A vizinhança começou a vê-las como dementes. Só podia ser! Ninguém conseguia ver nem ouvir nada. Era invenção da mente de duas viúvas solitárias.

Elas não faziam outra coisa além de orar. O rosário já estava gasto. Nada de bom acontecia. Nada! Parecia que as coisas ficavam cada dia piores, o barulho aumentava e os objetos desapareciam de um lugar e ressurgiam onde menos se esperava. Do padre não se podia esperar mais nada.

Ninguém vive desamparado. As orações das duas irmãs foram ouvidas! Numa tarde, quando Dalva estava disposta a pedir para a irmã ir embora, cruzou, na rua, com Neide, uma amiga que havia muito não via. Abraços de cá, cumprimentos de lá, entraram em uma sorveteria próxima e, aos prantos, Dalva se abriu com a amiga. Contou tudo o que estava acontecendo.

— Neide, não sei mais o que fazer! O padre diz que é o demo que invadiu a minha casa, outros dizem que é algo como "postergaite". Eu não prejudico ninguém, estou sempre ajudando na Igreja, não deixo de orar... Eu só sei que tudo começou quando Núbia veio morar em casa. Por isso estou decidida, vou mandá-la embora, mas não tenho coragem. Ela é minha irmã, está sozinha, seria tão bom a sua companhia se nada disso tivesse acontecido, mas desse jeito não dá. E o pior: ela nem se toca. Não percebe o transtorno que está causando. Acha que eu é que sou culpada, que a minha casa é mal-assombrada. É terrível.

— Que nada, amiga! Eu sei o que é que está acontecendo. Eu acho que posso ajudar. É isso mesmo, pode ser poltergeist, que nada mais é que os fenômenos provocados por um Espírito baderneiro que adora se divertir à custa dos outros. Isso acontece quando esse tipo de Espírito se afina com alguém da casa que tenha mediunidade de efeitos físicos. Essa pessoa deve ter energia além do normal e, associada à do Espírito, dá-lhe condições para provocar ruídos, movimentar objetos e outros tantos fenômenos de que sejam capazes de produzir. Esse alguém, com o qual se afinou, pode ser sua irmã. Ela deve ter mediunidade e não sabe. Ele está se aproveitando disso. Deve ser um Espírito que deseja exatamente isso, que você a expulse dali.

— Nossa! Você acaba de dizer uma coisa que faz sentido. O finado Luiz não gostava da minha irmã. Sempre que ela vinha em casa, ele lhe pregava peça, dava nó nas mangas de suas blusas, derrubava cerveja na sua roupa, escondia suas coisas. Vivia irritado e acabava bebendo ainda mais até que ela resolvesse ir embora. Com o meu cunhado, não implicava. Minha irmã sempre lhe passava reprimenda e isso ele não tolerava.

— Está aí! Pode ser que o Espírito dele continue ali em sua casa. Foi só ela chegar que ele começou a assustá-la. É o meio que encontrou para afastá-la. Mas não podemos afirmar com segurança. Primeiro, é preciso ter certeza de que é realmente um Espírito. Às vezes, os barulhos acontecem em virtude da dilatação ou contração de objetos pela alteração de temperatura; outras, pela vibração do solo que provocam tremores, por causa dos veículos pesados que transitam pelas proximidades. Esses tremores movimentam os objetos e derrubam a louça que está na beirada, enfim, podem ser fenômenos causados pela própria atividade da natureza ou do homem.

— Não, Neide. Não é. Tenho certeza. Já descartamos tudo isso e outras coisas mais. A gente chega a ver a maçaneta da porta se mexer de forma inteligente. É como se alguém a estivesse segurando e virando pra lá e pra cá. Os quadros balançam e voltam ao normal, outras vezes parece que tem alguém balançando como se fosse um pêndulo que vai e vem, para e recomeça. Não tenho mais dúvidas de que são coisas mesmo do outro mundo!

— Tudo bem! Eu vou ver em que posso te ajudar. Não diga nada à sua irmã para ir embora. Ore e espere. Eu tenho amigos na Casa Espírita que frequento, vou falar com eles e irei até sua casa, pode ser?

— Você não sabe o quanto está me ajudando, eu estou desesperada.

— Pode contar comigo. Logo que eu falar com eles, eu telefono. Pode esperar.

Dalva retornou mais feliz para casa. Era outra pessoa, esperançosa e confiante. Mas a irmã já estava com as malas prontas. Estava decidida, ia embora, não ficaria ali nem mais um minuto, a taça de sua paciência tinha transbordado.

— Núbia, o que é isso? Você não pode ir assim.

— Posso e vou! Estava protelando por sua causa, não queria deixá-la sozinha nesse inferno, mas acabei de crer que você não me quer aqui. Andou passando umas ideias insistentes na minha cabeça. Desde o dia em que cheguei, uma ideia ficou martelando: você não estava me esperando como das outras vezes. Você deve ter contratado alguém para me assustar, você está aborrecida, quase não conversa comigo. Já sei! Você não me quer aqui. Já entendi. Estou sendo um peso para você. Vou-me embora. É isso que minha consciência diz!

— Não, Núbia! Você é minha única irmã. Eu adoro você. A sua presença me trouxe ânimo, alegria. Esta casa pode acolher nós duas. É muito triste viver sozinha. Seus pensamentos estão confusos. O que está acontecendo eu não sei, mas hoje eu encontrei alguém que pode nos ajudar. Espere, não vá! Tudo vai se esclarecer, você verá. Aguarde mais um pouco. Lembra-se da Neide? Ela está morando aqui perto. Ela se tornou espírita e vai conversar com pessoas que entendem do assunto.

— Mais uma curiosa. Você tem coragem de aceitar ajuda de espíritas? São pessoas estranhas, elas conversam com os Espíritos! Sabe lá o que pode acontecer! Vai piorar ainda mais.

— Não, não vai, pior não pode ficar. Quem sabe está aí a solução! Se essas pessoas conversam com Espíritos, quem sabe não vão encontrar solução para o problema?

— Não gosto nada disso, mas, por você, eu vou ficar. Vamos ver no que vai dar! Espero não me arrepender.

No dia seguinte, Neide ligou para Dalva e ficou combinado que à noite lá estaria com dois amigos, um médium e um doutrinador.

O barulho recrudesceu, as cortinas voavam de um lado para outro como se houvesse uma ventania dentro da casa. Por mais que orassem, nada resolvia. Somente as pessoas que chegariam logo à noite alimentavam-lhes a esperança.

Assim que Neide e os amigos chegaram, o silêncio dominou. Algo inteligente estava realmente acontecendo. Não perderam tempo. Explicaram para as duas irmãs a necessidade da oração feita com fé e sinceridade, despojada de qualquer animosidade e com os pensamentos voltados para Jesus. Abriram o Evangelho na lição: *O Maior Mandamento*. A voz do leitor fluía como água límpida e refrescante sobre corações escaldados pelas aflições:

> "Amar o próximo como a si mesmo: fazer pelos outros o que quereríamos que os outros fizessem por nós" é a expressão mais completa da caridade, porque resume todos os deveres do homem para com o próximo. Não podemos encontrar guia mais seguro a tal respeito que tomar para padrão que devemos fazer aos outros aquilo que para nós desejamos. Com que direito exigiríamos de nossos semelhantes melhor proceder, mais indulgência, mais benevolência e devotamento para conosco do que os temos para com eles? A prática dessas máximas tende à destruição do egoísmo. Quando as adotarem para regra de conduta e para base de suas instituições, os homens compreenderão a verdadeira fraternidade e farão que entre eles reinem a paz e a justiça. Não mais haverá ódios nem dissensões, mas tão somente união, concórdia e benevolência mútua.[59]

Após a leitura, fizeram uma breve explicação sobre a lição tão adequada para a circunstância e, em seguida, fizeram uma prece em benefício de algum Espírito que porventura estivesse naquele local provocando aqueles fenômenos. Durante a prece, suplicaram a ajuda de Jesus para que essa criatura fosse socorrida pelos Espíritos amigos que haveriam de tratá-la com muito amor. Ao terminar, explicaram às irmãs o que realmente perceberam:

---

[59] KARDEC, Allan. *O evangelho segundo o espiritismo*. Cap. XI, it. 4.

— Dona Dalva — disse o médium —, aqui conosco está um Espírito que provavelmente viveu nesta casa. Traz a aparência de um alcoólatra e reclama que esta casa lhe pertence e não pode ser dividida com quem não gostava dele. Pelo que percebi, ele se referia à dona Núbia. É preciso muita oração em benefício dessa entidade. Vamos fazer vibrações para que seu Espírito possa ser levado até o Centro Espírita e, quem sabe, ser doutrinado. Tenha fé, tudo é possível. Lembre-se de que Jesus curou muita gente, libertou muitos obsidiados e continua trabalhando até hoje. Recorramos a Ele.

— Já sei de quem se trata, disse Dalva, é o Luiz, o Lu da Esquina, assim apelidado porque não podia passar no boteco da esquina sem entrar. Morreu na direção por culpa da bebida. Foi um acidente feio! Ainda bem que não levou ninguém com ele. Quando bêbado, era agressivo, suas brincadeiras de mau gosto prejudicavam todos nós. Agora eu entendi, é ele, coitado. Nunca pensei que depois de morto ele pudesse voltar e continuar fazendo mal.

— Pois, é! Ele precisa de nosso carinho e nossas preces. Se ele permanecer aqui, os fenômenos continuarão e poderá obsidiar a sua irmã, pois ela tem mediunidade. Os efeitos físicos ocorrem por conta disso. E como ele tem muita antipatia por ela, poderá sugerir pensamentos que acabarão inimizando vocês. O caso não está encerrado. É preciso muita paciência e resignação. E nós vamos ajudá-las. Mas é preciso que vocês também se ajudem. Evitem comentários sobre o passado e a vida dele, a não ser para orar. Não recordem coisas tristes ou desagradáveis que ocorreram entre vocês. Se pensarem nele, pensem com carinho e sempre pensamentos bons. Procurem a nossa Casa Espírita ou outra que lhes agrade e possa oferecer-lhes condições de tratamento, como o passe, oportunidades de estudo do Evangelho e da Doutrina. Assim ficarão mais fortalecidas e aprenderão os meios de se defender. Em casa, não deixem de ler *O evangelho segundo o espiritismo*, é um livro que traz os ensinamentos de Jesus explicado pelos Espíritos. Em seguida, gentilmente, presentearam-nas com o Evangelho que traziam.

Naquela noite, as duas irmãs ficaram mais calmas, oraram com fé e esperança. Daquelas almas humildes, que ali acorreram em auxílio, uma irradiação de energia piedosa envolveu aquele Espírito recalcitrante. No dia seguinte, nada aconteceu. Parecia que as coisas iam se ajeitar, mas, no terceiro dia, o caos voltou.

Não se fizeram esperar. Prepararam-se e à noite lá estavam elas, pela primeira vez, na Casa Espírita. Ouviram palestra, tomaram passe e observaram que tudo era muito normal. Nada de esquisitice. O orador, de forma singela, falou de Jesus e das curas que promoveu enquanto na Terra, do Seu Amor pela humanidade, do objetivo do Seu Evangelho e do Consolador Prometido. Ficaram encantadas. A partir daquele dia, passaram a frequentar a Casa. Neide dava-lhes a maior força.

Os fenômenos ora aumentavam, ora diminuíam, e assim os dias transcorriam. Os fenômenos, aos poucos, foram se espaçando até que, meses depois, as coisas voltaram ao normal.

Um dia, por intermédio do mesmo médium que as visitara naqueles dias difíceis, Luiz enviou uma linda mensagem psicografada:

> Dalva e Núbia, minhas irmãs pelo coração!
>
> Estou aqui para fazer o meu mea-culpa.
>
> Eu acatei o conselho de um amigo que tem acompanhado a minha desdita. Logo vocês saberão quem ele é. Esta é uma oportunidade única, me disse ele. Nem todos têm a felicidade de se comunicar com os parentes que ficaram na Terra.
>
> Ante essa oportunidade bendita, agradeço a Jesus por me conceder esse momento especial. Sei que não mereço. Mas, a misericórdia do Pai é grande.
>
> Queria pedir desculpas pelo transtorno que causei. Tudo o que aconteceu foi por entender que estava certo. Para mim, a bebida era um prazer, azar dos outros. Eles é que estavam errados.
>
> Vocês, então, viviam implicando comigo. Todas as vezes que vocês se lembravam de mim, vinha à tona algo triste ou desagradável. Eu era o vilão constante da história. Vocês me pareciam duas futriqueiras. Eu não entendia que se tratava de desabafo. Não! Não aguentava mais. Então pensava: tinha que expulsar Núbia dali e dar uma lição em Dalva.
>
> No entanto, aos poucos, com a ajuda de amigos, fui compreendendo o mal que a bebida me fez e o quanto prejudiquei todos aqueles que me rodeavam. Lembrei-me dos filhos queridos; fazia tanto tempo que não pensava neles! Entendi que foram embora de casa por minha culpa. Eles tinham vergonha do pai alcoólatra. Mas, não, eu achava que

eles me desprezavam sem razão. Quando pensava na ingratidão dos meninos, mais a saudade feria-me a alma e então eu bebia ainda mais.

Recordo-me que, depois do acidente, em meio aos destroços, um rancor imenso tomou conta do meu ser. Macerado de dor, foi fácil culpar os outros. Eram eles, os motoristas, que foram culpados, eu não! Eu estava sóbrio. Que mal podia fazer meio copo de pinga? Nada, imagina se isso ia fazer algum efeito? Não queria admitir a minha culpa. Fiquei algum tempo, não sei quanto, perambulando pelas estradas, ora fazendo perguntas, sem qualquer resposta, ora agredindo com palavras os motoristas que passavam sem me socorrer. Não percebia que eles não me viam. Alguns me olhavam todo sujo, desfeito. Parecia que me reconheciam. Ficava envergonhado! Não, não podia ser eu, era cuidadoso com a higiene, com a vestimenta! Eu não tinha noção de que a vida na Terra tinha se acabado para mim, ou melhor, eu não tinha ideia de que havia posto um ponto final na minha vida. Tudo por causa da minha teimosia: a bebida!

Um dia, cansado de perambular, exausto de pedir ajuda a um, a outro, sem qualquer retorno, senti-me atraído pela minha casa e para lá voltei. Logo que entrei, percebi a presença desagradável de minha cunhada. Sem que vocês percebessem, me postei do lado de fora da janela e fiquei ouvindo a conversa. Sim, vocês falavam de mim, então percebi que não tinham nenhuma consideração, riam das minhas arruaças e estavam aliviadas com a minha ausência. Magoei!

Ultrajado com a presença da cunhada aninhada ali, no meu lar, entrei, disposto a derrubar tudo que tinha sobre a mesa. Qual não foi minha surpresa quando percebi que vocês não me viam! Ainda mais surpreso fiquei quando vi as xícaras mudando de lugar sem que ninguém tivesse encostado as mãos. Olhei para as minhas mãos, repeti os movimentos e novamente as louças se movimentaram sozinhas. Então notei que eu tinha poderes sobrenaturais. E o mais impressionante é que vocês ficaram espavoridas. Gostei! Foi então que comecei a treinar: eu gargalhava, vocês se assustavam, mexia os quadros, e se apavoravam. Aproximei um pouco mais, falei-lhes aos ouvidos e, fenomenal, acatavam tudo que eu dizia. Despertei desconfiança, dúvida, raiva em suas almas e deu certo! Eu pensei: "Agora posso expulsar Núbia de minha casa e dar uma lição na Dalva!" Do pensamento passei à ação.

Um dia, levei um choque! Percebi que tinha morrido. Um grupo pequeno de pessoas orava por mim. Dalva e Núbia, vocês também oravam. Senti que não mais se dirigiam a mim com ressentimento ou desprezo. Era um sentimento diferente, eu sentia que estavam sendo sinceras. As orações que aquele grupo fazia me envolviam ternamente. Havia carinho, gratidão e até consideração. Pela primeira vez, depois do acidente, eu me senti bem.

Num outro dia, notei você, Núbia, orando por mim. Eu me emocionei! Dalva, enquanto limpava o altar da Igreja, você pedia por mim! Havia amor, respeito, eu sentia! Percebi que não era mais uma pessoa desprezada, pelo contrário, era querida. Acompanhei as duas para todo lado em que iam e não mais ouvi qualquer referência desairosa ou desdém. Eu as acompanhava e não mais me irritava. A partir desse momento, passei a ouvir uma voz que me dizia:

— Se você se tornar melhor e acabar com essa atitude agressiva e de mau gosto, todos podem gostar de você. Fiquei curioso, mas não via ninguém. Essa voz sempre repetia isso quando eu pensava em fazer alguma coisa errada. Comecei a acreditar que eu poderia ser melhor. Foi nesse estado de alma que um outro Espírito, ainda jovem, uma fisionomia conhecida, me apareceu e me envolveu com muito amor. A partir de então, não vi mais nada. Quando acordei, não estava mais naquela casa. Era um lugar aconchegante. Aquele Espírito tão bom, ali na minha frente, era o meu sobrinho, o seu filho, Núbia. Ele desencarnou tão jovem! Tem uma alma linda! Envergonhado e me sentindo humilhado, me rendi diante daquela presença iluminada. Ele me pediu perdão pelos aborrecimentos que sua mãe poderia ter me causado. Imagine, Núbia! Pedir perdão a mim, eu que tanto mal lhe fiz!

Arrependido e muito envergonhado, venho aqui pedir-lhes perdão pelo muito que as fiz sofrer.

Jesus, tenha pena de mim!

Luiz

Núbia e Dalva reconheceram em tudo a mensagem daquela criatura inconsequente que começava a se regenerar. A partir dali, juntas, deram início a uma nova vida de aprendizado e de paz.

Quando a grande maioria da humanidade se conscientizar de que a felicidade não depende da modificação dos outros nem das posses materiais; quando entender que o seu destino é a resposta de suas próprias atitudes; quando realmente acreditar que as Leis divinas foram reveladas para o seu bem, a sua felicidade e a própria transformação moral e então acatar as lições do Evangelho, o mundo realmente será um paraíso. Os pensamentos não mais atrairão Espíritos revoltados e obsessores, porque eles mesmos se espelharão nos exemplos dos homens e encontrarão forças para se modificarem. E a ambiência da Terra será, a partir de então, não mais um laboratório de experiências evolutivas, mas um grande campo de relações humanas, pois a fraternidade, a igualdade e a caridade predominarão nos corações. E cada qual deixará de se preocupar apenas consigo e terá por objetivo primordial a felicidade dos seus semelhantes.

5
OS FLUIDOS E A LEI DA ATRAÇÃO NA VIDA DO HOMEM

O fluido cósmico universal é, como já foi demonstrado, a matéria elementar primitiva, cujas modificações e transformações constituem a inumerável variedade dos corpos da natureza.[60]

O fluido cósmico é o plasma divino, hausto do Criador ou força nervosa do Todo-Sábio. Nesse elemento primordial, vibram e vivem constelações e sóis, mundos e seres, como peixes no oceano.[61]

É impossível conceber a vida sem a existência dos fluidos.

A harmonia do universo é o eco da Sabedoria divina que opera sobre leis e fluidos. Estes, coordenados por leis sábias e imutáveis, participam ativamente da composição dos corpos celestes, dos mundos e dos seres orgânicos e inorgânicos que habitam os planetas. Assim, o entendimento simplifica com esclarecimentos de Kardec:

> O meio está sempre em relação com a natureza dos seres que têm de nele viver; os peixes, na água; os seres terrestres, no ar; os seres espirituais, no fluido espiritual ou etéreo, mesmo que estejam na Terra. O fluido etéreo está para as necessidades do Espírito como a atmosfera para as dos

---

[60] KARDEC, Allan. *A gênese*. Cap. XIV, it. 2.
[61] XAVIER, Francisco C.; VIEIRA, Waldo. *Evolução em dois mundos*. Primeira parte, cap. I.

encarnados. [...] Assim, tudo no universo se liga, tudo se encadeia, tudo se acha submetido à grande e harmoniosa lei de unidade, desde a mais compacta materialidade até a mais pura espiritualidade. [...][62]

O estudo do Espiritismo disponibiliza ao homem o majestoso livro da vida, cujas páginas vão sendo, pouco a pouco, folheadas e apreendidas à medida que a humanidade avança em sabedoria e sentimento. O mistério que envolve a matéria imponderável e invisível revela-se, lentamente, sob o cinzel do conhecimento humano. Aos estados sólido, líquido, gasoso, radiante, outras formas de fluidos se acrescentam, cada vez mais sutis. No entanto, das formas mais sutis, muito ainda se tem para desvendar, isso porque: "À medida que se rarefaz, adquire novas propriedades e uma capacidade de irradiação sempre crescente, torna-se uma das formas da energia".[63]

Os fluidos não são idênticos em todos os mundos. Cada orbe tem leis referentes aos fluidos "de conformidade com a sua organização planetária".[64]

Encontra-se, nas obras do Espírito André Luiz, definição concisa sobre fluidos:

> Definimos o fluido dessa ou daquela procedência como sendo um corpo cujas moléculas cedem invariavelmente à mínima pressão, movendo-se entre si, quando retidas por um agente de contenção, ou separando-se, quando entregues a si mesmas. Temos, assim, os fluidos líquidos, elásticos ou aeriformes, e os outrora chamados fluidos imponderáveis, tidos como agentes dos fenômenos luminosos, caloríficos e outros mais.[65]

Pelos canais da investigação científica e de posse dos tesouros revelados pelos Espíritos, Allan Kardec chegou à seguinte conclusão:

Há um fluido etéreo que enche o espaço e penetra os corpos. Esse fluido é o éter ou matéria cósmica primitiva, geradora do mundo e dos seres. São-lhe inerentes as forças que presidiram às metamorfoses da matéria, as leis imutáveis e necessárias que regem o mundo. Essas múltiplas forças, indefinidamente variadas, segundo as combinações da matéria, localizadas segundo as massas, diversificadas em seus modos de ação segundo as circunstâncias e os meios,

---

[62] KARDEC, Allan. *A gênese*. Cap. XIV, it. 11 e 12.
[63] DENIS, Léon. *No invisível*. Segunda parte, cap. XV.
[64] XAVIER, Francisco C. *O consolador*. Q. 23.
[65] XAVIER, Francisco C.; VIEIRA, Waldo. *Evolução em dois mundos*. Primeira parte, cap. 13.

são conhecidas na Terra sob o nome de gravidade, coesão, afinidade, atração, magnetismo, eletricidade ativa. Os movimentos vibratórios do agente são conhecidos sob os nomes de som, calor, luz, etc. [...] Ora, assim como só há uma substância simples, primitiva, geradora de todos os corpos, mas diversificada em suas combinações, também todas essas forças dependem de uma lei universal diversificada em seus efeitos, e que, pelos desígnios eternos, foi soberanamente imposta à Criação para lhe imprimir harmonia e estabilidade.[66]

De posse de um conhecimento limitado, o homem lança sondas nas profundezas do universo a fim de descobrir mais amplos indícios sobre sua origem, formação e expansão. No entanto, esse anseio de saber, em parte, se satisfaz com as questões direcionadas por Kardec aos Espíritos:

> O universo foi criado, ou existe de toda a eternidade como Deus?
>
> É fora de dúvida que ele não pode ter-se feito a si mesmo. Se existisse, como Deus, de toda eternidade, não seria obra de Deus.
>
> Como criou Deus o universo?
>
> Para me servir de uma expressão corrente, direi: pela sua vontade. Nada caracteriza melhor essa vontade onipotente do que estas belas palavras da Gênese: "Deus disse: Faça-se a luz. E a luz foi feita".
>
> Poderemos conhecer o modo de formação dos mundos?
>
> Tudo o que a esse respeito se pode dizer e podeis compreender é que os mundos se formam pela condensação da matéria disseminada no Espaço.
>
> É a mesma força que une os elementos da matéria nos corpos orgânicos e nos inorgânicos?
>
> Sim, a lei de atração é a mesma para todos.
>
> Há diferença entre a matéria dos corpos orgânicos e a dos inorgânicos?
>
> A matéria é sempre a mesma, porém, nos corpos orgânicos, está animalizada.

---

[66] KARDEC, Allan. *A gênese*. Cap. VI, it. 10.

Qual a causa da animalização da matéria?

Sua união com o princípio vital.

O princípio vital reside em algum dos corpos que conhecemos?

Ele tem por fonte o fluido universal. É o que chamais fluido magnético, ou fluido elétrico animalizado. É o intermediário, o elo existente entre o Espírito e a matéria.[67]

A vida dos seres sobre o planeta realmente seria inviável sem os fluidos, pois estes fazem parte de todas as substâncias que compõem o orbe. A água, essencial à vida, cobre a maior parte da superfície terrestre ao constituir mares, rios e lagos, além da água que circula nos veios subterrâneos. As células dos seres vivos não se sustentariam sem os fluidos que as compõem. À falta desse fluido precioso, a vida perece. Da mesma forma, o homem não sobrevive se lhe subtrair o ar que respira. Ao lado desse fluido imprescindível para a sustentabilidade da vida na Terra, o fluido eletromagnético, parte integrante do corpo espiritual, é fundamental para a existência do ser, bem como do seu equilíbrio.

Ao homem cabe monitorar e regulamentar a conservação, utilização e aplicação dos fluidos que lhe são confiados pelo Pai. O uso abusivo dessas essências, imprescindíveis à natureza, ao ambiente, ao metabolismo físico e espiritual, exerce influência prejudicial sobre a vida dos seres e do orbe que habitam. Daí a necessidade de preservá-los.

No entanto, há fluidos que, embora essenciais à vida, ainda são desconhecidos pelos encarnados. Como monitorá-los? Fácil: obediência às Leis divinas e às orientações superiores que preparam o Espírito para a jornada evolutiva. E de onde vêm essas orientações? Elas se encontram expressas no código moral: o Evangelho de Jesus. Ninguém está alheio às leis morais. Outros povos, outras crenças, outros continentes também se beneficiaram com o conhecimento das leis, embora por caminhos diversos. Os mensageiros do Cristo aportaram em todos os rincões do orbe terreno para levar a mensagem do Senhor. E, de conformidade com os conhecimentos adquiridos, os Espíritos mais adiantados se incumbem de abrir as cortinas do saber àqueles que se esforçam para adquirir novos conhecimentos. Kardec e os Espíritos da Codificação muito colaboraram para iluminar o entendimento humano:

---

[67] KARDEC, Allan. *O livro dos espíritos*. Q. 37 a 39, 60 a 62 e 65.

Sendo os fluidos o veículo do pensamento, este atua sobre os fluidos como o som sobre o ar. Eles nos trazem o pensamento como o ar nos traz o som. Pode-se, pois, dizer, sem receio de errar, que há, nesses fluidos, ondas e raios de pensamentos que se cruzam sem se confundirem, como há no ar ondas e raios sonoros. [...] Tem consequências de importância capital e direta para os encarnados a ação dos Espíritos sobre os fluidos espirituais. Sendo esses fluidos o veículo do pensamento e podendo este modificar-lhes as propriedades, é evidente que eles devem achar-se impregnados das qualidades boas ou más dos pensamentos que os fazem vibrar, modificando-se pela pureza ou impureza dos sentimentos. Os maus pensamentos corrompem os fluidos espirituais, como os miasmas deletérios corrompem o ar respirável. Os fluidos que envolvem os Espíritos maus ou que estes projetam são, portanto, viciados, ao passo que os que recebem a influência dos bons Espíritos são tão puros quanto o comporta o grau da perfeição moral destes.[68]

Léon Denis se inclui entre os pesquisadores que semeiam o entendimento:

O mundo dos fluidos, mais que qualquer outro, está submetido às leis da atração. Pela vontade, atraímos forças boas ou más, em harmonia com os nossos pensamentos e sentimentos. Delas se pode fazer uso formidável, mas aquele que se serve do poder magnético para fazer o mal, cedo ou tarde, o vê contra si próprio voltar-se. A influência perniciosa exercida sobre os outros, em forma de sortilégios, de feitiçaria, de enguiço, recai fatalmente sobre aquele que a engendrou.[69]

Eis como Kardec expõe o assunto:

O fluido espiritual será tanto mais depurado e benfazejo quanto mais o Espírito que o fornece for mais puro e mais desprendido da matéria. Concebe-se que o dos Espíritos inferiores deva aproximar-se do [fluido] do homem e possa ter propriedades maléficas se o Espírito for impuro e animado de más intenções. [...] A vontade é [...] onipotente para dar

---

[68] KARDEC, Allan. *A gênese*. Cap. XIV, it.15 e 16.
[69] DENIS, Léon. *No invisível*. Segunda parte, cap. XV.

aos fluidos as qualidades especiais apropriadas à natureza do mal. [...] O pensamento que provoca uma emissão fluídica pode operar certas transformações, moleculares e atômicas, como se veem ser produzidas sob a influência da eletricidade, da luz ou do calor.[70]

Léon Denis explica o mecanismo que torna possível a comunicação dos Espíritos com os homens:

> [...] com o auxílio de uma força haurida nos médiuns e assistentes. Essa força é gerada pelo corpo fluídico. Tem sido alternativamente designada sob os nomes de força ódica, magnética, nêurica, etérica; chamar-lhe-emos, por nossa parte, força psíquica, pois que obedece à vontade, que é de fato o seu motor; os membros lhe servem de agentes condutores; ela se desprende mais particularmente dos dedos e do cérebro. Existe em cada um de nós um foco invisível cujas radiações variam de intensidade e amplitude conforme nossas disposições mentais. A vontade lhes pode comunicar propriedades especiais; nisso reside o segredo do poder curativo dos magnetizadores.[71]

A lei da atração, presente no universo, rege mundos e seres. Entre os seres humanos, ela atua por meio do pensamento e dos fluidos. Os bons Espíritos se aproximam e se unem moralmente pela afinidade de pensamentos e de ideais no desejo de evoluir a caminho da sabedoria e do amor. Os inferiores se afinam pelo prazer de compartilharem os vícios, a desordem e o mal. É pela semelhança moral e de fluidos que os Espíritos encarnados ou desencarnados atraem as companhias que lhe são afins.

Léon Denis expõe também sobre a lei da atração:

> A lei das atrações e correspondências rege todas as coisas; as vibrações atraindo vibrações similares aproximam e vinculam as almas, os corações, os pensamentos. Nossos maus desejos e concupiscências criam em torno de nós uma atmosfera fluídica impura, propícia à ação das influências da mesma ordem, ao passo que as nobres aspirações atraem as salutares vibrações, as irradiações das esferas superiores.[72]

---

[70] KARDEC, Allan. *Revista Espírita*, setembro de 1865.
[71] DENIS, Léon. *No invisível*. Segunda parte, cap. XV.
[72] Id. Ibid. Primeira parte, cap. VIII.

É pela lei da atração que os seres se aproximam e se entendem, gerando simpatia. Favorece um bom relacionamento, origem do amor que une os seres humanos tanto na vida material quanto na espiritual.

Explica o insigne codificador:

> Antes de tudo, o que é a afeição, o amor? Ainda a atração fluídica, atraindo um ser para outro, unindo-os num mesmo sentimento. Essa atração pode ser de duas naturezas diferentes, já que os fluidos são de duas naturezas. Mas para que a afeição persista eternamente, é preciso que seja espiritual e desinteressada; são precisos abnegação, devotamento e que nenhum sentimento pessoal seja o móvel deste arrastamento simpático. Desde que nesse sentimento haja personalidade, há materialidade. Ora, nenhuma afeição material persiste nos domínios do Espírito. [...][73]

Os laços de simpatia se estabelecem entre encarnados, entre desencarnados, entre desencarnados e encarnados e vice-versa. As pessoas se sentem atraídas umas pelas outras, aproximam-se, formam pares, grupos, famílias e podem perdurar tanto na Terra quanto no Espaço. Enquanto alguns grupos se formam pela semelhança de pensamentos e de ideais artísticos, científicos, filosóficos, doutrinários, religiosos, outros se atraem pelos vícios, corrupção, crimes, concupiscência em que se comprazem.

É pela semelhança moral e de fluidos que os Espíritos se aproximam dos médiuns, sugerindo-lhes, pelas vias da intuição ou da inspiração, ideias e atitudes. Se os ideais do encarnado são elevados, atrairão entidades que lhe darão proteção e apoio; se forem inferiores, estabelecerão ligações mentais que facultarão as obsessões.

---

[73] KARDEC, Allan. *Revista Espírita*, fevereiro de 1864.

6

Pensamento e vontade na trajetória do Espírito

O princípio da evolução não está na matéria, está na vontade, cuja ação tanto se estende à ordem invisível das coisas como à ordem visível e material. Esta é simplesmente a consequência daquela. O princípio superior, o motor da existência, é a vontade. A Vontade divina é o supremo motor da Vida universal.[74]

O pensamento e a vontade representam em nós um poder de ação que alcança muito além dos limites de nossa esfera corporal. A prece que façamos por outrem é um ato dessa vontade. [...][75]

E para manejar as correntes mentais, em serviço de projeção das próprias energias e de assimilação das energias alheias, dispõe a alma, em si, da alavanca da vontade, por ela vagarosamente construída em milênios e milênios de trabalho automatizante.[76]

Em situação de perigo, o conhecimento do fator agressivo favorece a defesa. O mesmo não ocorre quando o indivíduo ignora a ameaça e é pego de surpresa. Premissa válida também na prevenção dos processos obsessivos, pois o conhecimento de seus meandros fornece as ferramentas de proteção e de libertação.

---

[74] DENIS, Léon. *O problema do ser, do destino e da dor*. Terceira parte, cap. XX.
[75] KARDEC, Allan. *O livro dos espíritos*. Q. 662 [nota] .
[76] XAVIER, Francisco C.; VIEIRA, Waldo. *Mecanismo da mediunidade*. Cap. 11.

Para conhecer os fenômenos intrincados da simples influência espiritual à mais acirrada obsessão, é necessário conhecer os mecanismos de atuação do pensamento e sua influência sobre o ser humano. Esses mecanismos são hoje conhecidos graças às pesquisas e observações de Allan Kardec, sob a égide de Espíritos de escol.

> A relação pensamento e fluidos é assim desvendada: os Espíritos atuam sobre os fluidos espirituais, não os manipulando como os homens manipulam os gases, mas empregando o pensamento e a vontade. Para os Espíritos, o pensamento e a vontade são o que é a mão para o homem. Pelo pensamento, eles imprimem àqueles fluidos tal ou qual direção, os aglomeram, combinam ou dispersam; organizam com eles conjuntos que representam uma aparência, uma forma, uma coloração determinadas; mudam-lhes as propriedades como um químico muda a dos gases ou de outros corpos, combinando-os segundo certas leis. É a grande oficina ou laboratório da vida espiritual. Algumas vezes, essas transformações resultam de uma intenção; doutras, são produto de um pensamento inconsciente. Basta que o Espírito pense uma coisa para que esta se produza, como basta que modele uma ária para que esta repercuta na atmosfera. [...] Sendo os fluidos o veículo do pensamento, este atua sobre os fluidos como o som sobre o ar; eles nos trazem os pensamentos como o ar nos traz o som. Pode-se, pois, dizer, sem receio de errar, que há, nesses fluidos, ondas e raios de pensamentos que se cruzam sem se confundirem, como há no ar ondas e raios sonoros. Há mais: criando imagens fluídicas, o pensamento se reflete no envoltório perispirítico como num espelho; toma nele corpo e aí, de certo modo, se fotografa. [...] Desse modo é que os mais secretos movimentos da alma repercutem no envoltório fluídico, que uma alma pode ler noutra alma como num livro e ver o que não é perceptível aos olhos do corpo.[77]

É incrível! Teria o leitor imaginado que toda gama de pensamentos, dos mais fúteis aos mais elaborados, estaria disponibilizada em uma tela fluídica para os invisíveis interessados? É verdade que nem todos se interessariam por tudo. De acordo com a lei da afinidade, semelhante atrai semelhante. E, aos moldes do leitor encarnado que adere, aprova, analisa, critica, condena ou absolve a obra que lê, os Espíritos também agem à sua semelhança.

---

[77] KARDEC, Allan. *A gênese*. Cap. XIV, it. 14 e 15.

O incansável codificador questionou os Espíritos superiores e ficou constatado que: "No pensamento, goza o homem de ilimitada liberdade, pois que não há como pôr-lhe peias. Pode-se lhe deter o voo, porém *não aniquilá-lo*".

E, ainda: "É responsável o homem pelo seu pensamento? Perante Deus, é. Somente a Deus, sendo possível conhecê-lo, Ele o condena ou absolve segundo a sua justiça".[78]

Sendo o homem responsável pelo que pensa, naturalmente, somente ele poderá traçar um código de censura a fim de não se comprometer com as sagradas Leis. Mais ainda, que não se tornem públicas, aos Espíritos bisbilhoteiros, as suas mazelas morais.

As ondas do pensamento, veiculadas pelos fluidos, ganham força quando impulsionadas pela alavanca da vontade. E, de acordo com as emoções emanadas ou assimiladas pelo Espírito, altera as propriedades desses fluidos.

> Atuando esses fluidos sobre o perispírito, este, a seu turno, reage sobre o organismo material com que se acha em contato molecular. Se os eflúvios são de boa natureza, o corpo ressente uma impressão salutar; se são maus, a impressão é penosa. Se são permanentes e enérgicos, os eflúvios maus podem ocasionar desordens físicas: não é outra a causa de certas enfermidades.[79]

Ah! vontade! Que potencial imenso a dirigir os seres! Querer, desejar, idealizar, mentalizar, pensar! São forças poderosas que, sob controle da razão e equilíbrio da emoção, conduzirão o homem ao ápice do progresso, todavia, sem rédeas, lançá-lo-ão pelos labirintos da degradação e da dor.

> Léon Denis bem expressou a sua força: a vontade é a faculdade soberana da alma, a força espiritual por excelência e pode mesmo dizer-se que é a essência da sua personalidade. Seu poder sobre os fluidos é acrescido com a elevação do Espírito. No meio terrestre, seus efeitos sobre a matéria são limitados, porque o homem se ignora e não sabe utilizar-se das forças que estão em si; porém, nos mundos mais adiantados, o ser humano, que já tem aprendido a querer, impera sobre a natureza inteira, dirige facilmente os fluidos, produz fenômenos, metamorfoses que vão até o prodígio. [...][80]

---

[78] KARDEC, Allan. *O livro dos espíritos*. Q. 833 e 834.
[79] Id. *A gênese*. Cap. XIV, it. 18.
[80] DENIS, Léon. *Depois da morte*. Quarta parte, cap. XXXII.

A vontade manipula os pensamentos que, por sua vez, controlam os fluidos, alteram-lhes as propriedades, seja para o bem, seja para o mal. Inevitável, pois, mantê-la sob vigilância para que não impere soberana sobre a razão. Em momentos de invigilância, quando a vontade se sobrepõe à razão, o indivíduo perde as rédeas do bom senso, da responsabilidade, do equilíbrio. Cabe à razão retomar as rédeas para que se preserve o autodomínio, bem como o controle da situação. A pessoa em equilíbrio mantém as forças e supera com coragem as situações inesperadas e aflitivas em que se vê envolvida, tais como: moléstia física, dor moral, sentimento de perda, traição, pânico, tristeza, compulsão, revolta, desespero, angústia, insegurança, paixão desvairada, exaltação, cólera e outros "vírus" que invadem e poluem o espaço mental. Amenizam-se as mazelas da vida quando se harmonizam vontade e razão ante o poder moral do amor, da fé, da renúncia e do perdão.

Em desequilíbrio, os estados mórbidos pressionam a vontade, alteram o pensamento, que, por sua vez, elabora imagens fluídicas análogas e as projetam com dinamicidade, cores e sons que contaminam a ambiência psíquica, e esta, por sua vez, disponibiliza não só a imagem, mas também alimento mental aos seres invisíveis que estejam nas cercanias e que com elas se identificam.

Atraídos pelas imagens fluídicas ou ideoplastias, os seres afins mergulham nesse turbilhão atrativo. A partir de então, o estado de desequilíbrio, que poderia ser evitado ou atenuado, ganha força, e a situação do indivíduo se agrava com a atuação de entidades que se satisfazem ao vê-lo em apuros.

Esse processo se esclarece com a explanação do Espírito André Luiz:

> Reconhecemos que toda criatura dispõe de oscilações mentais próprias, pelas quais entra em combinação espontânea com a onda de outras criaturas desencarnadas ou encarnadas que se lhe afinem com as inclinações e desejos, atitudes e obras, no quimismo inelutável do pensamento.[81]

Toda influência perniciosa requer antídoto a fim de diluir os efeitos e afastar os riscos. Tal antídoto é oferecido pelo codificador:

> Que se faz quando está viciado o ar? Procede-se ao seu saneamento, cuida-se de depurá-lo, destruindo o foco dos miasmas, expelindo os eflúvios malsãos por meio de mais fortes correntes de ar salubre. À invasão, pois,

---

[81] XAVIER, Francisco C.; VIEIRA, Waldo. *Mecanismos da mediunidade*. Cap.11.

dos maus fluidos, cumpre-se oponham os fluidos bons e, como cada um tem, em seu próprio perispírito, uma fonte fluídica permanente, todos trazem consigo o remédio aplicável. Trata-se apenas de purificar essa fonte e de lhe dar qualidades tais que se constitua, para as más influências, um repulsor em vez de ser uma força atrativa. O perispírito, portanto, é uma couraça a que se deve dar a melhor têmpera possível. Ora, como as suas qualidades guardam relação com as da alma, importa se trabalhe por melhorá-la, pois que são as imperfeições da alma que atraem os Espíritos maus. [...] Os maus Espíritos, igualmente, vão para onde o mal os atrai; eliminado o mal, eles se afastarão. Os Espíritos realmente bons, encarnados ou desencarnados, nada têm que temer da influência dos maus.[82]

Certa feita, Germana fora procurada por Rodrigo, um amigo que estava em estado de extremo desespero, e, sabendo-a espírita, viera pedir-lhe a "gentileza" de orar para os Espíritos familiares, pedindo-lhes que viessem buscá-lo, pois ele não desejava mais viver. Sua alma estava mergulhada em densas nuvens de entidades que agravavam o seu estado emocional.

Rodrigo era uma pessoa honesta, de bom coração, embora responsável pela desestruturação do lar. A amiga atendeu-o com presteza. Foram necessários muitos minutos de doutrinação. Segue em síntese:

— Meu amigo, eu entendo o seu sofrimento, pois você, sendo de outra Religião, não pode imaginar a gravidade do que está me pedindo. Suicida não é apenas aquele que se mata, mas também aquele que desdenha a vida e tudo faz para abreviá-la. Ninguém tem o direito de abreviar ou acabar com a existência. E nem mesmo pedir o seu fim. Sua atitude representa uma revolta imensa contra as Leis de Deus. As vicissitudes da vida devem ser enfrentadas com coragem. Se hoje você está atravessando uma dor moral intensa, amanhã será diferente. Tudo passa e isso também passará. O tempo, como todos sabem, é o melhor cicatrizante para as feridas da alma. Se você buscar o suicídio, seja ele direto ou indireto, o seu sofrimento se multiplicará no plano espiritual e você não terá alívio enquanto não esgotar as energias acumuladas que deveriam suprir seu organismo físico durante sua existência. Atravessará, no plano espiritual, longo período de desequilíbrio e sofrimento. Além do mais, as agressões voluntárias sofridas pelo corpo e psiquismo marcarão de forma indelével o seu perispírito, que é o agente modelador do

---

[82] KARDEC, Allan. *A gênese*. Cap. XIV, it. 21.

corpo físico. Em consequência, o seu futuro reencarne será marcado por lesões físicas e mentais que dificultarão a sua próxima existência. É isso que você deseja?

— Não, não! Mas a vida não tem mais sentido, perdi meus bens materiais e afetivos, não tenho para onde ir, estou por pouco tempo em casa de amigos. Que será de mim?

— Meu filho, realmente, o seu problema é sério, mas quantos já não passaram por isso e venceram? Confie em Deus! Volte ao aconchego da Religião. Na hora de maior necessidade, você abandona justamente quem pode ajudá-lo. Jesus é o Guia que o Pai enviou para os seus filhos. Confie Nele. No momento, sua alma está doente. Entregue-se a esse Médico incomparável. Deixe que Ele o ajude! Fisicamente, você tem saúde e um longo período pela frente. Confie! Enfrente a luta reparadora, não se entregue ao desânimo. Busque um lugar para morar. Um refúgio seguro, só seu, onde poderá voltar no final de cada dia. Um emprego, você tem várias qualificações, não será difícil. E aos poucos vai refazendo a sua vida.

— Tudo isso eu sei. Mas não tenho vontade de começar. Eu me sinto muito culpado.

Nessa altura do diálogo, Germana foi contundente:

— Meu amigo! Você quer ou não quer sair dessa? Sentimento de culpa não conserta a situação. Se você fugir do problema, vai encontrá-lo logo adiante e ampliado! Quer continuar a sofrer? Quer ser abandonado pelos amigos que o estimam? Quer ser visto como um fraco, um covarde?

— Não, isso não!

— Então, chegou o momento de reagir. Depende só de você.

Assustado pela severidade providencial de Germana, Rodrigo se recompôs mentalmente. Germana sugeriu-lhe algumas ideias para que ele pudesse optar. Acendeu-lhe a esperança ao indicar-lhe caminhos alternativos que por si só não conseguia perceber. Falou-lhe dos riscos que os pensamentos depressivos acarretam, da sua responsabilidade como ser imortal, dos seus compromissos com as Leis divinas e a importância de retornar à pátria espiritual bem-sucedido, no momento certo, de acordo com a programação reencarnatória.

Naquele momento de emergência, convidou-o à prece, indispensável para a circunstância. E para fortalecer-lhe a alma, fez a leitura de um pequeno trecho da lição do Evangelho: *O Cristo Consolador*, que coube perfeitamente para a situação. Antes, porém, suplicou o auxílio dos amigos espirituais e também que lhe fluidificassem um copo de água. E, em meio à ambiência de vibrações salutares, aplicou-lhe o passe, restaurador de energias.

Não passou muito tempo. Rodrigo, refeito com a transfusão de energias edificantes, alterou a maneira de pensar. Reformulou os pensamentos, como se tivesse acordado de um pesadelo. Pouco depois, sentiu que algo se modificava no seu íntimo. Em instantes, houve verdadeira transformação. A pele facial ganhou cor. Os traços fisionômicos ficaram mais serenos, os pensamentos ficaram mais lúcidos e o coração encontrou a paz.

— Germana, não sei como agradecer. Não entendo o que aconteceu comigo. Já passei por momentos terríveis e não me deixei abater. Agora, parece que o meu mundo desmoronou.

— Não volte a pensar sobre isso. As provas surgem em virtude de nossas inconsequências, todavia, representam lições valiosas para testar a nossa capacidade de superação. Mude os pensamentos, pense em coisas edificantes. Daqui para frente, será um novo tempo. Não olhe para trás. Leia o Evangelho que lhe dei, ore e vigie as atitudes. Busque Jesus sempre. Sem Ele, caminhamos sem rumo. Com Ele, fica mais fácil enfrentar os obstáculos.

— Obrigado, amiga, vou seguir seus conselhos. Eu tenho que reagir. Eu sei que vou conseguir.

Realmente, Rodrigo conseguiu. Foi difícil. Germana, por várias vezes, estendeu-lhe as mãos, mas tudo passou. Hoje está refeito, formou uma nova família, e Germana tem sido amiga leal.

Fenômeno psíquico-espiritual, as energias emergem da mente, ampliadas ou diluídas, de acordo com o potencial emotivo. Assim, se a criatura se entrega a uma explosão nervosa ou a um estado deprimente, não só contaminará o organismo físico com os dardos mentais, mas, infalivelmente, atrairá a presença de Espíritos inferiores e oportunistas. Estes se utilizam das energias vitais do encarnado para suprir as próprias. Agravam seu estado emocional por meio de sugestões mentais. A irritabilidade ou a lassidão, em muitas circunstâncias, atuam como senha aguardada por entidades à espera do momento ideal para invadir o campo mental. É a lei das afinidades. Entretanto, não apenas a irritabilidade ou a lassidão, mas diversas causas de desequilíbrio propiciam a atração de inimigos fortuitos.

O Espírito Manoel Philomeno de Miranda expõe, de forma concisa, as coordenadas que facultam o desequilíbrio à maioria dos humanos:

> É muito diáfana a linha divisória entre a sanidade e o desequilíbrio mental. Transita-se de um para outro lado com relativa facilidade, sem que haja, inicialmente, uma mudança expressiva no comportamento da criatura.

> Ligeira excitação, alguma ocorrência depressiva, uma ansiedade, ou um momento de mágoa, a escassez de recursos financeiros, o impedimento social, a ausência de um trabalho digno entre muitos outros fatores, podem levar o homem a transferir-se para a outra faixa da saúde mental, alienando-se, temporariamente, e logo podendo retornar à posição regular, a de sanidade. Problemas de ordem emocional e psicológica, mais costumeiramente, conduzem a estados de distonia psíquica, não produzindo maiores danos, quando não se deixa que se enraízem ou que constituam causa de demorado trauma.[83]

Não é demais reiterar que, para manter inalterável o equilíbrio, é indispensável incluir nos procedimentos diários a vigilância dos pensamentos e a oração que interliga o ser ao Criador. Com a vigilância, o indivíduo se mantém em alerta e, ao primeiro sinal de perigo, mudam-se os roteiros do pensamento, alinham-se as emoções e retorna-se à normalidade. A oração é ferramenta indispensável para colocá-lo em situação de receptividade e favorecer a sintonia com Espíritos superiores que lhe transmitirão energias a fim de manter ou retomar o equilíbrio. Por isso, nos momentos de desajuste emocional, o primeiro passo é se conectar aos planos superiores e, em prece, modificar o rumo dos pensamentos.

A serenidade emocional se compara à água tranquila de um lago, basta uma aragem para que se alvoroce. Ante os pensamentos infelizes que emergem em *flash* quando menos se espera, a atitude mais acertada no momento é substituí-los por ideias felizes, edificantes e sublimes que podem ser acionadas pelas leituras edificantes, Evangelho e trabalho no bem. Fórmula divina que rompe as teias eletromagnéticas com que os Espíritos inferiores, oportunistas ou vingativos, envolvem suas vítimas.

Sempre há o sinal de alerta. Ninguém há que se diga desconhecer um pensamento invasivo. Entre os já relacionados, incluem-se a indignação, a revolta, o ódio, a inveja, o ciúme, a ingratidão, os sentimentos de culpa, a fixação mental em imagens de violências, ideias preocupantes e injustificáveis que, à semelhança de dardos envenenados, agridem o organismo e derrubam-lhe as defesas naturais. Carente de forças para reagir, o organismo abrirá brechas para a invasão microbiana do cosmo visível e do invisível. Por isso, o alerta de Jesus é indispensável, e a lembrança de suas parábolas tem força saneadora.

---

[83] FRANCO, Divaldo P. *Nas fronteiras da loucura*. de Miranda. "Introdução".

No princípio, a alteração fisiológica se faz imperceptível com insignificante alteração no estado de ânimo. Se houver uma reação mental positiva, mais fácil se torna ao organismo retomar a normalidade; entretanto, se o indivíduo se deixa dominar pelas emoções conflitantes, automaticamente, disponibilizará a mente às sugestões advindas das sombras. Pronto! O desequilíbrio, uma vez instalado, atingirá o metabolismo, que, desarticulado, propiciará a infiltração de moléstias de longo curso.

Os estados mórbidos, os sentimentos inferiores, os desequilíbrios morais não contaminam apenas o indivíduo, mas também as pessoas com as quais convivem e se relacionam, estejam elas próximas ou não, pois não há distância nem barreiras para o pensamento. Daí a necessidade de aurir novas forças entre amigos e pessoas com as quais possa haver troca e recomposição de energia. Eis como o codificador esclarece esse mecanismo:

> O pensamento, portanto, produz uma espécie de efeito físico que reage sobre o moral [...] O homem o sente instintivamente, visto que procura as reuniões homogêneas e simpáticas, onde sabe que pode haurir novas forças morais, podendo se dizer que, em tais reuniões, ele recupera as perdas fluídicas que sofre todos os dias pela irradiação do pensamento, como recupera por meio dos alimentos as perdas do corpo material. É que, com efeito, o pensamento é uma emissão que ocasiona perda real de fluidos espirituais e, conseguintemente, de fluidos materiais, de maneira tal que o homem precisa retemperar-se com os eflúvios que recebe do exterior.[84]

Os estados de felicidade, propiciados pelos sentimentos de alegria, amor, caridade, fé, confiança, esperança, entusiasmo, piedade, gratidão, promovem o bem-estar, elevam o Espírito, harmonizam o metabolismo orgânico e envolvem todos os presentes em emanações agradáveis e salutares. Entretanto, quando esses estados emocionais atingem o pico do exagero e perdem o bom senso, agem inversamente, desarticulam as energias perispiríticas, que, por seu turno, transmitem ao corpo os dardos deletérios.

Não é saudável que um indivíduo extravase sua alegria ferindo o sossego dos vizinhos; que comemore a sua felicidade extrapolando os limites do

---

[84] KARDEC, Allan. *A gênese*. Cap. XIV, it. 20.

respeito a si e ao próximo; que faça a caridade com o intuito de promover-se, indiferente à dignidade humana. Infelizmente, há os que curtem seus vícios em detrimento dos semelhantes. Relacionam-se, entre inúmeros desatinos, os excessos de cigarro, bebida, comida, velocidade, brincadeiras de mau gosto, som nas alturas e outras excentricidades desconfortantes e de consequências, quase sempre, desastrosas.

É de bom alvitre ter em mente que todos os extremos são prejudiciais, extrapolam as linhas do equilíbrio e contaminam tudo e a todos, pois abrem as comportas da alma aos invasores espirituais. Toda atitude que gere prejuízo próprio ou alheio será contabilizada como débito do provocador.

A ciência já comprovou os malefícios que as fortes emoções provocam e, entre eles, se destacam: infarto, diabetes, AVC, pressão alta, labirintite, gastrite e um sem-número de afecções podem ter sua origem no desequilíbrio das emoções conflitantes, sejam elas de alegria ou de tristeza. Sabe-se que a adrenalina é um hormônio secretado pelas glândulas suprarrenais e, quando o indivíduo passa por uma ocasião de extrema emoção, de estresse, pavor, perigo, ela é lançada no organismo e age rapidamente a fim de adaptar o corpo à situação de conflito. Seu efeito torna as batidas cardíacas mais intensas e a respiração mais rápida. É uma reação automática e instantânea que prepara o corpo para uma situação de emergência. Ao atuar sobre o sangue, favorece os músculos com uma quantidade maior de combustível. Em parceria com o sistema nervoso, a adrenalina dá ao corpo condições para enfrentar as situações de perigo.[85]

São, portanto, mecanismos divinos de defesa a funcionar em benefício da criatura. Quando os desequilíbrios emocionais se avolumam ou se repetem, ultrapassando a capacidade física de superação, o metabolismo entra em descompasso e o corpo adoece.

Toda dinamicidade que envolve pensamento e vontade, corpo, perispírito e Espírito deve acontecer de forma harmonizada com as leis da vida. Daí a necessidade precípua de se reeducar pela cartilha ofertada pelo sublime Educador, única capacitada a preparar o homem para as vicissitudes da vida. Ante as adversidades, faculta subsídios para modular as emoções, a agressividade, espantar a revolta e acautelar-se ante as surpresas engendradas pelas sombras.

O pensamento e a vontade são faculdades conquistadas ao longo do carreiro evolutivo e, abrindo espaço para o livre-arbítrio, ampliou a capacidade intelectiva

---

[85] BURNIE, David. *Dicionário escolar do corpo humano*. "Sistema Endócrino".

do Espírito, que se enriqueceu ante as oportunidades evolutivas. Da mímica à palavra, nasceu o consequente entrosamento entre indivíduos, grupos e povos, supervisionados pelos emissários divinos por meio dos mecanismos psíquicos da intuição e inspiração que acorrem em auxílio nos momentos decisivos da vida. Nessa corrida progressiva, poucos, porém, usaram o livre-arbítrio com sabedoria. Retardatários renitentes retornam ao local de partida para reprisar a prova.

Em constante aprendizado no trilho dos milênios, o pensamento capacitou-se a fim de discernir, analisar, deduzir, induzir, inferir, imaginar, refletir, criar, concluir, idealizar, formular hipóteses e operações intelectuais e morais das mais simples às complexas. Em atividade dinâmica e ininterrupta, estando saudável, é impossível deter-lhe o curso, entretanto, é possível e imperioso corrigir-lhe os desvios. Conduzido pelos fluidos, impulsionado pela vontade, o pensamento atua vigorosamente sobre o próprio indivíduo e irradia-se na ambiência que o acolhe.

O poder das ondas que emite rasga distâncias imensuráveis e lhe é facultado interferir, tanto no pensamento de encarnados quanto no pensamento dos desencarnados. Portanto, encarnados ou não, ao formular seus pensamentos, os Espíritos não imaginam o benefício ou malefício que podem produzir contra os semelhantes. Todo relacionamento, de acordo com o nível moral, estabelece uma interligação de forças positivas ou negativas a se influenciarem mutuamente.

Em âmbito individual, o corpo espiritual, ou perispírito, colhe as energias mentais e as distribui sobre o corpo físico, que, por sua vez, devolve-as ao Espírito num intercâmbio ininterrupto. Nesse movimento automático, imediato e contínuo, ocorre um verdadeiro bombardeio de dardos eletromagnéticos imperceptíveis aos sentidos, mas benéficos ou letais para o indivíduo. O efeito será proporcional à intensidade, teor e vigor da emissão: boa ou má; superior ou inferior; construtiva ou destrutiva; vigorosa ou desanimadora; edificante ou viciosa; dinâmica ou passiva, assim, sucessivamente.

Nesse rol de atividades, as preferências pessoais, os vícios, o comportamento, a vestimenta insinuante, sensual e expositiva, o tipo de ambiente frequentado, as companhias eleitas, as atitudes adotadas pelo encarnado, determinam o tipo de Espíritos que atrai. Daí a veracidade do dito popular: "Diga-me com quem andas e eu te direi quem tu és".

Seria ingenuidade acreditar que as pessoas que frequentam lugares suspeitos, promíscuos, antro de vícios, sexo e criminalidade não sofrem a influência infeliz da população encarnada e desencarnada que por ali transitam. Sofrem! E como! A lei de afinidade ou de atração está presente em toda parte. Ninguém se exime!

Pela mesma lei, as vibrações colhidas nos ambientes religiosos, nos recintos onde se praticam atividades dignificantes e enobrecedoras, nos lares acolhedores, no trabalho honesto e digno, em meio à natureza, imprimem na alma sensações sublimes.

Os pensamentos elevados, as palavras de amor, de ternura, de esperança, os gestos de piedade, de caridade, de perdão irradiam energias salutares que se derramam sobre o indivíduo e impregnam a atmosfera em que vive. As defesas orgânicas se fortalecem. A saúde ganha energia.

> Tal a causa da satisfação que se experimenta numa reunião simpática, animada de pensamentos bons e benévolos. Envolve-a uma como salubre atmosfera moral, onde se respira à vontade: sai-se reconfortado dali, porque impregnado de salutares eflúvios fluídicos. Basta, porém, que se lhe misturem alguns pensamentos maus, para produzirem o efeito de uma corrente de ar gelado num meio tépido ou o de uma nota desafinada num concerto. Desse modo também se explica a ansiedade, o indefinível mal-estar que se experimenta numa reunião antipática, onde malévolos pensamentos provocam correntes de fluido nauseabundo.[86]

As palavras, produto do pensamento, conduzem eletromagnetismo. Expressões pronunciadas com sinceridade como: Deus te abençoe! Tenha um bom dia! Creia, tudo vai dar certo! Tenha fé, Jesus está contigo! Esperança, amanhã será um outro dia! Não desanime! Em breve estará curado! E inúmeras outras são emissões energéticas que impregnam a atmosfera pessoal, se irradiam na direção do beneficiado e ainda atraem os bons Espíritos que não perdem a oportunidade benfazeja de se associarem à emissão de energias salutares.

Em contrapartida, os pensamentos negativos, as palavras de ódio, raiva, deboche, ironia, revolta, desprezo, hipocrisia, inveja e tantos quantos se conhecem, projetam energias deletérias que se multiplicarão com a emissão e associação de dardos mentais emitidos por Espíritos equivocados. Assim ocorre com frases como: Maldição! Vá pro inferno! Nada dá certo comigo! Idiota! Infeliz! E quantas outras! Eis o motivo que levou Jesus a condenar o uso de termos depreciativos como louco e raca, que naquela época eram pronunciadas cuspindo de lado.[87]

---

[86] KARDEC, Allan. *A gênese*. Cap. XIV, it. 19.
[87] MATEUS, 5:22.

Com grande teor de impregnação deletéria, os sentimentos mesquinhos, o hábito de cultivar obscenidades, as piadas de baixo calão, os palavrões e as atitudes congêneres atraem para o lar, ou ambientes de convívio, Espíritos infelizes que não perderam, com o desenlace físico, o hábito de se comprazer com esse tipo de atitude. Pensamentos semelhantes se atraem! É a lei das afinidades que rege o universo e abrange dos átomos aos corpos celestes.

Em ambientes propícios, os Espíritos inferiores sentem-se em casa e, uma vez acomodados ali, divertem-se e atiçam as discussões acaloradas, tomam parte ativa nas brincadeiras de mau gosto, apimentam as conversas gerando animosidade, situações de risco e tragédias. Tais Espíritos também são responsáveis pela emissão dos fluidos saturados que provocam desarmonia orgânica, dores inexplicáveis, pensamentos torturantes, desconfianças de uns contra os outros; despertam paixões incontroláveis e instigam o adultério; acentuam, ainda, os estados de insegurança, tristeza, mágoa, preocupação, pânico. E se a alma é frágil, fartam-se na morbidez lançando a vítima nos poços profundos da depressão. Eis a causa que levou o codificador a declarar:

> O pensamento do encarnado atua sobre os fluidos espirituais como o dos desencarnados e se transmite de Espírito a Espírito, pelas mesmas vias, e, conforme seja bom ou mau, saneia ou vicia os fluidos ambientes. Desde que estes se modificam pela projeção dos pensamentos do Espírito, seu envoltório perispirítico, que é parte constituinte do seu ser, e que recebe de modo direto e permanente a impressão de seus pensamentos, há de, ainda mais, guardar a de suas qualidades boas ou más. Os fluidos viciados pelos eflúvios dos maus Espíritos podem depurar-se pelo afastamento destes, cujos perispíritos, porém, serão sempre os mesmos, enquanto o Espírito não se modifica por si próprio.[88]

Se as palavras otimistas reanimam as criaturas e as frases pessimistas abatem, a melhor atitude é manter o estado de ânimo elevado aos planos maiores, mente limpa de impurezas, alma liberta de qualquer mágoa, pois o perdão é antídoto para qualquer conflito. Certamente, são posturas que exigem aceitação, esforço e boa vontade. É difícil? Sim, é! Mas não impossível. Se fosse impossível, Jesus não se sacrificaria para implantar o seu Evangelho!

---

[88] KARDEC, Allan. *A gênese*. Cap. XIV, it. 18.

Existe um dito popular que diz: "Querer é poder!" Realmente, a vontade abre caminhos, mas é preciso saber dosá-la. Quando se quer atingir um objetivo com persistência, com vigor, certamente se conseguirá, pois a emissão das energias é impulsionada pela vontade que induz o indivíduo a buscar a realização de seus ideais. Esse mecanismo é conhecido há milênios. É importante acionar a vontade, pô-la a serviço do bem, a fim de reverter qualquer estado negativo, depressivo, aflitivo em que se encontre. A vontade é ferramenta poderosa. Associada à fé em Deus e à fé na própria capacidade de vencer, conquista a simpatia dos amigos espirituais. Jesus demonstrou essa realidade quando os seus discípulos, não podendo curar um jovem perturbado, perguntaram-lhe:

> "Por que não pudemos nós expulsá-lo?" E Jesus lhes disse: "Por causa da vossa pouca fé. Porque, em verdade, vos digo que, se tiverdes fé como um grão de mostarda, direis a este monte: 'Passa daqui para acolá' — e há de passar; e nada vos será impossível. Mas esta casta de demônio não se expulsa senão pela oração e pelo jejum".[89]

Obviamente, o termo jejum, altamente impregnado de simbologia, não representa a privação de alimentação, mas, sim, a privação das imperfeições que enodoam a alma. Monte, por sua vez, simboliza as dificuldades a se transporem.

A vontade, faculdade essencial do ser humano, é força motriz da alma que se revela pelos pensamentos, palavras, gestos, ações. São mecanismos que atuam desde os momentos iniciais da existência infantil ao mais avançado aprendizado da vida adulta. Portanto, sua presença se manifesta nos atos corriqueiros como: querer ou não querer, falar ou silenciar, ouvir, observar, comer, sorrir, chorar, ir e vir, vender, comprar, ler e um elenco ininterrupto de faculdades e automatismos que se entretecem aos atos mais complexos como pensar, refletir, raciocinar, entender, logicar, resolver, progredir, amar, obedecer, estudar, criar, concluir, prejudicar, mentir, acusar, julgar, vingar, caluniar e assim indefinidamente.

Como já foi abordado no capitulo anterior e não é demais repetir, a vontade pode atuar de forma favorável ou desfavorável ao próprio indivíduo, a um ideal, aos semelhantes, à natureza. Intimamente ligada ao livre-arbítrio, pode ser direcionada para o bem ou para o mal, com a finalidade de construir ou de destruir, conforme explica Allan Kardec:

---

[89] MATEUS, 17:19 a 21.

> A vontade é ainda onipotente para dar aos fluidos as qualidades especiais apropriadas à natureza do mal. Este ponto, que é capital, liga-se a um princípio ainda pouco conhecido [...]: o das criações fluídicas e das modificações que o pensamento pode produzir na matéria. O pensamento, que provoca uma emissão fluídica, pode operar certas transformações, moleculares e atômicas, como se veem ser produzidas sob a influência da eletricidade, da luz, ou do calor.[90]

Da pena de Léon Denis se destaca o excerto:

> Sim, tudo pode a vontade exercida no sentido do bem e de acordo com as leis naturais. Muito também pode para o mal. Nossos maus pensamentos, nossos desejos impuros, nossos atos culpáveis corrompem por neles se refletirem os fluidos que nos rodeiam, e o contato destes produz mal-estar e impressões desagradáveis nas pessoas que de nós se aproximam, pois todo organismo sofre a influência dos fluidos ambientes. Do mesmo modo, sentimentos de ordem elevada, pensamentos de amor, exortações calorosas vão penetrar os seres que nos cercam, sustentá-los e vivificá-los. Assim se explica o império exercido sobre as multidões pelos grandes missionários e pelas almas eminentes. Embora os maus também assim possam exercer a sua influência funesta, podemos sempre conjurar esta última por volições em sentido inverso e através de resistência enérgica da nossa vontade.[91]

O pensamento é vida, energia, força, ação, atração, e a vontade lhe dá poderes infinitos, como agir, modelar, criar, recordar, reviver, distorcer, corrigir, transformar, aumentar, diminuir, apagar as imagens agradáveis ou desagradáveis que emanam, sejam elas reais ou fictícias.

A vontade livre, solta e sem freios pelos trilhos da insensatez destrói as probabilidades de sucesso, quando não engendra consequências desastrosas. O seu poder pode ser comparado ao da água e do fogo: quando bem direcionado e sob controle, é o maior indutor do progresso, porém, sem direção, sem controle, sem limites, causa tragédias e destruições.

São de Yvonne A. Pereira as considerações:

---

[90] KARDEC, Allan. *Revista Espírita*, setembro de 1865.
[91] DENIS, Léon. *Depois da morte*. Quarta parte, cap. XXXII.

Como ninguém mais ignora, o perispírito é um corpo semimaterial, sutil, impressionável, sensível, registrando em suas potencialidades vertiginosas até as ondulações dos mais suaves pensamentos. Agindo sobre esse envoltório tão delicado quão sublime, a mente e a vontade individuais farão dele o que desejarem, visto que a mente — ou o pensamento, a vontade, a energia psíquica, a essência do ser — cria, produz, edifica, realiza, conserva, aplica, modifica, servindo-se das poderosas forças que lhe são naturais.[92]

O pensamento e a vontade, elos de atração entre encarnados e desencarnados, são as chaves que lhes abrem as portas das boas ou das más realizações. Facultam o intercâmbio com bons Espíritos, que, atraídos pelas emanações sublimes, se aproximam, sugerem ideias, aconselham, inspiram e auxiliam de forma tão delicada e sutil que o médium sequer percebe que certas ideias não são frutos de sua mente, e sim sugestões de amigos espirituais. Os maus, da mesma forma, ao passar, deixam as suas marcas de desarmonia de acordo com a receptividade e emanações mentais do médium. Eis como o Espírito André Luiz expõe o assunto:

> Pelas ondas do pensamento a se enovelarem umas sobre as outras, segundo a combinação de frequência e trajeto, natureza e objetivo, encontram-se as mentes, semelhantes entre si, formando núcleos de progresso em que homens nobres assimilaram as correntes mentais dos Espíritos superiores para gerar trabalho edificante e educativo ou originando processos vários de simbiose em que almas estacionárias se enquistaram mutuamente desafiando, debalde, os imperativos da evolução e estabelecendo obsessões lamentáveis a se elastecerem, sempre novas, nas teias do crime, ou na etiologia complexa das enfermidades mentais.[93]

A vontade, nas asas do livre-arbítrio, é ferramenta de conquista e progresso material. Entretanto, é preciso saber dosá-la. Nem tudo é possível num dado momento ou numa só existência. As conquistas materiais vinculam-se à programação reencarnatória dentro dos parâmetros da lei de causa e efeito. Cuidadosamente elaborada, a programação espiritual se norteia de acordo com capacidade, aptidão, merecimento, perseverança, débitos e créditos do Espírito. Tudo que dificulta ou inviabiliza o sucesso desejado não será por mero acaso,

---

[92] PEREIRA, Yvonne A. *Devassando o invisível*. Cap. V.
[93] XAVIER, Francisco C.; VIEIRA, Waldo. *Evolução em dois mundos*. Primeira parte, cap. 17.

deve ter uma explicação, pois o livre-arbítrio se limita onde começa o determinismo divino. Certamente, para benefício do indivíduo. Ante as dificuldades de se realizarem determinados sonhos nesta existência, três alternativas se apresentam: não faz parte da programação espiritual, por ele próprio elaborada, antes da encarnação; faz parte das provas ou expiações escolhidas; não se empenha suficientemente para alcançá-los.

A felicidade não depende da satisfação de todas as vontades. O sucesso da programação reencarnatória depende da maneira como se conduz moralmente, do cultivo habitual da humildade ante os empecilhos que se apresentam. As chamas que sustentam o orgulho, a vaidade e o egoísmo podem promover a satisfação material, no entanto, não preenchem as necessidades do Espírito. Frágeis e efêmeras, se extinguem ante o portal da vida eterna. Cabe a cada um acumular "tesouros" da alma, antídoto infalível para dores futuras. Por isso, Paulo, o Apóstolo dos Gentios, afirmou: "Todas as coisas me são lícitas, mas nem todas as coisas me convêm: todas as coisas me são lícitas, mas nem todas as coisas edificam".[94]

Há milênios a humanidade caminha na contramão das correntes evolutivas da moral. Longo trajeto percorrido; incontáveis acertos e desacertos. Ainda hoje, colhe e continuará, por longo tempo, colhendo as aflições que semeou e persiste em semear pelo planeta. É da lei, portanto, que a dor interfira nos desatinos perpetrados pelos seres humanos a fim de reconduzi-los à trilha do equilíbrio e ao uso responsável da vontade e do livre-arbítrio.

O pensamento e a vontade, direcionados para a luz, tudo podem! Resolução elevada, o homem captará inspiração construtiva proveniente das esferas sublimes do amor. Entretanto, se teimar em permanecer à margem do caminho, se lhe abrirão as portas de acesso às regiões sombrias que alimentarão as raízes que lhe sustentam as obsessões.

---

[94] I Coríntios, 10:23.

7

Entre o bem e o mal

O gênero de vida de cada um, no invólucro carnal, determina a densidade do organismo perispirítico após a perda do corpo denso. Ora, o cérebro é o instrumento que traduz a mente, manancial de nossos pensamentos. Através dele, pois, unimo-nos à luz ou à treva, ao bem ou ao mal.[95]

O bem é o conjunto de princípios e atitudes físicas, morais, espirituais que contribuem para equilíbrio, aperfeiçoamento, dignidade, bem-estar, segurança e felicidade do indivíduo sem qualquer rastro de prejuízo para os seus semelhantes. A medida certa se encontra nos princípios estabelecidos no Evangelho de Jesus.

Os Espíritos do Senhor, pela pena de Kardec, assim definem bem e mal:

> O bem é tudo o que é conforme a Lei de Deus; o mal tudo o que lhe é contrário. Assim, fazer o bem é proceder de acordo com a Lei de Deus. Fazer o mal é infringi-la. A regra do bem e do mal, que se poderia chamar de reciprocidade ou de solidariedade, é inaplicável ao proceder pessoal do homem para consigo mesmo. Achará ele, na lei natural, a regra desse proceder e um guia seguro? Quando comeis em excesso, verificais que isso vos faz mal. Pois bem, é Deus que vos dá a medida daquilo de que necessitais. Quando excedeis dessa medida, sois punidos. Em tudo é assim. A lei natural traça para o homem o limite de suas necessidades. Se

---

[95] XAVIER, Francisco C. *No mundo maior*. Cap. 3.

ele ultrapassa esse limite, é punido pelo sofrimento. Se atendesse sempre a voz que lhe diz — Basta!, evitaria a maior parte dos males, cuja culpa lança à natureza. Tem meios, o homem, de distinguir por si mesmo o que é bem do que é mal? Sim, quando crê em Deus e o quer saber. Deus lhe deu a inteligência para distinguir um do outro.[96]

O Espírito André Luiz esclarece:

> O bem será, desse modo, a nossa decidida cooperação com a Lei a favor de todos, ainda mesmo que isso nos custe a renunciação mais completa visto não ignorarmos que, auxiliando a Lei do Senhor e agindo de conformidade com ela, seremos por ela ajudados e sustentados no campo dos valores imperecíveis. E o mal será sempre representado por aquela triste vocação do bem unicamente para nós mesmos, a expressar-se no egoísmo e na vaidade, na insensatez e no orgulho que nos assinalam a permanência nas linhas inferiores do espírito.[97]

Consiste o mal no conjunto de efeitos físicos, morais e espirituais de origem inferior que provocam aflição, desarmonia, sofrimento e dor ao homem e à natureza. São vicissitudes cuja origem pode estar na própria vontade do ser ou não. Ao infringir as Leis divinas, a criatura carreia as próprias aflições. O mal se opõe ao bem, à saúde, às regras, à disciplina, à justiça, à responsabilidade, aos direitos, aos deveres. O mal caminha como rastilho nos corações insensíveis aos sentimentos, aos valores morais, à dignidade, ao respeito.

Há males que não se explicam nesta vida. Entretanto, se o efeito atinge a criatura, certamente, houve uma causa anterior. Se essa causa não se situa na vida presente, certamente se encontra em vida passada. Há males que independem da vontade, como os flagelos naturais, a perda de entes queridos, acidentes inevitáveis, perdas econômicas, doenças e imperfeições congênitas ou adquiridas involuntariamente e outros tantos males inexplicáveis. Eis a lei de causa e efeito cumprindo o seu papel.

Entre os males diversos, estão as moléstias. Há aquelas que se incluem no mapa reencarnatório, geralmente por escolha do próprio Espírito, com a finalidade

---

[96] KARDEC, Allan. *O livro dos espíritos*. Q. 630, 633 e 631.
[97] XAVIER, Francisco C. *Ação e reação*. Cap. 7.

de ressarcir débitos, reeducar-se e fortalecer-se para empreender novas jornadas. Outras são compulsórias com finalidades semelhantes. Portanto, atuarão como cadinho purificador da alma. Todavia, muitas outras ocorrem em consequência de imprudência, ou por falta de higiene. Nesse caso, também apresentam características educativas; têm, pois, a finalidade de despertar a atenção de pessoas, instituições e autoridades com a finalidade de erradicar a moléstia combatendo-lhe as causas. Entre elas, sobressaem as doenças infecciosas, a dengue, a gripe, além de outras tantas epidemias que de tempos em tempos assolam as populações. Assim, justifica-se o dito popular: "Há males que vêm para o bem". Nesse caso, as moléstias representam um bem que induzirá ao crescimento moral do indivíduo.

Inumeráveis catástrofes eclodem em virtude da irresponsabilidade própria ou de interesses alheios. Ressaltam: as agressões à natureza, os acidentes de ordem variada, individuais ou coletivos; os crimes de pequena monta e os de consequências graves; as lesões físicas e psicológicas; os homicídios, suicídios, enfim, seria impossível a todos enumerar. Em tais circunstâncias, ninguém ficará impune. A lei de causa e efeito estará sempre à espreita do infrator.

É importante observar que os flagelos naturais, em grande parte, ocorrem em virtude das inconsequências humanas. Embora ocasionem tragédias e aflições, são mecanismos atuantes da lei de causa e efeito e, ao mesmo tempo, indutores do progresso do globo e dos seres. São monitorados pela lei de destruição que atua em virtude da inferioridade que predomina no planeta.

Eis como os Espíritos explicam a existência e aplicação dessa lei:

> Com que fim fere Deus a humanidade por meio de flagelos destruidores?

> Para fazê-la progredir mais depressa. Já não dissemos ser a destruição uma necessidade para a regeneração moral dos Espíritos, que, em cada nova existência, sobem um degrau na escala do aperfeiçoamento? Preciso é que se veja o objetivo, para que os resultados possam ser apreciados. Somente do vosso ponto de vista pessoal os apreciais; daí vem que os qualificais de flagelos por efeito do prejuízo que vos causam. Essas subversões, porém, são frequentemente necessárias para que mais pronto se dê o advento de uma melhor ordem de coisas e para que se realize em alguns anos o que teria exigido muitos séculos.

> Para conseguir a melhora da humanidade, não podia Deus empregar outros meios que não os flagelos destruidores?

Pode e os emprega todos os dias, pois que deu a cada um os meios de progredir pelo conhecimento do bem e do mal. O homem, porém, não se aproveita desses meios. Necessário, portanto, se torna que seja castigado no seu orgulho e que se lhe faça sentir a sua fraqueza.[98]

Os flagelos naturais, a perda de entes queridos e outros tantos males que atingem a humanidade terrena atuam como provas necessárias em virtude da própria inferioridade moral que atrai os Espíritos a reencarnações em mundos de provas e expiações, e a Terra é um deles. Muitos hão de convir que existem circunstâncias nas quais somente os flagelos têm poder de despertar nos indivíduos os sentimentos de responsabilidade, de solidariedade, de fraternidade, de humildade e, principalmente, de caridade. Em meio aos flagelos naturais, tais como secas, incêndios, enchentes, terremotos, furacões, tsunamis, desabamentos e outros, a solidariedade se amplia, e a população se movimenta e se une para o auxílio e a reconstrução. Tal é a constatação de Kardec:

> Caridade e humildade, tal a senda única da salvação. Egoísmo e orgulho, tal a da perdição. [...] tudo o que se faça contra o próximo, o mesmo é que fazê-lo contra Deus. Não podendo amar a Deus sem praticar a caridade para com o próximo, todos os deveres do homem se resumem nesta máxima: fora da caridade não há salvação.[99]

O mal não é e não poderia jamais ser produto da Criação divina. Aqueles que acreditam que o mal provém de Deus ainda não compreenderam a magnitude do Criador. Para eles, a Divindade se lhes apresenta com todas as características e imperfeições do homem. Embora Jesus tenha revelado Deus em toda a sua mansuetude e amor, o homem ainda teima em ver no Pai o Ser que castiga, mantendo implícita a ideia de vingança. No entanto, o mal resulta da ignorância, da rebeldia, da teimosia e desobediência às Leis divinas.

O Espírito Paulo Apóstolo apresenta de forma brilhante a distinção entre bem e mal:

> Oh! em verdade, vos digo, cessai, cessai de pôr em paralelo, na sua eternidade, o Bem, essência do Criador, com o Mal, essência da criatura. Fora

---

[98] KARDEC, Allan. *O livro dos espíritos*. Q. 737 e 738.
[99] Id. *O evangelho segundo o espiritismo*. Cap. XV, it. 5.

criar uma penalidade injustificável. Afirmai, ao contrário, o abrandamento gradual dos castigos e das penas pelas transgressões e consagrareis a unidade divina, tendo unidos o sentimento e a razão.

Anteriormente, Kardec já havia questionado os Espíritos superiores que solicitamente esclareceram: "Pode o homem compreender a natureza íntima de Deus? Não, falta-lhe para isso o sentido".

E ainda:

> Quando dizemos que Deus é eterno, infinito, imutável, imaterial, único, onipotente, soberanamente justo e bom, temos ideia completa de seus atributos?
>
> Do vosso ponto de vista, sim, porque credes abranger tudo. Sabei, porém, que há coisas que estão acima da inteligência do homem mais inteligente, as quais a vossa linguagem, restrita às vossas ideias e sensações, não tem meios de exprimir. A razão, com efeito, vos diz que Deus deve possuir em grau supremo essas perfeições, porquanto, se uma lhe faltasse, ou não fosse infinita, já ele não seria superior a tudo, não seria, por conseguinte, Deus. Para estar acima de todas as coisas, Deus tem que se achar isento de qualquer vicissitude e de qualquer das imperfeições que a imaginação possa conceber.[100]

A origem do mal está na própria inferioridade do homem, que, em grande maioria, ainda carreia resquícios de um período primitivo, não muito distante. Criado para evoluir, armazena pouca experiência de vida social e planetária, e isso o faz comprazer-se nos seus instintos. No anseio de satisfazer a vontade egoística, não se importa com a vontade e necessidades alheias. Assim, age qual criança que, em meio a brinquedos e doces, se extasia e a eles se apega com medo de perdê-los. Quando ameaçada, agride. As criaturas que conservam tal estado de espírito e renegam as Leis divinas prolongam e dificultam a jornada a que se destinam. Quando necessário, a dor, mestra infalível, interferirá a fim de interromper os abusos e, em clima de emergência, ministrará ao ser insensível lições de fraternidade. Somente após ter experimentado dor semelhante, a criatura, antes insensível, sentir-se-á tangida com as aflições alheias. É a Sabedoria divina atuando para despertar o amor!

---

[100] KARDEC, Allan. *O livro dos espíritos*. Q. 1009, 10 e 13.

Em consequência dos abusos, do desrespeito às Leis divinas e consequentes maldades vigentes entre as criaturas, o próprio homem se viu na contingência de criar códigos e leis para conter os abusos e a criminalidade. Moisés estabeleceu leis severas para moldar o comportamento exacerbado de seu povo. Desde a antiguidade, se registra a aplicação de leis punitivas, embora muitas vezes injustas. Na atualidade, as punições variam de acordo com os países em que são aplicadas. Amenizadas em uns, desumanas em outros, as leis civis estabelecem de fianças a prisões por tempo determinado, prisão perpétua até a pena de morte. Naturalmente, os critérios de julgamento são, em determinadas circunstâncias, falhos como falhas são as atitudes humanas. Ao longo do carreiro evolutivo, as leis civis e penais foram adaptadas à época. A pena de morte, antes regra, tornou-se, hoje, exceção. A constituição de inúmeros países já não ostenta esse tipo de penalidade, que foi substituída pela prisão perpétua, em conformidade com as Leis divinas que determinam o *não matarás*. A humanização das leis civis, a inutilidade do código penal só se efetivarão com a transformação moral dos habitantes do orbe. Entretanto, caberá a eles decidir: ou se elevam nas asas da sabedoria e da moral, ou permanecem reféns das leis humanas. Enquanto isso, os códigos penais aí estarão a refletir a própria inferioridade dos habitantes do planeta.

O ser humano, com os olhos voltados ao passado e inseguro quanto ao futuro, acomoda-se no conforto da materialidade. Frágil na fé, sente-se senhor da matéria. Evita direcionar sua vontade para os picos da espiritualização. É questão de tempo! Não acata ordens superiores, não aceita sugestões, veste-se de autoridade e, ante as consequências, não admite a irresponsabilidade. Eis o mal! Enquanto não se admitem os próprios erros, não se corrigem os passos, não se aparam as ervas daninhas que encobrem a estrada reta. Assim, difícil se torna distingui-la entre atalhos. Até então, irá errando de encarnação a encarnação, acumulando seixos que tornarão o seu carreiro ainda mais árduo. Andarilho terreno, somente a dor, o cansaço, o remorso e o arrependimento terão força para induzi-lo à aceitação das Leis divinas. Alcançado esse estágio, dedicar-se-á, com vontade férrea, a se libertar das aflições que lhe darão combustível para se corrigir. Retificado o roteiro, encontrará a estrada reta, onde não lhe faltará meios nem auxílio para alcançar o objetivo a que se propõe: retomar a marcha evolutiva. Por mais que demore a fim de se conscientizar dessa verdade, um dia haverá de alcançá-la. E a dor, mestra eficiente, após cumprir o seu papel, emancipá-lo-á perante as Leis divinas.

Eis o que os Espíritos do Senhor falam a respeito:

> De duas espécies são as vicissitudes da vida, ou, se o preferirem, promanam de duas fontes bem diferentes, que importa distinguir. Umas têm sua causa

na vida presente; outras, fora desta vida [...] O homem as evitará quando trabalhar por se melhorar moralmente, tanto quanto intelectualmente.[101]

Há uma questão que instiga a mente humana: Deus não poderia ter criado os seres todos perfeitos?

Não cabe ao homem questionar. Todavia, é importante recordar que Deus é misericórdia, é sabedoria, é amor. Ele deseja que Suas criaturas cresçam com o mérito do próprio esforço: "Se Deus os houvesse criado perfeitos, nenhum mérito teriam para gozar dos benefícios dessa perfeição. Onde estaria o merecimento sem a luta? [...]".[102]

Deus proporcionou às Suas criaturas todas as ferramentas necessárias para o seu desenvolvimento. Dotou a natureza de todos os elementos necessários à sua sobrevivência e progresso. Situou-as em sociedade para que uns e outros aprendessem, no inter-relacionamento pessoal, a desenvolver os sentimentos de fraternidade, solidariedade, piedade, compaixão, caridade e tantas outras virtudes que conduzem ao amor. Quando mal utilizadas, as ferramentas divinas produzem malefícios, tanto para si quanto para os semelhantes, desarmonizando os seres e o ambiente em que vivem. Da mesma forma que a criança desobediente, incapaz de manejar uma tesoura, espera a mãe virar as costas para pegá-la e, de posse do objeto cortante, fere a mão. De quem é a culpa? Da tesoura, da mãe ou da criança? Assim são os indivíduos renitentes: sentem-se imbuídos de poder, da verdade e tudo fazem por conta própria, crentes de que ninguém está vendo. Ledo engano! Os Espíritos inferiores são testemunhas pertinazes das fraquezas humanas. Facilmente se aproveitam da invisibilidade para lhes tirar proveito.

> Deus, porém, quer que todas as suas criaturas progridam e, portanto, não deixa impune qualquer desvio do caminho reto. Não há falta alguma, por mais leve que seja, nenhuma infração da sua lei que não acarrete forçosas e inevitáveis consequências, mais ou menos deploráveis. Daí se segue que, nas pequenas coisas, como nas grandes, o homem é sempre punido por aquilo em que pecou. Os sofrimentos que decorrem do pecado são-lhe uma advertência de que procedeu mal. Dão-lhe experiência, fazem-lhe sentir a diferença existente entre o bem e o mal e a necessidade de se melhorar para,

---

[101] KARDEC, Allan. *O evangelho segundo o espiritismo*. Cap. V, it. 4.
[102] Id. *O livro dos espíritos*. Q. 119.

de futuro, evitar o que lhe originou uma fonte de amarguras; sem o quê, motivo não haveria para que se emendasse. Confiante na impunidade retardaria seu avanço e, consequentemente, a sua felicidade futura.[103]

Nos primitivos tempos da existência humana sobre a Terra, poucos eram os instrumentos de uso doméstico. Com o desenvolvimento humano, ao longo das eras, alguns instrumentos evoluíram, ganharam novas formas e utilidades, outros foram substituídos. No entanto, houve um, entre os mais antigos, que atravessou o véu dos tempos e se tornou cada vez mais importante por suas múltiplas utilidades: a lâmina. No início, era de pedra, madeira, depois evoluiu para o metal. Em suas diferentes versões, longa, curta, larga, curva, pontiaguda, sempre esteve presente na vida do ser humano. Com ela se abrem caminhos ásperos, tornam suaves as tarefas domésticas, proporcionam a colheita farta. Devido às suas mil e uma utilidades, desenvolveram-se diferentes atividades artesanais. Em novas formas e aplicações, tomou parte nos processos industriais e tecnológicos. Na forma de bisturi, salva vidas e as prolonga em salas de cirurgia. Instrumento benéfico, corretamente utilizado, é responsável pelos impulsos evolutivos da humanidade. Instrumento genial em mãos benditas. O que seria da humanidade sem ele!

Que pena! Com essa maravilha em mãos, o homem não se conteve! Transformou-a em arma de destruição. Em mãos humanas, brilha nas sombras da violência. Ante o perigo, ergue-se no direito à defesa. Instrumento mortal em mãos criminosas. Omissão voluntária ao Amor divino! Ninguém há que desconheça: *Não matarás*! Que pena! Que uso malsão a humanidade tem feito desse fantástico instrumento de sobrevivência!

O fogo, elemento de infinitas utilidades, é um bem sem o qual o homem não sobreviveria nos árduos continentes do planeta. No entanto, utilizado sem critério, sem controle, sem moral, impõe a destruição, o caos.

Ah! água! O que seria da humanidade sem ela? Sem essa essência preciosa, não haveria vida neste orbe. De inestimável utilidade, está presente no corpo humano em mais de 70%. Imprescindível à vida do homem e do planeta! Sua precariedade acarreta moléstias variadas que podem levar o ser ao deperecimento e à morte. Não haveria alimentação, saúde, higiene, construção... Vida! No entanto, o excesso, o uso indiscriminado, o descontrole, a contaminação têm causado prejuízos e desolação. Sem lei, não há disciplina. Sem disciplina, impera o caos. Sem água potável...

---

[103] KARDEC, Allan. *O evangelho segundo o espiritismo*. Cap. V, it. 5.

Os elementos que existem nos escaninhos do planeta, dádivas divinas, guardam ainda inimagináveis segredos que cabe ao homem desvendar, todavia mais importante do que as descobertas é a sua aplicação, o uso que farão dessas riquezas incomensuráveis.

Ninguém ignora a força e as propriedades das energias atômicas. Seu manancial de utilidades é indispensável ao futuro da humanidade. Seu emprego na produção de energia poderá suprir a sua falta no mundo. Entretanto, enquanto o homem teimar em desobedecer às regras estabelecidas pelas divinas Leis, essa energia será mal utilizada em bombas atômicas e armas letais de efeito destruidor.

Enquanto nos bastidores de toda essa dinâmica progressiva ou destrutiva a vontade do homem e seu livre-arbítrio predominam, o sublime Governador do planeta aguarda que suas ovelhas retornem uma a uma ao aprisco.

A vontade desregrada é a principal causadora dos despautérios e das tragédias em que a Terra se debate.

As tragédias individuais ou coletivas, provocadas pelo próprio homem, geralmente apresentam algoz e vítima. Incapaz de acatar a Misericórdia divina que ensina a perdoar, a vítima, dominada pela revolta, ante a agressão, entrega-se ao ódio destruidor. Desse estado emocional para o desejo de vingança não há distância. É suficiente querer! Daí para a obsessão é apenas questão de sintonia. E esta não é difícil, pois o causador da tragédia, voluntária ou não, passará a cultivar o sentimento de culpa, cujas energias mentais sincronizarão com as da vítima. O seu campo mental se torna disponível e a vítima, enfurecida, transforma-se em algoz do seu agressor. Tal é a fórmula da grande maioria das obsessões.

Embora se acredite que a inferioridade humana não desaparecerá da face da Terra, um dia ela terá seu fim. É da lei que tudo evolua. A Terra e seus habitantes evoluirão. O Espírito é Criação divina, destinado à angelitude, mais cedo ou mais tarde se desprenderá das cadeias inferiores e alçará voos mais elevados na direção do porvir. São os Espíritos da Codificação que esclarecem:

> Todos os Espíritos passam pela fieira do mal para chegar ao bem?
>
> Pela fieira do mal, não; pela fieira da ignorância.
>
> Por que é que alguns Espíritos seguiram o caminho do bem e outros, o do mal? Não têm eles o livre-arbítrio?
>
> Deus não os criou maus; criou-os simples e ignorantes, isto é, tendo tanta aptidão para o bem quanto para o mal. Os que são maus, assim se tornaram por vontade própria.

> Os Espíritos que enveredaram pela senda do mal poderão chegar ao mesmo grau de superioridade que os outros?
>
> Sim, mas as eternidades lhes serão mais longas.[104]

Num outro momento, os Espíritos esclarecem:

> Se o homem se conformasse rigorosamente com as Leis divinas, não há duvidar de que se pouparia aos mais agudos males e viveria ditoso na Terra. Se assim procede, é por virtude de seu livre-arbítrio: sofre, então, as consequências do seu proceder. Pode dizer-se que o mal é a ausência do bem, como o frio é a ausência do calor. Assim como o frio não é um fluido especial, também o mal não é atributo distinto; um é o negativo do outro. Onde não existe o bem, forçosamente existe o mal. Não praticar o mal já é um princípio do bem. Deus somente quer o bem; só do homem, procede o mal. Se na Criação houvesse um ser preposto ao mal, ninguém o poderia evitar; mas tendo o homem a causa do mal em si mesmo, tendo simultaneamente o livre-arbítrio e por guia as Leis divinas, evitá-lo-á sempre que o queira.[105]

Para o homem, Deus proporciona sempre oportunidade de recomeçar uma nova vida e as experiências amargas servirão de lições que traçarão o roteiro das boas resoluções. Uma vez revertido o direcionamento de seus pensamentos para o bem comum, deixará para trás o estado provisório de justiceiro. Ninguém vive feliz projetando destruição... Pois, ao destruir a seara alheia, automaticamente, estará pondo fim às próprias fontes de vida em que se compraz. Consta na lei: tudo o que se elimina no presente — vidas, saúde, bens, natureza — com certeza será cobrado no futuro; tudo que se destrói sobre a Terra terá, um dia, que ser reconstruído pelo causador.

O Espírito, tendo a vontade lapidada no cadinho da dor, será recuperado no comboio das reencarnações e adquirirá brilho e sabedoria para ascender a planos maiores. Para isso, é preciso disciplina. Uma vez integrado à marcha evolutiva, o indivíduo não dará um só passo a mais sem estender as mãos aos enfraquecidos da retaguarda. Lei do amor a imperar nos corações.

---

[104] KARDEC, Allan. *O livro dos espíritos*. Q. 120, 121, 125.
[105] Id. *A gênese*. Cap. III, it. 6 e 8.

A vida se compõe de desafios constantes. A cada etapa vencida, uma nova se apresenta. Se cada desafio for estimulado por força de vontade, fé, oração, vigilância e perdão incondicional, não há que temer o fracasso.

> Deus deixa que o homem escolha o caminho. Tanto pior para ele se toma o caminho mau: mais longa será sua peregrinação. Se não existissem montanhas, não compreenderia o homem que se pode subir e descer; se não existissem rochas, não compreenderia que há corpos duros. É preciso que o Espírito ganhe experiência; é preciso, portanto, que conheça o bem e o mal. Eis por que se une ao corpo.[106]

O mal é a geratriz de toda obsessão, da mesma forma que o bem é a fonte cristalina da solidariedade. O mal será banido da Terra quando grande parte da humanidade fizer uso correto dos benefícios que Deus lhe pôs nas mãos, em obediência às suas leis. Dedicada ao bem e ao progresso, habituar-se-á ao cultivo dos pensamentos elevados, ao exercício do bem e não mais atrairá entidades do mal. Aqueles que, por sua vez, não se aproveitarem das oportunidades que lhes chegam para se transformarem, serão degredados para planetas primitivos.

Um planeta, prestes a finalizar o estágio evolutivo em que se encontra, entra num período de transição a fim de alçar à próxima etapa. Esta é a situação atual da Terra, que, de provas e expiações, se prepara para o estágio de regeneração. O período atual se caracteriza por conflitos, guerras, discórdias, desentendimentos, desordens, hesitação, perplexidade, indisciplina, violência, insegurança, tal qual ocorre durante a reforma de uma residência, quando parte de seus habitantes são contrários à melhoria. Os Espíritos ateus, autoritários, dominadores, orgulhosos, rebeldes, recalcitrantes, violentos, contrariados com a evolução moral do orbe, sentem-se atingidos em seus interesses escusos e passam a prejudicar e entravar o progresso do planeta.

Jesus, consciente das etapas evolutivas que a humanidade deverá vencer, já previu as aflições inerentes aos períodos de transição, por isso lança contundente advertência no Sermão Profético, do qual ressalta o excerto que segue:

> E ouvireis de guerras e de rumores de guerras. Olhai, não vos assusteis, porque é mister que isso tudo aconteça, mas ainda não é o fim. Porquanto,

---

[106] KARDEC, Allan. *O livro dos espíritos*. Q 634.

> se levantará nação contra nação e reino contra reino e haverá fomes e pestes e terremotos em vários lugares. Mas todas estas coisas são o princípio de dores. Então vos hão de entregar para serdes atormentados e matar-vos-ão; e sereis odiados de todas as gentes por causa de meu nome. Nesse tempo muitos serão escandalizados e trair-se-ão uns aos outros e uns a outros se aborrecerão. E surgirão muitos falsos profetas e enganarão a muitos. E, por se multiplicar a iniquidade, o amor de muitos esfriará. Mas aquele que perseverar até o fim será salvo. E este Evangelho do reino será pregado em todo o mundo, em testemunho a todas as gentes e então virá o fim.[107]

Certamente, o Mestre, ao afirmar *e então virá o fim*, faz referência ao *fim das dores*, próprias de um planeta em provas e expiações a caminho de um período produtivo e regenerador que se efetivará com *a pregação do Evangelho em todo o mundo*. Por isso alerta: *O que perseverar até o fim será salvo*. Ou seja: aquele que *perseverou*, que acatou as Leis divinas permanecerá no planeta e usufruirá das benesses que ajudou a construir.

Ninguém interfere nos planos da Providência divina. Entretanto, a misericórdia do Pai é imensa e proporciona aos filhos transviados tempo e oportunidade suficientes para acertar o passo com a lei. Os Espíritos que não se conciliarem com os desígnios divinos serão degredados para planetas primitivos. Uma vez ali, estarão sujeitos aos cataclismos, intempéries, próprios de um mundo primitivo acrescido da inferioridade de seus habitantes. Em meio a desconforto, não haverá outro caminho senão colaborar. Seus conhecimentos intelectuais agirão em benefício próprio bem como dos Espíritos nativos que cumprem suas primeiras reencarnações racionais. Um ser inteligente, embora tenha a lembrança nublada pela reencarnação, distingue-se entre os que ainda não adquiriram certo grau de conhecimento. Assim, o Espírito primitivo ante uma árvore entenderá simplesmente que ela serve para produzir flores, frutos, sementes, reproduzir, fazer sombra. Para o Espírito inteligente, a árvore representa muito mais que isso. Ele vê em seus galhos, troncos, frutos, sementes inúmeras utilidades e se põe a criar barcos, armadilhas de caça, varas de pesca, casas, móveis, utensílios, medicamentos e uma série imensa de utilidades que se encontram submersa em sua memória pregressa. As conquistas materiais emergirão dos arquivos da alma à medida que a necessidade se imponha.

---

[107] Mateus, 24:6 a 14.

Ali, sem os recursos e o progresso vivenciado no planeta de origem, em meio à ambiência estranha, o Espírito degredado defenderá a própria sobrevivência com o suor do rosto. Trará no íntimo uma saudade incurável, uma inexplicável intuição de entes muito queridos e de um mundo feliz num tempo incapaz de situar. Em ambiente hostil, com o livre-arbítrio limitado e sob determinismo severo, aprenderá, em meio a sofrimento e dificuldades, a solidariedade, o reconhecimento do mais forte, o respeito a Deus e às Leis divinas. É a lei de causa e efeito atuando na reeducação do Espírito.

Não faltam advertências de Jesus aos Espíritos rebeldes. São tantas! Eis mais uma:

> Toda árvore que não dá bom fruto corta-se e lança-se no fogo. Portanto, pelos seus frutos os conhecereis. Nem todo o que me diz Senhor, Senhor! entrará no reino dos céus, mas aquele que faz a vontade de meu Pai, que está nos Céus. [...] E então lhes direi abertamente: nunca vos conheci; apartai-vos de mim, vós que praticais a iniquidade.[108]

A linguagem de Jesus é rica em símbolos e metáforas. As parábolas guardam profundas lições! Estas se revelam à medida que os indivíduos se aprimoram. Em virtude dessa simbologia, o termo *árvore*, citado na lição acima, pode simbolizar o homem; *fruto* representa o bem ou o mal que produziu. O *fogo* é um termo rico em significados e, nesse contexto, o seu emprego sugere dores, sofrimentos aflições, depuração. A expressão *Apartai-vos de mim* indica separação imperativa, obrigatória da proximidade com o Cristo. Portanto, o homem será afastado deste orbe cujo diretor é Jesus, para outro onde a dor será intensa a ponto de ser comparada ao fogo, em virtude da hostilidade e do desconforto próprios de um planeta primitivo. O Senhor complementa: *Nem todo o que me diz Senhor, Senhor! entrará no reino dos céus, mas aquele que faz a vontade de meu Pai, que está nos Céus.* Esclarece Jesus que não adiantará se expressar pelas palavras, pela aparência, e, sim, pelas atitudes, pela aceitação sincera das Leis divinas que expressam a vontade do Pai.

Outra passagem que apresenta advertência semelhante consta do final da parábola dos talentos: "Tirai-lhe, pois, o talento e dai-o ao que tem dez talentos. Porque a qualquer que tiver será dado e terá em abundância, mas, ao que não

---

[108] MATEUS, 7:19 a 21 e 23.

tiver, até o que tem ser-lhe-á tirado. Lançai, pois, o servo inútil nas trevas exteriores, ali haverá pranto e ranger de dentes".[109]

A metáfora *talento* sugere valor e não há valores que proporcionem a evolução do Espírito senão os valores moral e intelectual. A falta de um ou de outro tolherá o seu progresso. Portanto, os valores são lícitos quando adquiridos de acordo com as leis, estas expressas nos Dez Mandamentos. Portanto, quem já tem esse conhecimento receberá benefícios *em abundância*, e o que não procurou esse conhecimento, que nada fez para obtê-lo, pouco *tem*. E até o *que tem lhe será tirado* porque nada fez para conservar. Segue então a expressão: *Lançai, pois, o servo inútil nas trevas exteriores*. Essa expressão é alusão clara, condizente com uma região exterior, fora dos domínios do Senhor. Portanto, um orbe sob orientação de outro diretor planetário, cujos povos se encontram ainda em estado primitivo e onde os níveis moral e intelectual são muito inferiores. Portanto, sob o predomínio da ignorância, representada pelas *trevas*, em oposição à luz da sabedoria, onde permanecerá por longo tempo nas agruras da barbárie. Ali degredado, ciente do lar perdido, amargará sua inutilidade, daí o termo *servo inútil*, mergulhado na dor do arrependimento. Por isso Jesus se refere ao *pranto e ranger de dentes* numa expressão de sofrimento superlativo, pois carregará na alma a sensação de um mundo evoluído e feliz que ficou para trás. Eis a simbologia do *paraíso perdido* que remete ao degredo de outros povos vindos de outros planetas para curtir na Terra as consequências das desobediências ao Pai.

O Espírito Emmanuel, por meio da pena abençoada de Chico Xavier, oferece uma ideia resumida dos fatos que aconteceram naquele planeta distante, conforme excerto:

> Há muitos milênios, um dos orbes da Capela, que guarda muitas afinidades com o globo terrestre, atingira a culminância de um de seus extraordinários ciclos evolutivos. As lutas finais de um longo aperfeiçoamento estavam delineadas, como ora acontece convosco, relativamente às transições esperadas no século XX, neste crepúsculo de civilização. Alguns milhões de Espíritos rebeldes lá existiam, no caminho da evolução geral, dificultando a consolidação das penosas conquistas daqueles povos cheios de piedade e virtudes, mas uma ação de saneamento geral os alijaria

---

[109] MATEUS, 25:28 a 30.

daquela humanidade que fizera jus à concórdia perpétua, para a edificação dos seus elevados trabalhos. As grandes comunidades espirituais, diretoras do cosmos, deliberaram, então, localizar aquelas entidades que se tornaram pertinazes no crime, aqui na Terra longínqua, onde aprenderiam a realizar, na dor e nos trabalhos penosos do seu ambiente, as grandes conquistas do coração e impulsionando, simultaneamente, o progresso de seus irmãos inferiores. [...] Foi assim que Jesus recebeu, à luz do seu reino de amor e de justiça, aquela turba de seres sofredores e infelizes.[110]

Jesus, governador espiritual da Terra, acolheu aqueles Espíritos rebeldes sob a Sua tutela. No entanto, quando o orbe terreno vencer a fase de provas e expiações, não mais comportará os Espíritos malfazejos, oriundos ou não de outros orbes, pois eles seriam entraves ao progresso do globo. Será, então, realizado um intenso trabalho a fim de sanear o planeta preparando-o para um futuro de paz e prosperidade. Então, a humanidade terrena seguirá livremente sua escalada evolutiva. Apartados das ovelhas que estão sob a proteção de Jesus, os rebeldes recomeçarão em outro "aprisco" estranho e primitivo. É a oportunidade bendita que o Pai lhes concede de abandonar a posição de *servos inúteis,* quando então, em luta árdua, enfrentarão o reformatório moral que os reabilitará para o retorno ao caminho do progresso.

A simbologia usada pelo Mestre se tornou mais compreensível com o advento do Consolador Prometido, conforme afirmou: "Mas aquele Consolador, o Espírito Santo, a quem o Pai enviará em meu nome, vos ensinará todas as coisas e vos fará lembrar de tudo quanto vos tenho dito".[111]

A humanidade terrena jamais esteve desamparada. Em todas as eras, o Pai misericordioso enviou-lhes missionários para indicar-lhes os roteiros divinos. Todos os povos se mesclaram com Espíritos exilados que entre eles reencarnaram. Sua aptidão intelectual haveria de impulsionar os povos ignorantes do orbe aos primeiros degraus da evolução. E, um dia, haveriam de conquistar aptidão moral e merecimento para retornar ao convívio dos seus no planeta de origem. É a lei de causa e efeito agindo para o bem da humanidade.

Os registros mais difundidos pelos ocidentais foram deixados pelos hebreus, que amargaram longos períodos de adaptação e sofrimento. Escravizados,

---

[110] XAVIER, Francisco C. *A caminho da luz.* Cap. III.
[111] João, 14:26.

sob dor superlativa, sob trevas morais e intelectuais, eles encontraram em Moisés o seu guia. Missionário do Cristo, Moisés encarnou com a missão de libertar os hebreus da escravidão egípcia e reconduzi-los, pelos caminhos da fé, ao Deus único e verdadeiro. Dos planos maiores, recebeu os Dez Mandamentos, roteiro moral, fundamento divino com o qual administrou seu povo com rigor e severidade, a fim de recolocá-los no caminho da regeneração.

A alegoria de Adão e Eva, registrada nas páginas do livro Gênesis, guarda no cerne a advertência milenar de um paraíso perdido. Reflete a história planetária dos Espíritos rebeldes que foram degredados para este orbe terreno.

Essa alegoria, contada por Moisés, passou de geração a geração como sendo a origem da Criação. Não apenas isso! Contém realmente algumas pinceladas da causa do exílio de uma grande parcela de um povo. Mais que isso! O seu conteúdo é de advertência educativa, pois, nessa narrativa, Moisés deixa implícito que, se não se submeterem às leis, o exílio se repetirá quando a Terra estiver prestes a alcançar a fase de regeneração. Moisés agiu como um pai agiria com filhos rebeldes. É como se ele dissesse: "Ouçam, meus filhos, isso já aconteceu anteriormente, vocês já foram degredados; acatem as Leis divinas, obedeçam para não ter que passar novamente pela fieira da dor!".

Alerta semelhante deixou Jesus em inúmeras lições a seus tutelados. Algumas são contundentes ameaças que vale a pena rever:

> Mandará o Filho do Homem os seus anjos, e eles colherão do seu reino tudo o que causa escândalo, e os que cometem iniquidade. E lançá-los-ão na fornalha de fogo, ali haverá pranto e ranger de dentes. Então os justos resplandecerão como o Sol, no reino de seu Pai. Quem tem ouvidos para ouvir, ouça.[112]

Os tempos de uma faxina saneadora no planeta, a exemplo do orbe de Capela, estão próximos. A Terra será um planeta de paz e de harmonia e seus habitantes estarão empenhados no trabalho do bem.

Quem tem o direito de alegar ignorância? Todos os povos, orientais e ocidentais, a seu tempo, foram alertados e, no cerne de suas crenças, estão incrustados ensinamentos, alertas e esperanças fundamentadas nas leis sagradas da vida, sob a égide do Cristo de Deus.

---

[112] MATEUS, 13:41 a 43.

8

ALEGORIA DE ADÃO E EVA

Consta no primeiro livro da *Bíblia Sagrada*, o *Gênesis*, que no princípio Deus criou o Céu e a Terra, o dia e a noite, o Sol, a Lua, as estrelas. Separou as águas da terra. Determinou que a terra produzisse os vegetais e suas variadas espécies. Criou os animais de todos os tipos e formas e dispersou-os pela Terra. Povoou o mar com uma infinidade de peixes e enfeitou a natureza com a beleza das aves. Finalmente, criou o homem à sua imagem e semelhança e deu-lhe o nome de Adão. Para que o homem não se sentisse só, subtraiu-lhe uma costela da qual criou uma companheira e deu-lhe o nome de Eva. Seguem alguns excertos:

> [...] E da costela que o Senhor Deus tomou do homem, formou uma mulher e trouxe-a a Adão.[...] E plantou o Senhor Deus um jardim no Éden [...] e pôs ali o homem. E o Senhor Deus fez brotar da terra todas as árvores agradáveis às vistas e boas para comida; e a árvore da vida no meio do jardim e a árvore da ciência do Bem e do Mal. [...] E tomou o Senhor Deus o homem e o pôs no jardim do Éden para lavrá-lo e guardá-lo. [...] E ordenou o Senhor Deus ao homem, dizendo: De toda árvore do jardim comerás livremente, mas da árvore da ciência do bem e do mal, dela não comerás, porque, no dia em que dela comeres, certamente morrerás.[113]

E a narrativa alegórica prossegue. Num dado momento, uma serpente astuta e maliciosa se dirigiu à mulher dizendo: "Certamente, não morrereis,

---

[113] Gênesis 2: 18 a 25.

porque Deus sabe que, no dia em que dela comerdes, se abrirão os vossos olhos, e sereis como Deus, sabendo o bem e o mal".[114]

Na sequência da narrativa, Eva, instigada pela serpente, convence Adão a comer da árvore proibida. "Então foram abertos os olhos de ambos e conheceram que estavam nus; e coseram folhas de figueira e fizeram para si aventais".[115]

A alegoria deixa bem clara a origem divina dos seres e a igualdade entre o homem e a mulher — uma é parte do outro, portanto, ambos têm a mesma natureza: "E da costela que o Senhor Deus tomou do homem formou uma mulher e trouxe-a a Adão".[116]

Esclarece que, descoberta *a traição* conjunta, o Senhor admoestou-os, inclusive à serpente, e desvendou-lhes as aflições que passariam a sofrer em virtude da desobediência: "Então o Senhor Deus disse à serpente: Porquanto fizeste isso: maldita será mais que toda a besta e mais que todos os animais do campo, sobre o ventre andarás e pó comerás todos os dias de tua vida. E fez o Senhor Deus, *a Adão e à sua mulher, túnicas de peles e os vestiu*".[117]

O narrador [Moisés] conclui: "O Senhor Deus, pois, os lançou fora do jardim do Éden, para lavrar a terra de que fora tomado".[118]

Essa alegoria apresenta outros desdobramentos numa imensa riqueza de símbolos, metáforas e detalhes dos quais apenas alguns serão ressaltados.

O Jardim do Éden é a imagem viva e dinâmica de um planeta habitado, destinado à morada e progresso dos Espíritos encarnados, em que a natureza exuberante deveria ser por eles desfrutada, cuidada e preservada: "[...] e o pôs no Jardim do Éden para lavrá-lo e guardá-lo".[119]

O Senhor dotou-o de todos os elementos necessários à vida e ao progresso do orbe e de Suas criaturas. Os seres orgânicos e inorgânicos, os elementos necessários à sua sobrevivência e evolução estão enumerados. No entanto, o progresso deveria se dar de forma harmoniosa, lenta e gradativa.

Adão e Eva simbolizam a raiz de uma humanidade ingênua e ignorante a revelar o estágio infantil, primitivo, em que se encontram: "[...] porquanto, ela era a mãe de todos os viventes".[120]

---

[114] GÊNESIS 3:5.
[115] GÊNESIS 3:7.
[116] GÊNESIS 2:22.
[117] GÊNESIS 3:21.
[118] GÊNESIS 3:23.
[119] GÊNESIS 2:15.
[120] GÊNESIS 3:20.

Deus deu-lhes a *liberdade* de *comer* de todas as árvores, menos da árvore da *ciência do bem e do mal*. Eis aí a manifestação do livre-arbítrio e do determinismo. Não nasceram sabendo. Haveriam de *comer*, isto é, absorver o conhecimento lentamente, por meio dos outros elementos e seres à disposição. Não tinham condições de absorver "[...] a ciência do bem e do mal".[121] Não se assimilam, num golpe de mágica, conhecimentos que exigem muita experiência e reencarnações para conquistá-los.

A serpente, tomada por símbolo do mal, desprovida de membros e incapaz de alçar grandes alturas, sugere ligação às impurezas, inferioridade, apego material, elemento que tenta e seduz o homem em contraposição às aves do céu, que remetem ao livre-arbítrio, à espiritualização. O Criador de todas as coisas, ao saber da desobediência das leis estabelecidas, ameaçou *a serpente*: "Maldita serás mais que toda a besta e mais que todos os animais do campo, sobre o teu ventre andarás e do pó comerás todos os dias de tua vida".[122]

É importante observar que a palavra *maldita* saiu dos lábios do narrador. Não seria uma forma de dar a conhecer os mecanismos da lei de causa e efeito, cujo mal causado a outrem retorna ao causador? Literalmente, a serpente é um animal irracional, portanto, irresponsável perante os próprios atos, humanizados pelo narrador. Em síntese, a serpente simboliza o mal que inferioriza a alma humana, pois prejudica a si própria, bem como àqueles a quem influencia.

Não estaria a serpente simbolizando o obsessor? Pode ser!

A *árvore da vida* retém em si o poder *do bem e do mal*, símbolo do discernimento ainda não conquistado pelo casal. Eis, então, o determinismo divino a impor limites às Suas criaturas, pois todo uso incorreto e irresponsável dos benefícios divinos gera o mal. O Senhor ditou as normas do que poderiam ou não *comer* (assimilar), portanto, estabeleceu leis. Essas leis foram desobedecidas. Embora seduzidos pela serpente (curiosidade, inferioridade, desobediência), poderiam optar por não atendê-la. Entretanto, desobedeceram às ordens do Senhor, e isso os tornou responsáveis pelos próprios atos.

Sim! Responsáveis pelos próprios erros, pois sabiam o que estavam fazendo! Só então tornaram-se passíveis de penalidade.

Outro fator importante é a *nudez*, percebida por eles após a desobediência. Essa descoberta demonstra que, apesar de terem comido da *árvore do bem e do*

---

[121] Gênesis 2:9 a 17.
[122] Gênesis 3:14.

mal, nada absorveram, continuaram *nus* de conhecimento. Eis, então, referência à imaturidade do Espírito, vazio de saber. Nada conquistaram com a desobediência.

Seguindo o fio condutor da narrativa, observa-se que Espíritos desobedientes às Leis divinas, recalcitrantes e persistentes no mal, não poderão permanecer no *Éden,* ou seja, no *paraíso, jardim de delícias.* Espíritos desobedientes às leis perturbam, entravam o progresso de um planeta ideal à humanidade que, já tendo alcançado a evolução moral e intelectual, não mais se afina com o mal.

Num planeta que já alcançou o nível do *Éden,* Espíritos do mal não têm lugar. Por isso foram expulsos. No entanto, a Misericórdia divina os protegeu: Foram *vestidos de túnicas de peles,* referência simbólica à vestimenta perispiritual, grosseira, imprópria aos mundos evoluídos, mas apropriada aos mundos primitivos. Sabe-se, pois, que a vestimenta perispiritual se torna mais sutil à medida que o Espírito evolui; portanto, mais densa e grosseira quanto mais distante da elevação. Por último, a advertência: "O Senhor Deus os lançou fora do Jardim do Éden para lavrar a terra de que fora tomado."[123] Espíritos culpados foram destinados a lavrar a terra. Terra lavrada exige trabalho, suor, sacrifício para que a sementeira ali lançada frutifique. O fruto poderá ser bom ou mau de acordo com a semente a ser plantada.

Antes de serem expulsos, eles foram alertados sobre as aflições que haveriam de passar e da longa jornada de trabalho e de lutas a fim de se redimirem: *Do suor do teu rosto comerás o teu pão...* Provavelmente, até que se redimam.

Moisés, nessa alegoria, sugere, em síntese, a saga do povo hebreu ao longo de suas dolorosas encarnações.

Exilados, sim! Abandonados, não! A Misericórdia do Pai os acompanha até que se decidam a trilhar o caminho do bem. De tempos em tempos, envia seus emissários para orientá-los. Coube a Moisés receber as tábuas das leis e impô-las a seu povo a fim de disciplina-los. Não foi fácil!

Moisés, sob orientação espiritual, impôs àquele povo rústico, idólatra, inculto, calejado pela aflitiva escravidão o respeito ao Criador, a disciplina, o esforço, o trabalho digno e justo. As lutas e vicissitudes enfrentadas durante anos e anos na travessia do deserto forjaram-lhe o caráter e, sobretudo, o respeito a Deus e às Leis divinas, quesito necessário para um dia retornar ao planeta de origem.

Sob as leis morais e civis, rudes, severas e punitivas, o povo hebreu se entregou ao sonho de alcançar a *Terra Prometida.* "[...] Porque dela foste tomado,

---

[123] GÊNESIS 3: 23.

porquanto és pó e em pó te tornarás".[124] Eis referência à desintegração do corpo e à necessidade dos reencarnes sucessivos; esperançosos de retornar à *Terra Prometida,* ou seja, ao planeta de origem.

....

Séculos dobraram sobre séculos. Muitos emissários do Senhor aqui aportaram para incentivar as *ovelhas de outro aprisco* à renovação, à obediência, acendendo-lhes a esperança com a vinda do Messias.

Os tempos chegaram. O Messias chegou! Nem todos perceberam!

"Eu sou o bom Pastor e conheço as minhas ovelhas e das minhas sou conhecido. Assim como o Pai me conhece a mim, também eu conheço o Pai, e dou a minha vida pelas ovelhas. Ainda tenho outras ovelhas que não são deste aprisco; também me convém agregar estas, e elas ouvirão a minha voz, e haverá um rebanho e um Pastor". [grifo da autora][125] "E qualquer que entre vós quiser ser o primeiro seja vosso servo; bem como o Filho do homem não veio para ser servido, mas para servir e para dar a sua vida em resgate de muitos".[126]

Na antiguidade, já referido, um grande número de Espíritos provenientes de outro planeta de Capela aqui reencarnou sob o olhar misericordioso de Jesus: "Ainda tenho outras ovelhas que não são deste aprisco; também me convém agregar estas, e elas ouvirão a minha voz".[127]

O Messias presente entre os povos do orbe? Poucos acreditaram!

> Porque o Filho do Homem veio salvar o que se tinha perdido. Que vos parece? Se algum homem tiver cem ovelhas e uma delas se desgarrar, não irá pelos montes, deixando as noventa e nove, em busca da que se desgarrou? [...] Assim também não é vontade de vosso Pai, que está nos Céus, que um destes pequeninos se perca.[128]

Suas lições renovaram as esperanças de uma humanidade que, ainda recalcitrante, prefere caminhar à margem dos trilhos da verdade. Em consequência de imensos deslizes, adquiriram débitos tenebrosos com seus semelhantes e com as divinas Leis.

---

[124] Gênesis 3:19
[125] João, 10:14 a 16.
[126] Mateus, 20:27 e 28.
[127] João, 10:16.
[128] Mateus, 18:11, 12, 14.

As advertências de Jesus estão presentes tanto em Suas lições quanto nas parábolas. Eis como se encerra a parábola das bodas: "Disse então o rei aos servos: — Amarrai-o de pés e mãos, levai-o e lançai-o nas trevas exteriores; ali haverá pranto e ranger de dentes. Porque muitos são chamados, mas poucos escolhidos".[129]

A Terra, no momento atual, está completando seu ciclo evolutivo. De provas e expiações, adentrará o tempo de regeneração. Um dia, na escala dos mundos, alçará à categoria de mundos felizes. É natural que o progresso não pode ser detido por uma minoria. Só permanecerão neste orbe os Espíritos obedientes às leis e aos ensinos de Jesus. Os Espíritos recalcitrantes, persistentes no mal, não passarão mais pelas reencarnações terrenas. Extraditados para outros orbes planetários, sofrerão a ausência de entes queridos, o desejo de serem amados e a saudade de um *paraíso perdido*. Ali, *amarrados de pés e mãos,* serão cerceados pelo determinismo e certamente viverão dores e aflições que se comparam ao alerta de Jesus: *o fogo do inferno,* o *choro e ranger de dentes*. Todavia, jamais estarão abandonados. Sempre assistidos pelo Pai, recomeçarão uma nova vida, de lutas e sacrifícios educativos, até que um dia, redimidos, retornarão ao aprisco de Jesus. Enquanto perdurarem as oportunidades reencarnatórias sobre a Terra, os Espíritos que cultivam o mal podem se agarrar às últimas oportunidades a fim de se renovar e retomar o caminho do bem. Cabe a cada um traçar o roteiro de seu destino: é necessário acordar enquanto é dia, para que a noite de trevas não recaia sobre o próprio Espírito.

Na medida em que o homem se predispuser ao uso correto da vontade e do livre-arbítrio, de conformidade com as Leis divinas, não terá mais necessidade de percorrer longos caminhos pedregosos, nem de atravessar desertos e precipícios de incompreensões, muito menos de lutar e suar em vão nas oportunidades abençoadas da reencarnação. A sua estada no orbe se transformará em tarefas educativas e propícias à evolução, os exemplos de caridade, justiça e amor servirão de guia àqueles que ainda se encontram na retaguarda.

Concretização do Amor divino, o ser humano, indistintamente, em todos os tempos e lugares, recebe auxílio e proteção, pois o Criador está em constante sintonia com suas criaturas, embora nem todos facultem essas sintonia com o Pai. No entanto, existem regras imprescindíveis para que a ordem e a disciplina se mantenham e a evolução siga o seu curso natural de acordo com os desígnios divinos, de tal forma que inocentes não paguem pelos pecadores. Essas regras estão contidas

---

[129] MATEUS, 22:3 e 14.

nas Leis divinas que incluem as leis da natureza. Toda vez que são transgredidas, o transgressor sofre as consequências. Não é de se admirar ante as tragédias provocadas por enchentes, furacões, terremotos, tsunamis e outras tantas calamidades naturais, pois que refletem a irresponsabilidade humana. Naturalmente, chegará o tempo em que a humanidade não necessitará de leis que a disciplinem.

> Numerosas transformações são aguardadas e o Espiritismo esclarece os corações, renovando a personalidade espiritual das criaturas para o futuro que se aproxima.[...] Então a Terra, como aquele mundo longínquo da Capela, ver-se-á livre das entidades endurecidas no mal, porque o homem da radiotelefonia e do transatlântico precisa de alma e sentimento, a fim de não perverter as sagradas conquistas do progresso. Ficarão no mundo os que puderem compreender a lição do amor e da fraternidade sob a égide de Jesus, cuja misericórdia é o verbo de vida e luz, desde o princípio. [...][130]

No entanto, enquanto revel e recalcitrante, odioso e vingativo, renascerá o Espírito sob o guante infalível das leis de causa e efeito.

---

[130] XAVIER, Francisco C. *A caminho da luz*. Cap. XXIV.

9

Lei de causa e efeito: a justiça nas mãos de Deus

Vós tendes ouvido o que se disse: olho por olho e dente por dente. Eu, porém, digo-vos que não resistais ao mal; mas se alguém te ferir na sua face direita, oferece-lhe também a outra.[131]

Muitas vezes, loucura e crime, dispersão e calamidade nascem de pequeninos desajustes acalentados. Não hesites rogar desculpas, nem vaciles apagar-te, a favor da concórdia, com aparente desvantagem particular, porquanto, na maioria dos casos de incompreensão, em que nos imaginamos sofrer dores e ser vítimas, pois, os verdadeiros culpados somos nós mesmos.[132]

É muito conhecido o provérbio: *Quem com ferro fere com ferro será ferido*. O termo *ferro*, por analogia à espada e a outras armas brancas, simboliza a violência, que retornará infalivelmente ao agressor na mesma proporção. A sabedoria popular, que observa e sente a Justiça divina, traduz nesse axioma a lei de causa e efeito, também conhecida como lei do carma.

Segundo explica o Espírito André Luiz, o termo *carma*, de uso popular entre os hindus,

---

[131] Mateus, 5:38.
[132] XAVIER, Francisco C. *Justiça divina*. Cap. "Faltas".

> [...] que em sânscrito quer dizer ação, a rigor designa "causa e efeito", de vez que toda ação ou movimento deriva de causas ou impulsos anteriores. Para nós, expressará a conta de cada um, englobando os créditos e os débitos que, em particular, nos digam respeito. Por isso mesmo, há conta dessa natureza, não apenas catalogando e definindo individualidades, mas também povos e raças, Estados e instituições.[133]

O Antigo Testamento apresenta um preceito de semelhante finalidade: *olho por olho dente por dente,* conhecido também por Lei de Talião. Em sentido restrito, é a expressão da mesma lei. Não cabe a ninguém exercê-la com as próprias mãos. Por isso Jesus esclareceu: "Vós tendes ouvido o que disse: olho por olho dente por dente. Eu, porém, vos digo que não resistais ao mal, mas, se alguém te ferir na tua face direita, oferece-lhe também a outra; e ao que quer demandar-te em juízo e tirar-te a túnica larga-lhe também a capa".[134]

A lei de causa e efeito é de origem divina, e, como tal, sua aplicação deve provir do Criador e não do julgamento imperfeito dos seres humanos.

> Assim é, por exemplo, que um filho ingrato é uma punição ou uma prova para o pai que sofre com isso, porque esse pai talvez tenha sido também um mau filho, que fez sofresse seu pai. Passa ele pela pena de talião. Mas essa circunstância não pode servir de escusa ao filho que, a seu turno, terá de ser castigado em seus próprios filhos, ou de outra maneira.[135]

No íntimo, cada Espírito conhece a eficácia dessa lei que atua com precisão de acordo com o procedimento humano. Pois, ínsita na própria consciência, não tem como alegar ignorância. A finalidade da lei de causa e efeito é implantar o senso de justiça na alma humana. Dessa forma, ela atua como corretivo nas situações de desvios morais e como recompensa nas atitudes nobres. Assim, se o mal retorna ao malfeitor, igualmente o bem que se faz retorna, merecidamente, ao benfeitor. Nem sempre pelas mesmas fontes, mas certamente retornará mais cedo ou mais tarde.

Os Espíritos da Codificação têm por objetivo proporcionar aos homens os meios de se transformarem moralmente de acordo com o Evangelho de Jesus, então, esclarecem:

---

[133] XAVIER, Francisco C. *Ação e reação*. Cap. 7.
[134] Mateus, 5:38 , 39 e 40.
[135] KARDEC, Allan. *O evangelho segundo o espiritismo*. Cap. VIII, it. 16.

[...] o bem atrai o bem e a proteção dos bons Espíritos; o mal atrai o mal e abre a porta à malevolência dos maus. Mais cedo ou mais tarde o orgulhoso será castigado pela humilhação, o ambicioso pelas decepções, o egoísta pela ruína de suas esperanças, o hipócrita pela vergonha de ser desmascarado; aquele que abandona os bons Espíritos por estes é abandonado e, de queda em queda, finalmente se vê no fundo do abismo, ao passo que os bons Espíritos erguem e amparam aquele que, nas maiores provações, não deixa de se confiar à Providência e jamais se desvia do reto caminho; aquele, enfim, cujos secretos sentimentos não dissimulam nenhum pensamento oculto de vaidade ou de interesse pessoal. Assim, de um lado, ganho assegurado; do outro, perda certa; cada um, em virtude do seu livre-arbítrio, pode escolher a sorte que quer correr, mas não poderá queixar-se senão de si mesmo pelas consequências de sua escolha.[136]

A lei de causa e efeito, sendo a expressão exata da Justiça divina em todas as circunstâncias, promove a reeducação dos que se entregam ao mal, recompensa e incentiva os que se dedicam ao bem. Portanto, tudo que o homem faz a ele retorna, seja no campo do bem, seja na esteira do mal.

Em sentido amplo, o homem açambarcou para si o direito de aplicar a lei de causa e efeito de acordo com seus interesses, indiferente à Justiça divina. Essa aplicação, sob máscara justiceira, estabelece o revide e, em consequência, gera um círculo vicioso e vingativo entre irmãos e povos. Ninguém sobre a Terra tem poder ou autoridade moral para impô-la. E qualquer um que ousar aplicá-la contra seus semelhantes estará assinando a própria condenação. Se não for nesta, será em outra existência, mas dela não escapará.

A lei de causa e efeito rege todos os elementos do universo. Dos mundos microscópicos aos macroscópicos, todos sofrem a ação direta de seu poder. Sua influência sobre os indivíduos é automática e, além de reeducá-los, dá-lhes condições para o uso correto do livre-arbítrio e a consequente retomada do carreiro evolutivo. Infelizmente, enquanto a humanidade preferir ignorar essa realidade, a violência continuará aterrorizando e suprimindo vidas.

Todavia, por virtude do axioma segundo o qual todo efeito tem uma causa, tais misérias (humanas) são efeitos que hão de ter uma causa e, desde que

---

[136] KARDEC, Allan. *Revista Espírita*, dezembro de 1868.

> se admita um Deus justo, essa causa também há ser justa. Ora, ao efeito precedendo sempre a causa, se esta não se encontra na vida atual, há de ser anterior a essa vida, isto é, há de estar numa existência precedente. Por outro lado, não podendo Deus punir alguém pelo bem que fez, nem pelo mal que não fez, se somos punidos, é que fizemos o mal; se esse mal não o fizemos na presente vida, tê-lo-emos feito noutra. É uma alternativa a que ninguém pode fugir e em que a lógica decide de que parte se acha a Justiça de Deus. O homem, pois, nem sempre é punido, ou punido completamente, na sua existência atual; mas não escapa nunca às consequências de suas faltas. [...][137]

A violência não é fruto da modernidade. Em todos os tempos se fez presente, semeando discórdia e dor, invalidando e ceifando vidas. Ela desestrutura e destrói povos, engendra guerras e revoluções. Fruto amargo da inferioridade do homem, que se deixa amesquinhar pelos aguilhões do egoísmo, do orgulho, da cobiça, do poder. Sob esse império avassalador, embaça-lhe a razão, inflama-se a animalidade.

A história da humanidade é a história do próprio homem. O Antigo Testamento expõe os registros inumeráveis de confrontos e combates que, narrados sob a ótica humana, põem Deus na condição do homem que se coloca favorável a um lado em detrimento do outro. Quanta insânia!

A alegoria bíblica sobre Abel e Caim é mais um símbolo trágico das mazelas morais encasteladas na alma humana. Caim, massacrado pela inveja que sentia do irmão, não se domina e rouba-lhe a vida, alheio aos laços familiares e aos sentimentos de fraternidade. A tragédia de ambos sustenta a simbologia da irmandade conturbada entre seres e povos, tanto quanto a violência familiar. Não é modelo esquecido às margens de um passado longínquo. Não! É realidade pulsante que atravessou milênios, deixando as marcas de suas garras no frontispício da história humana. É o fantasma da inferioridade moral que prossegue aterrorizando nos dias atuais. O Novo Testamento expressa o auge da violência e da injustiça com a crucificação de Jesus. Inocente, foi julgado e condenado injustamente. Ele que veio implantar a lei do Amor, da Justiça e do perdão! Milhares de cristãos foram perseguidos e trucidados, naquele e nos séculos seguintes, cuja única culpa foi seguir as lições de elevação moral do celeste Mensageiro.

Quantos crimes perpetrados sob as sombras das leis humanas ao longo das eras? Não muito diferente das tragédias verificadas nos dias atuais. No

---

[137] KARDEC, Allan. *O evangelho segundo o espiritismo*. Cap. V, it. 6.

entanto, ante as lentes amplas das câmaras espirituais, nada escapa. O Pai conhece os mais secretos desvios de pensamento de Seus filhos.

Entretanto, a criatura humana ainda não se conscientizou de que tudo que se faz contra o seu semelhante a si mesmo se faz, pois é da lei que se receba em igual proporção. Não no sentido vingativo em que se entende, de se fazer justiça com as próprias mãos. Não! O homem não tem o direito de prejudicar, ferir ou tirar a vida de seus semelhantes. O *olho por olho, dente por dente* refere-se à Lei divina cuja aplicação tem por finalidade reverter tendências e hábitos agressivos cultivados pelo ser humano e incentivá-lo aos atos nobres, não apenas com seus iguais, mas com toda a Criação. O objetivo da Lei, portanto, é reeducar o indivíduo, desarmar as tendências oriundas dos hábitos criminosos e ilícitos adquiridos ao longo de múltiplas encarnações. São erros repetidos por milênios e milênios. Roubo, morte, corrupção, traição, subjugação, escravidão, saques, invasões, guerras, revoluções e um sem-número de delitos praticados impunemente pelos seres humanos. Uma parcela considerável da humanidade terrena ainda se mata e se destrói em nome de Deus.

As dores do presente, sem causa nesta vida, são, certamente, ajustes e reflexos de vidas passadas. As expiações experimentadas, de forma individual ou coletiva, são as consequências dos delitos perpetrados em passado recente ou remoto. Portanto, provas e expiações são medicamentos redentores que preparam o discípulo para a jornada empreendedora do porvir.

Não é possível seguir a estrada reta sem que se cumpram as sagradas leis: "Não cuideis que vim destruir a lei, ou os profetas; não vim ab-rogar, mas cumprir. Porque, em verdade, vos digo: até que o *Céu* e a Terra passem, nem um jota, ou um til se omitirá da lei, sem que tudo seja cumprido".[138]

A Lei divina é eterna e imutável, não se molda aos caprichos humanos. Aqueles que as ignoram poderão ficar a salvo das leis dos homens, mas jamais das Leis de Deus. O Pai misericordioso aguarda pacientemente os filhos pródigos. Um dia, exaustos de sofrer, retornarão ao verdadeiro lar. Renova-lhes as oportunidades de redenção e abre-lhes as portas das encarnações sucessivas. É necessário evoluir! Mas evolução exige transformação moral cujo processo não se efetua de um dia para o outro. Requer esforço, fé, humildade e renúncia. Para tanto, muito suor e lágrimas, disciplina e respeito, Amor e Justiça devem fazer parte do currículo de todo discípulo matriculado na escola do progresso. Não faltam lições nem alertas:

---

[138] MATEUS, 5:17 e 18.

> Os sofrimentos devidos a causas anteriores à existência presente, como os que se originam de culpas atuais, são muitas vezes a consequência da falta cometida, isto é, o homem, pela ação de uma rigorosa justiça distributiva, sofre o que fez sofrer aos outros. Se foi duro e desumano, poderá ser a seu turno tratado duramente e com desumanidade; se foi orgulhoso, poderá nascer em humilhante condição; se foi avaro, egoísta ou se fez mal uso de suas riquezas, poderá ver-se privado do necessário; se foi mau filho, poderá sofrer pelo procedimento de seus filhos, etc.[139]

A lei de causa e efeito se encarrega de colocar vítima e algoz frente a frente. Nem sempre na mesma encarnação, mas, seguramente, no momento oportuno, seja na Terra ou no Espaço, a fim de que ambos se entendam sem transpor para o futuro qualquer resquício de animosidade.

O Espírito André Luiz revela em suas narrativas:

> [...] as entidades que necessitam de tais lutas expiatórias são encaminhadas aos corações que se acumpliciaram com elas em delitos lamentáveis, no pretérito distante ou recente ou, ainda, aos pais que faliram junto dos filhos, em outras épocas, a fim de que aprendam na saudade cruel e na angústia inominável o respeito e o devotamento, a honorabilidade e o carinho que todos devemos na Terra ao instituto da família. A dor coletiva é o remédio que nos corrige as falhas mútuas.[140]

Geralmente, a vítima que consegue perdoar o algoz chega vitoriosa à pátria espiritual. Harmonizada intimamente, esquece-se dos conflitos e liberta-se dos débitos adquiridos com o agressor. Mas nem todos são assim! Uma grande parcela, cristalizada no uso indevido do *olho por olho, dente por dente*, age cegamente, duvida da Justiça divina e prefere aplicá-la com as próprias mãos. Infelizes! Seu retorno é aflitivo.

Algumas Religiões implantam na mente humana a teoria de que o arrependimento e as boas ações, praticadas no final da existência, libertam a alma de todas as maldades e viciações. Que bom seria! Não, não é assim! O arrependimento pode chegar, sincero, profundo, mas o débito adquirido deve ser ressarcido.

---

[139] KARDEC, Allan. *O evangelho segundo o espiritismo*. Cap. V, it. 7.
[140] XAVIER, Francisco C. *Ação e reação*. Cap. 18.

Léon Denis entendeu muito bem essa colocação quando afirmou:

> Seria pueril acreditarmos que a nossa situação futura depende de certas formalidades mais ou menos bem cumpridas à hora da partida. É a nossa vida inteira que responde pela vida futura; uma e outra se ligam estreitamente; formam uma série de causas e efeitos que a morte não interrompe.[141]

As más ações, as imperfeições não se apagam simplesmente com o último sopro de vida na Terra. Elas impregnam o perispírito e invadem os bastidores da vida espiritual. Não sendo corrigidas na fonte do pensamento, certamente se irradiarão pelo futuro afora, acumulando-se indefinidamente a outros tantos débitos até que se decida ressarci-las. Não se corrige um erro com outro erro. Não se apaga a violência com violência. É a prática milenar do *olho por olho* que causa as mais dolorosas obsessões.

Naqueles tempos, em que Jesus agraciou este orbe com a sua divina presença, as obsessões também degradavam a alma humana. E hoje não é diferente! As causas podem ser outras, mas os efeitos são os mesmos: dor, incompreensão, dominação, loucura, sofrimento, desagregação familiar, tragédia.

Os Espíritos do Senhor, colaboradores da seara do Cristo, estão em toda parte, em Espírito ou sob as vestes carnais, no afã de minimizar as aflições, balsamizar as dores e sugerir novos caminhos. No entanto, a harmonização com as Leis é decisão pessoal! A Justiça divina não falha; as falhas são humanas. Mas o Amor do Pai estará sempre presente, espargindo esperança em meio à conturbação em que se debate a humanidade terrena:

> Purgatório! Purgatório!... Todos nós, consciências endividadas, estamos nele. O remédio, porém, é o caminho da cura. Ajuda aos semelhantes para que os semelhantes se ajudem. Aqueles que nos rodeiam são hoje os grandes necessitados. Amanhã, contudo, é possível que os grandes necessitados sejamos todos nós.[142]

Entretanto, a esperança reina consolando corações:

---

[141] DENIS, Léon. *O problema do ser, do destino e da dor*. Primeira parte, cap. X.
[142] XAVIER, Francisco C. *Justiça divina*. Cap. "Purgatório".

O Criador não vive fora da Criação. A criatura humana, contudo, ainda infinitamente distante da luz total, pode ser comparada ao aprendiz limitado aos exercícios de escola. Cada civilização é precioso curso de experiências e cada individualidade, segundo a justiça, deve estruturar a sua própria grandeza. [...] Enquanto observas, no caminho, perturbação e sofrimento, à guisa de sucata em prodigiosa oficina, tranquiliza-te e espera, porquanto, aprendendo e servindo, sentirás em ti mesmo a presença do Pai.[143]

Ninguém sobre a Terra tem o direito de anular ou destruir um único tijolinho da Construção divina sem que atraia para si o guante da Lei. Monitorando todas as atividades da natureza, a lei de causa e efeito tem por princípio o estabelecimento da ordem, da Justiça e do Amor em prol da evolução. Conhecida por todos os povos, ninguém pode alegar ignorância. Provérbios, ditos populares, axiomas, alegorias, parábolas são vestimentas verbais que Jesus e Seus prepostos agraciaram à humanidade para inteirá-la de sua responsabilidade perante o Amor do Pai:

Quem semeia vento colhe tempestade! Quem semeia colhe! Quem com ferro fere com ferro será ferido! Quem tudo quer tudo perde! Batei e abrir-se-vos-á; procurai e achareis! A semeadura é livre, a colheita é obrigatória! Acerte o passo com o inimigo enquanto estás a caminho com ele! E outras pérolas mais a iluminar a mente humana.

É de André Luiz a bela expressão: "Da Justiça ninguém fugirá, mesmo porque a nossa consciência, em acordando para a santidade da vida, aspira a resgatar dignamente todos os débitos de que se onerou perante a bondade de Deus; entretanto, o Amor infinito do Pai celeste brilha em todos os processos de reajuste".[144]

As leis permanecem com seu foco voltado aos impulsos primitivos do homem; torná-lo-ão atento. Chegará, pois, o tempo em que ninguém mais erguerá as mãos contra os semelhantes, ninguém mais destruirá a natureza, e a dor desaparecerá do planeta. A lei de causa e efeito é lei de equilíbrio, não foi criada para castigar, e sim para educar, disciplinar e direcionar o homem no caminho do bem. A humanidade, a seu tempo, receberá de volta os benefícios que souber amealhar. Os Espíritos que, atentos aos princípios morais, agirem de acordo com os desígnios do Senhor não terão do que se arrepender.

---

[143] XAVIER, Francisco C. *Justiça divina*. Cap. "Evolução e livre-arbítrio".
[144] Id. *Ação e reação*. Cap. 7.

As almas feridas aceitarão que a vingança não lhes trará satisfação. Antes, seriam agrilhoadas no mesmo patamar do agressor. Não valeria a pena! Então, imbuídas de fé e resignação, deixarão florescer no recesso da alma a confiança no Amor do Pai. E, no cadinho de experiências evolutivas, transformarão dores em lições e entenderão que, se foram feridas, é porque em algum momento da vida planetária também feriram. Nessa postura, porão fim aos revides e, em prática, o perdão. Quando essa postura se generalizar, as ondas vorazes da vingança, que ensombram a atmosfera terrena, desaparecerão e, com elas, as obsessões.

10

Reflexões sobre as paixões humanas

A virtude, no mais alto grau, é o conjunto de todas as qualidades essenciais que constituem o homem de bem. Ser bom, caritativo, laborioso, sóbrio, modesto, são qualidades do homem virtuoso. Infelizmente, quase sempre as acompanham pequenas enfermidades morais, que as desornam e atenuam. [...] A virtude, verdadeiramente digna desse nome, não gosta de estadear-se. Advinham-na; ela, porém, se oculta na obscuridade e foge à admiração das massas.[145]

Toda paixão que aproxima o homem da natureza animal afasta-o da natureza espiritual. Todo sentimento que eleva o homem acima da natureza animal denota predominância do Espírito sobre a matéria e o aproxima da perfeição.[146]

As paixões atuam sobre a emoção e se irradiam sob variados aspectos, mantidos ou não sob controle. Há aquelas que se caracterizam por exaltação, cólera, movimento violento, furor impetuoso de si para outrem a ponto de obnubilar a razão. Sem rédeas que as equilibrem, conduzem o indivíduo a procedimentos contrários a coisas, seres ou pessoas, chegando a ponto de ultrapassar os limites racionais. Em tais estados de descontrole, a razão encapsula-se, dificulta o tirocínio, o discernimento e impele o indivíduo à imprudência, ao ridículo, à ferocidade, à violência, ao terrorismo, aos instintos primitivos. Sem motivos justificáveis, tais descontroles têm por agente o egoísmo! É do egoísmo que brotam o orgulho, a

---
[145] KARDEC, Allan. *O evangelho segundo o espiritismo*. Cap. XVII, it. 8.
[146] Id. *O livro dos espíritos*. Q. 908 (nota).

vaidade, a cobiça, a ambição, a ingratidão, a inveja, o ciúme, a cólera, a explosão momentânea, o ódio, o crime, a vingança. E quantas outras paixões!

Em sentido inverso, a paixão, *pari passu* à razão, reflete-se no equilíbrio e pode sensibilizar almas entusiasmadas pelo bem, pelo amor ao próximo, pelo progresso da humanidade. De raciocínio desperto, o Espírito não se entrega às atitudes impensadas ou intempestivas. Prima pela perseverança, apresenta-se com ânimo e garra onde atua. O bom senso é a bússola que o orienta.

Há os apaixonados que se engajam em atividades de grande porte no âmbito das artes, filosofia, ciências, política, Religião, educação, profissão, de um rol imenso de atividades. Dependendo do estado evolutivo em que se estagia, o Espírito não se aprisiona aos interesses próprios e impróprios. De visão globalizada, liberto do personalismo, entusiasma-se pelo bem-estar coletivo.

A paixão manifesta-se também com reações de calor, entusiasmo, admiração, emoção ante algo que extasia: lugares, natureza, templos, monumentos, obras de arte, criações e descobertas, entre outros tantos.

Em sentido mais profundo, a paixão se revela por Amor supremo a Deus, aos semelhantes, à pátria, ainda que se reverta em sacrifício, martirológio, sofrimento superlativo. Tais são os atos de heroísmo em que, esquecido da própria vida, o homem enfrenta perigos para salvar os semelhantes. A história da humanidade é rica de exemplos. Joana d'Arc imolou-se por Amor a Deus e à pátria. Entretanto, o exemplo mais fiel é a paixão de Jesus Cristo. Sua encarnação se efetuou entre seres inferiores, subservientes à ambição orgulhosa, à dominação e ao poder. Muitos jamais acatariam de pronto a sua missão. Ele sabia! Não se intimidou, entregou-se de corpo e alma à implantação do seu Evangelho, mesmo ciente de que a cruz poria um ponto final à Sua vestimenta carnal, porém, jamais à Sua mensagem.

Kardec se dedicou exaustivamente à temática das paixões com a colaboração dos prepostos do Senhor:

> Será substancialmente mau o princípio originário das paixões, embora esteja na natureza? Não, a paixão está no excesso de que se acresceu a vontade, visto que o princípio que lhe dá origem foi posto no homem para o bem, tanto que as paixões podem levá-lo à realização de grandes coisas. O abuso que delas se faz é que causa o mal.[147]

---

[147] KARDEC, Allan. *O livro dos espíritos*. Q. 907.

Em nota, o codificador explica:

> As paixões são alavancas que decuplicam as forças do homem e o auxiliam na execução dos desígnios da Providência. Mas, se, em vez de as dirigir, deixa que elas o dirijam, cai o homem nos excessos, e a própria força que, manejada pelas suas mãos, poderia produzir o bem, contra ele se volta e o esmaga. Todas as paixões têm seu princípio num sentimento, ou numa necessidade natural. O princípio das paixões não é, assim, um mal, pois que assenta numa das condições providenciais da nossa existência. A paixão propriamente dita é a exageração de uma necessidade ou de um sentimento. Está no excesso e não na causa, e este excesso se torna um mal, quando tem como consequência um mal qualquer. Toda paixão que aproxima o homem da natureza animal, afasta-o da natureza espiritual. Todo sentimento que eleva o homem acima da natureza animal, denota predominância do Espírito sobre a matéria e o aproxima da perfeição.[148]

As paixões inferiores se encasulam nos sentimentos exacerbados, nas atitudes agressivas, nos interesses escusos e desabrocham nos momentos oportunos. No entanto, estão profundamente arraigadas na alma humana e sua manifestação se tornou natural. Banalizaram-se a tal ponto que chegam a predominar sobre a moral. Indivíduos e grupos não percebem que certos procedimentos, embora aceitos pela sociedade, fogem dos princípios básicos do equilíbrio, das leis naturais e da moral.

Há circunstâncias em que a paixão se camufla e se expande em forma de inveja, de ciúme, de ingratidão. Tais sentimentos se tornaram tão vulgares, tão corriqueiros que já não se distingue quando e como se manifestam.

Acredita-se que o simples fato de se admirar e desejar obter qualidades pessoais, objetos, bens e serviços ostentados por outrem já é um sentimento de inveja ou cobiça. Não o é! O que seria do comércio, da indústria, da construção civil e de outros tantos meios produtivos e comerciais se cada indivíduo desejasse o seu bem personalizado para não ser taxado de invejoso? O que seria da humanidade se todos tivessem olhos azuis, cabelos louros, fisionomia e corpos idênticos? Quantos não desejariam ser abastados? E outros tantos famosos?

---

[148] KARDEC, Allan. *O livro dos espíritos*. Q. 908 (nota).

Milhares de desejos insatisfeitos! Outro tanto evitaria espelhar-se nos exemplos morais para não serem taxados de invejosos! Quem diria?

Achar bonito, admirar e adquirir um cãozinho semelhante ao do vizinho é normal. Gostar do carro novo que um amigo adquiriu e sonhar em possuir um veículo igual é mais que normal. Desejar realizar a viagem que a prima fez nas férias não tem nada de errado. Admirar os olhos azuis de um amigo faz parte da natureza humana. Estudar, trabalhar, lutar para vencer como cidadão faz parte da evolução do ser. Admirar e seguir os exemplos morais que se destacam é o caminho indicado por Jesus.

O que seria, então, a inveja? A inveja é a manifestação interior de raiva, rancor, despeito, desprezo pelo fato de outrem possuir o que ele próprio não possui ou não teve garra para conquistar. Desvalorizar os bens alheios. Desejar-lhes o mal. Desacreditar qualidades e atributos daqueles que são detentores de qualidades físicas, intelectuais e morais que o invejoso acredita não ter e dos bens que não teve condições econômicas para adquirir. Essa imperfeição da alma gera atitudes agressivas e revides que põem em risco as amizades, a família e a vida. Incontáveis as tragédias provocadas por esses sentimentos mesquinhos e destruidores.

Os Espíritos da Codificação abordaram o tema:

> Assim como, quase sempre, é o homem o causador de seus sofrimentos materiais, também o será de seus sofrimentos morais?
>
> Mais ainda, porque os sofrimentos materiais, algumas vezes, independem da vontade, mas o orgulho ferido, a ambição frustrada, a ansiedade da avareza, a inveja, o ciúme, todas as paixões, numa palavra, são torturas da alma. A inveja e o ciúme! Felizes os que desconhecem esses dois vermes roedores! Para aquele que a inveja e o ciúme atacam, não há calma, nem repouso possíveis. À sua frente, como fantasmas que lhe não dão tréguas e o perseguem até durante o sono, se levantam os objetos de sua cobiça, do seu ódio, do seu despeito. O invejoso e o ciumento vivem ardendo em contínua febre. Será essa uma situação desejável e não compreendeis que, com as suas paixões, o homem cria para si mesmo suplícios voluntários, tornando-se-lhe a Terra verdadeiro inferno?[149]

Como uma pessoa deve agir ante a erupção da inveja na própria alma?

---

[149] KARDEC, Allan. *O livro dos espíritos*. Q. 933.

Conhecer-se a si mesmo. Valorizar-se. Este é um ponto importante. Como é possível almejar o valor alheio se a pessoa não se lhe dá o valor devido? Agradecer as aquisições materiais, intelectuais e morais que conquistou de forma justa sem aumentar ou diminuir-lhes as qualidades. Aceitar, como meio necessário à própria evolução, o *modus vivendi*, na certeza de que Deus sabe o que lhe convém. As conquistas alheias merecem todo respeito, pois raríssimos chegam ao pico da realização pessoal sem suor e lágrimas. Acolher com respeito e responsabilidade a família mesmo que não seja a idealizada, pois se ali está é por força das afinidades ou dos débitos. Entender que as coisas têm o valor exato das próprias necessidades.

Orar, vigiar os pensamentos, desejar o bem, ser justo e valorizar os bens alheios, conscientizar-se de que nem sempre o que é bom para os outros representa um bem para si. É importante observar que, antes de ter conhecimento da posse alheia, jamais sentira falta ou necessitara desse ou daquele bem ou atributo. Lembrar-se de que ninguém conhece em detalhes os bastidores das conquistas alheias. Podem armazenar dramas que poucos seriam capazes de suportar. Conscientizar-se de que a felicidade não se constrói sobre coisas efêmeras, e sim sobre o alicerce indestrutível da moral. Jesus já alertava:

> Não ajunteis tesouros na Terra onde a traça e a ferrugem tudo consomem e onde os ladrões minam e roubam. Mas ajuntai tesouros no Céu, onde nem a traça nem a ferrugem consomem e onde os ladrões não minam nem roubam... Não vos inquieteis pelo dia de amanhã, porque o dia de amanhã cuidará de si mesmo. Ao dia basta a sua própria aflição.[150]

Uma forma de avaliar a própria vida é aprender a ouvir os problemas alheios, sem qualquer julgamento, e imaginar-se na mesma situação. E colaborar, se possível, sem pensar sequer em qualquer retribuição.

A vítima do invejoso também sofre as consequências, mas a prece por si e pelo invejoso representa uma couraça protetora. Ignorar-lhe as atitudes agressivas, não lhe dar ouvidos e prosseguir o seu curso com fé em Deus.

A ingratidão! Outra paixão anestesiante. Enrijecimento da alma, frieza dos sentimentos. Manifesta-se nos corações que não se sensibilizam ante os benefícios recebidos, não avaliam o esforço e até o sacrifício daqueles que lhe

---

[150] MATEUS, 6:19 e 20.

favoreceram. Tornou-se tão banal na atualidade que o favorecido já não diz sequer: "Obrigado!" Ele se sente tão importante! Quem diria! Pensa, erroneamente, que as pessoas têm obrigação de servi-lo. O ingrato, facilmente, dá as costas aos amigos que já não lhe têm utilidade, às pessoas que o socorreram nos momentos de amargura. Os filhos, dominados por esse mal, ignoram os pais que nada mais têm a lhes oferecer. Há aqueles que sequer avaliam o sacrifício que os pais adotivos enfrentaram para dar-lhes uma vida normal e saudável. Quantos retribuem com agressividade, revolta, abandono!

Não cabe a ninguém cobrar gratidão de quem quer que seja. Mas a ingratidão revela inferioridade e tanto maior quando se trata de filhos em relação aos pais. Eis como os Espíritos se manifestam:

> Ai, pois, daquele que olvida o que deve aos que o ampararam em sua fraqueza, que com a vida material lhe deram a vida moral, que muitas vezes se impuseram duras privações para lhe garantir o bem-estar. Ai do ingrato: será punido com a ingratidão e o abandono; será ferido nas suas mais caras afeições, algumas vezes, já na existência atual, mas com certeza noutra em que sofrerá o que houver feito aos outros.[151]

Enfim, a ingratidão não deixa de ser uma reação vinculada ao egoísmo exacerbado.

Outra paixão atuante e não identificada como tal é a vingança. Ela se aninha nos escaninhos da alma e, nos momentos menos aprazíveis, se revela. Dentro e fora do lar, ela se irradia. E o pior: origina-se dos corações mais queridos! Lentamente, se infiltra nos alicerces da alma até dissolver os laços mais sagrados. É de insignificantes sentimentos camuflados que exterioriza o instinto de vingança propriamente dito. Ele se insinua de situações corriqueiras: o pai, preocupado, não consente que a filha adolescente vá à festa noturna desacompanhada. A filha, inconformada, obedece ou não, mas, no íntimo, fervilham sentimentos contraditórios, raiva incontida. Imediatamente, se não fala, pensa: "Deixa estar, ele vai me pagar. Quando me pedir qualquer favor, não vou fazer". Ou então: "Pode deixar, um dia é da caça, o outro do caçador".

A irmã deixa de realizar um favor ao irmão... Pronto, a desforra eclodirá no momento oportuno. Ele também deixará de atendê-la.

---

[151] KARDEC, Allan. *O evangelho segundo o espiritismo*. Cap. XIV, it. 3.

O empregado sente-se mal remunerado. Por desforra, faz o serviço mal feito, fala mal do patrão, intriga e, em situações extremas, calunia.

A cozinheira, admoestada pela patroa, sente-se incapaz de reconhecer a falha. O orgulho ferido fala mais alto e, inconformada, aumenta o sal da comida, quando não age de forma pior.

O namorado não telefonou como o combinado, e a namorada passa a não atender os seus chamados.

O cônjuge esqueceu-se do aniversário da esposa, e esta, decepcionada, adota o emburramento. Fica horas e até dias sem trocar qualquer palavra. Outras vezes, com a alma em ebulição: "Não tem importância, vai ter o que merece! É desforra!". São, pois, reações vingativas.

Em meio ao fogo da paixão destruidora, as melhores oportunidades de uma vida feliz se diluem.

Almas que se amam! Inter-relacionamentos doentes! Quem diria?

A atitude de emburramento é mais comum do que se pensa, todavia revela uma alma vingativa. Incapaz de se manifestar verbalmente o que sente, prefere reagir com o silêncio constrangedor. Essa atitude tem o poder de matar aos poucos os tenros sentimentos de carinho, fraternidade, amizade, respeito que deveriam ser cultivados com muito cuidado entre os relacionamentos humanos. Essa reação tem início na infância e, quando não corrigida a tempo, se enraíza na alma e prossegue vida afora. Os próprios pais ou responsáveis "acham bonitinho" ver a criança emburrada. Entretanto, uma vez implantado na alma o hábito do emburramento, bastarão pequenos favores não atendidos para eclodir. É vingança!

A vingança velada é mais comum do que se pensa entre cônjuges, pais e filhos, irmãos, amigos, namorados, patrões e empregados e outros afins. Atitudes aparentemente inocentes revelam os instintos atávicos que moram nas almas invigilantes. Seriam muitos os exemplos a serem citados. Cada leitor faça a sua reflexão e analise os pensamentos e atitudes para que não se surpreenda ao retornar ao plano espiritual como justiceiro dos entes queridos. Certamente, o arrependimento trará amargas lembranças das oportunidades em que o perdão poderia ter reaproximado as almas afins.

O egoísmo, a vaidade e o orgulho calcificam os sentimentos e geram um estado de alma doentio. A sua prática é responsável pelas mazelas que entorpecem a sociedade como um todo e o ser como indivíduo. Desperta o preconceito, semeia o ódio entre pessoas grupos e nações, desestabiliza o equilíbrio familiar e social. Nessa paisagem mental sombria e turbulenta, os Espíritos inferiores encontram sintonia para se aproximar. Uma vez estabelecida a conexão mental, mais difícil se torna o libertar.

O egoísmo estabelece o culto a si mesmo. Tudo deve girar em torno das próprias necessidades. O outro não é importante, não é da sua conta. A alma do egoísta é insensível às necessidades, às dores e às aflições alheias. Não se informa, não quer saber o que se passa com seus familiares, amigos, ou colegas. Os seus talentos, seus bens são sempre maiores; suas conquistas, mais valorosas; suas alegrias, mais merecidas. O outro? É o outro!

Os Espíritos apontam como vício radical: o egoísmo.

> Daí deriva todo mal. Estudai todos os vícios e vereis que no fundo de todos há egoísmo. Por mais que lhes deis combate, não chegareis a extirpá-los, enquanto não atacardes o mal pela raiz, enquanto não houverdes destruído a causa. Tendam, pois, todos os esforços para esse efeito, porquanto aí é que está a verdadeira chaga da sociedade. Quem quiser, desde esta vida, ir aproximando-se da perfeição moral deve expurgar o seu coração de todo sentimento de egoísmo, visto ser o egoísmo incompatível com a justiça, o amor e a caridade. Ele neutraliza todas as outras qualidades.[152]

A vaidade, tanto quanto o egoísmo, ensombra a alma. Entendida como a maneira prazerosa de se apresentar, de morar, de se vestir, de se locomover, engana os mais incautos. Apresentar-se bem faz parte da boa aparência, necessária a diferentes ocasiões sociais e profissionais. Integra-se ao hábito da higiene, da decência, do bom gosto e do respeito para com os demais. É importante notar que a natureza também se veste magnificamente. Muda de roupagem a cada estação. A beleza é obra de Deus. Portanto, apresentar-se bem não se trata de luxo, mas, sim, de boa apresentação, de preferências pessoais e até de gosto mais apurado. É preciso, entretanto, saber discernir como e onde se apresentar para não humilhar quem quer que seja.

Como, então, definir a vaidade e o orgulho?

A vaidade, erva daninha que entorpece a alma, manifesta-se interiormente, com desejo intenso de chamar a atenção, de ver os olhares direcionados

---

[152] KARDEC, Allan. *O livro dos espíritos*. Q. 913.

à sua pessoa, a seus bens, móveis e imóveis, aos feitos e atributos pessoais, físicos ou intelectuais, em detrimento dos demais. Irmã gêmea do orgulho, com ele está sempre lado a lado.

O orgulho faz o indivíduo sentir-se no pedestal, atraindo olhares sempre para ele. Julga ser dotado de capacidade acima de todos, não solicita nem acata sugestões, mesmo que necessárias. Seus bens materiais ou intelectuais estão sempre acima dos bens de seus semelhantes, suas conquistas são mais valorosas e, como tal, julga-se sempre superior em tudo que possui ou realiza. Em tal estado de alma, calcificado pelo brilho pessoal, despreza, desacata ou ignora as pessoas que, materialmente, se encontram em posição inferior; incensa a tudo e a todos que lhe podem favorecer o interesse imediato. Terminado o interesse, descarta-os. O orgulho é o berço de todo preconceito.

Um sintoma camuflado do orgulho é o sentimento de vergonha. O indivíduo, contaminado por esse mal, está sempre preocupado com o que os outros possam pensar dele. Luta contra tudo que não lhe agrada ou que venha embaçar-lhe o brilho, pois isso lhe é motivo de vergonha. Não poupa nem mesmo os pais, que, sem ostentar *status* social e profissional que lhe favoreçam, afasta-os para que não lhe "causem vergonha". Sente-se à vontade entre pessoas abonadas e de posição social de destaque. No seu mundo ilusório, só entram os que com ele se equiparam.

O Espírito François Nicolas Madeleine lembra bem: "Não é *virtuoso* aquele que faz ostentação de sua virtude, pois que lhe falta a qualidade principal: a modéstia; e tem o vício que mais se lhe opõe: o orgulho".[153]

O egoísmo e os sentimentos dele oriundos não se aninham apenas nas almas abastadas. Não! Presentes em todas as camadas sociais, revelam-se, também, em meio à simplicidade e à pobreza, nos casebres ou ao relento das calçadas e dos becos.

Enquanto o Espírito não aceitar que todos foram criados simples e ignorantes para igualmente progredirem a caminho da redenção, atrairá para si todas as dores humanas. À medida que evolui no carreiro das encarnações, as provas e expiações se incumbirão de libertá-lo do egoísmo, substituindo os males pelas virtudes.

Por outro lado, a humildade, a modéstia, a solidariedade, a caridade não são apanágios dos pobres. Podem ser entrevistas também em lares faustosos em que o luxo é simples exigência social. Portanto, as paixões estão entranhadas na

---

[153] KARDEC, Allan. *O evangelho segundo o espiritismo*. Cap. XVII, it. 8.

alma humana, ali acumuladas por séculos e séculos, independentemente da posição social que ocupa, da Religião ou filosofia que professa, da raça que representa.

A humildade propriamente dita não precisa de propaganda. Ela ressalta nos mínimos gestos, nas atitudes, na maneira de falar, de tratar os semelhantes, seja uma pessoa situada no pódio social, seja um simples trabalhador braçal. A humildade, qual raio de Sol, irradia-se por toda parte e aquece as almas irmãs.

Em síntese, o homem de fé, que crê em Deus e no progresso espiritual, utiliza a vontade, o entusiasmo em realizações dignificantes que o induzam à elevação própria e dos semelhantes. Só assim encontrará forças para se afastar dos comportamentos que o aprisionam nas trevas das paixões desequilibrantes. É difícil discernir?

O codificador propôs alguns dos atributos que fazem um homem de bem. Deles segue síntese:

> O verdadeiro homem de bem é o que cumpre a lei de justiça, de amor e de caridade, na sua maior pureza. Se ele interroga a consciência sobre seus próprios atos, a si mesmo perguntará se violou essa lei, se não praticou o mal, se fez todo o bem que podia, se desprezou voluntariamente alguma ocasião de ser útil, se ninguém tem qualquer queixa dele, enfim, se fez a outrem tudo o que desejara lhe fizessem. Deposita fé em Deus, na Sua bondade, na Sua justiça e na Sua sabedoria. Sabe que, sem a Sua permissão, nada acontece e se Lhe submete à vontade em todas as coisas. Tem fé no futuro, razão por que coloca os bens espirituais acima dos bens temporais. [...] Possuído do sentimento de caridade e de amor ao próximo, faz o bem pelo bem, sem esperar paga alguma, retribui o mal com o bem, toma a defesa do fraco contra o forte e sacrifica sempre seus interesses à justiça; [...] O homem de bem é bom, humano e benevolente para com todos, sem distinção de raças, nem de crenças porque em todos os homens vê irmãos seus. [...] Não alimenta ódio nem rancor, nem desejo de vingança; a exemplo de Jesus, perdoa e esquece as ofensas e só dos benefícios se lembra, por saber que perdoado lhe será conforme houver perdoado. [...] Finalmente, o homem de bem respeita todos os direitos que aos seus semelhantes dão as leis da natureza, como quer que sejam respeitados os seus.[154]

O Espírito Joanna de Angelis também aborda a temática das paixões:

---

[154] KARDEC, Allan. *O evangelho segundo o espiritismo*. Cap. XVII, it. 3.

A força da emotividade que propele o homem à paixão procede do íntimo do ser espiritual, transformando-se em reação orgânica através da qual se alça aos cumes do enobrecimento ou derrapa nas valas das torpes viciações em que se chafurda. Quando o ideal de edificação do bem, sob qualquer aspecto manifestado, se apresenta forte e dominador, é a paixão que arrebata a criatura, fazendo-a alterar rotas, remover obstáculos, vencer problemas. [...] E Jesus, dominado pela paixão do Amor, no seu mais elevado grau, doou-se, a fim de que os homens, por meio de Suas lições, pudessem se encontrar, marchando na direção do reino de Deus. É, todavia, nos excessos tortuosos do crime e das dissipações mais vis, que o espírito, aturdido pela matéria que o reveste, se compraz, retardando a liberdade a que aspira; tudo permuta pelo flagício do estreito cárcere em que se enclausura moralmente. [...] Conveniente utilizar-se, desde logo, dos antídotos poderosos para as paixões que desgovernam os homens e a época e de que nos são excelentes provas a química do amor e a dinâmica da caridade de que o Cristo se fez paradigma por excelência.[155]

Há pessoas, e não são poucas, que têm o hábito de culpar os Espíritos pelos erros que cometem. Podem estar certas! Mas nem sempre! O homem é um Espírito que pensa e age de acordo com o livre-arbítrio. Se errou, certamente, foi de vontade própria. Se induzido por entidades espirituais, certamente, foi conivente. Não há influência, não há obsessão sem que se abram as portas mentais para lhe dar guarida. As paixões descontroladas são convites ao compartilhamento mental. Conforme explicam os Espíritos da Codificação:

> Como se poderá determinar o limite onde as paixões deixam de ser boas para se tornarem más? As paixões são como um corcel, que só tem utilidade quando governado e que se torna perigoso desde que passe a governar. Uma paixão se torna perigosa a partir do momento em que deixais de poder governá-la e que dá em resultado um prejuízo qualquer para vós mesmos, ou para outrem. Não haverá paixões tão vivas e irresistíveis que a vontade seja impotente para dominá-las? Há muitas pessoas que dizem: Quero, mas a vontade só lhes está nos lábios. Querem, porém, muito satisfeitas ficam que não seja como "querem". Quando o homem

---

[155] FRANCO, Divaldo P. *Após a tempestade*. Cap. 4.

crê que não pode vencer as suas paixões, é que o seu Espírito se compraz nelas, em consequência da sua inferioridade. Compreende a sua natureza espiritual aquele que as procura reprimir. Vencê-las é, para ele, uma vitória do Espírito sobre a matéria.[156]

Para que o Espírito vença os vícios, as imperfeições e promova a própria evolução, há que iniciar o seu intento pela destruição do egoísmo, e isso ocorrerá com a valorização da vida moral acima da material.

A resposta dada pelo Espírito Erasto à questão que segue merece reflexão:

> [...] quais os sinais pelos quais reconheceremos os que se acham no bom caminho?
> — Reconhecê-los-eis pelos princípios da verdadeira caridade que eles ensinarão e praticarão. Reconhecê-los-eis pelo número de aflitos a que levem consolo; reconhecê-los-eis pelo seu amor ao próximo, pela sua abnegação, pelo seu desinteresse pessoal; reconhecê-los-eis, finalmente, pelo triunfo de seus princípios, porque Deus quer o triunfo de Sua lei; os que seguem Sua lei, esses são os escolhidos e Ele lhes dará a vitória; mas Ele destruirá aqueles que falseiam o espírito dessa lei e fazem dela degrau para contentar sua vaidade e sua ambição.[157]

O esforço para dominar as más paixões atrai a simpatia dos bons Espíritos, confere força, coragem e persistência para vencer as influências infelizes. Os obsessores, por sua vez, ante a resistência de sua vítima, não tendo meios para atacar, afastam-se, ou melhoram-se pelo exemplo.

---

[156] KARDEC, Allan. *O livro dos espíritos*. Q. 908 e 911.
[157] Id. *O evangelho segundo o espiritismo*. Cap. XX, it. 4.

11

O QUE É OBSESSÃO?

E quando chegaram à multidão, aproximou-se-lhe um homem, pondo-se de joelhos diante dele e dizendo: "Senhor tem misericórdia de meu filho, que é lunático e sofre muito, pois muitas vezes cai no fogo e muitas vezes na água". E trouxe-o aos teus discípulos, e não puderam curá-lo. E Jesus, respondendo, disse: "Ó geração incrédula e perversa! Até quando estarei eu convosco e até quando vos sofrerei? Trazei-mo aqui". E repreendeu Jesus o demônio que saiu dele e, desde aquela hora, o menino sarou. Então, os discípulos, aproximando-se de Jesus em particular, disseram: "Por que não pudemos nós expulsá-lo?" E Jesus lhes disse: "Por causa da vossa pouca fé. Porque em verdade vos digo que, se tiverdes fé como um grão de mostarda, direis a este monte: Passa daqui para acolá, e ele há de passar, e nada vos será impossível".[158]

No sentido amplo da palavra, pode-se entender a obsessão como sendo uma influência externa, persistente, irresistível e sedutora a cativar indivíduos facilmente influenciáveis ou com débitos consignados, pois que se comprazem no prazer de seduzir ou serem seduzidos por pessoas, vícios, objetos, fortuna, bens, que os enrodilham no mal.

A obsessão, definida por Allan Kardec, "é a ação persistente que um Espírito mau exerce sobre um indivíduo. Apresenta caracteres muito diversos, desde

---

[158] MATEUS, 17:14 a 20.

a simples influência moral, sem perceptíveis sinais exteriores, até a perturbação completa do organismo e das faculdades mentais. [...]"[159]

Os Evangelhos e a cura das obsessões realizadas por Jesus são documentos autênticos, não apenas de uma era, mas de todas as eras. Ao longo dos séculos, as obsessões continuam afetando a humanidade.

Dependendo do grau de inteligência, astúcia, maldade ou ignorância do Espírito, a atuação pode se apresentar de forma sutil, imperceptível ou então ostensiva e declarada. Pode ainda ser uma atuação individual ou coletiva.

Por ser uma ação persistente e que geralmente atinge o psiquismo humano, não raramente é confundida com moléstias físicas, psíquicas ou loucura. Sua manifestação pode ocorrer de forma intermitente ou contínua. Quando contínua e persistente, ao longo do tempo, pode lesar o cérebro. Nesse caso, desabrocha a loucura propriamente dita. Eis por que reclama duplo tratamento: espiritual e físico.

Allan Kardec fez um estudo minucioso sobre a obsessão e, de acordo com a gravidade, classificou-a, inicialmente, de obsessão simples, fascinação e subjugação. Mais tarde, após aprofundar suas pesquisas e observar inúmeros casos, chegou à conclusão de que há um estágio ainda mais avançado: a possessão.

Mais frequentemente do que se possa imaginar, a obsessão se instala nas mentes frágeis e invigilantes, prejudica os indivíduos, dificulta-lhes os relacionamentos, o emprego, os negócios, as alegrias sociais sem que dela se apercebam. O interesse sincero pelo Evangelho de Jesus abrir-lhes-ia as portas do entendimento e da libertação. No entanto, a indiferença às Suas sublimes lições fecha-lhes os olhos à verdade.

A experiência tem demonstrado que, justamente no momento em que mais se necessita do auxílio de Jesus e de seus prepostos, a criatura foge. Naturalmente, não se propõe a resistir o domínio invisível. Dependendo da causa e do grau de atuação, a fé, a oração, a persistência e a força de vontade são ferramentas que abrem caminhos para a libertação. Ao contrário do que se supõe,

> [...] as obsessões individuais são muitíssimo frequentes e se apresentam sob os mais variados aspectos [...] Podem, não raro, trazer consequências danosas à saúde, seja agravando afecções orgânicas já existentes, seja ocasionando-as. Um dia, virão a ser, incontestavelmente, arroladas entre

---

[159] KARDEC, Allan. *O evangelho segundo o espiritismo*. Cap. XXVIII, it. 81.

as causas patológicas que requerem, pela sua natureza especial, especiais meios de tratamento. [...][160]

É possível identificá-la no seu início?

A obsessão, geralmente, se instala de forma muito simples, pois se trata da influência de semelhante para semelhante. Assim, o encarnado manifesta interesse por algo ilícito, prejudicial a si ou a outrem. Cria mentalmente a imagem de seu desejo, esta, por sua vez, modelada em substância eletromagnética, ganha forma, vida, som, colorido e atrairá entidades cujas vontades se assemelham.

De um tratado sobre os possessos de Morzine, sobressai o seguinte:

> Quando um Espírito quer agir sobre uma pessoa, dela se aproxima e a envolve, por assim dizer, com o seu perispírito, como num manto; os fluidos se interpenetram, os dois pensamentos e as duas vontades se confundem e, então, o Espírito pode servir-se daquele corpo como se fora o seu próprio, fazê-lo agir à sua vontade, falar, escrever, desenhar, etc. Tais são os médiuns. Se o Espírito for bom, sua ação será suave, benéfica e só fará boas coisas; caso seja mau, fará maldades; se for perverso e mau, ele o constrange, como se o imobilizasse numa camisa de força, até paralisar a vontade e a própria razão, que abafa com seus fluidos, como se apaga o fogo sob um lençol d'água. Faz com que pense, fale e aja por ele, induzindo-o contra a vontade a praticar atos extravagantes ou ridículos; numa palavra, magnetiza-o e o faz entrar numa espécie de catalepsia moral, de modo que o indivíduo se torna um instrumento cego de sua vontade. Tal é a causa da obsessão, da fascinação e da subjugação, que se apresentam em diversos graus de intensidade. O paroxismo da subjugação é vulgarmente chamado possessão.[161]

Como se observa nas elucidações de Kardec, o mecanismo de aproximação entre Espíritos e encarnados, sejam eles superiores ou inferiores, é o mesmo. A diferença se estabelece no móvel da intenção que se revela pela similitude de pensamentos. Aplicando a lei de sintonia de forma simplificada: o bem atrai o bem, o mal atrai o mal.

---

[160] KARDEC, Allan. *A gênese*. Cap. XV, it. 35.
[161] Id. *Revista Espírita*, dezembro de 1862.

Quando se estabelece a obsessão, identificá-la o mais cedo possível faculta sucesso no tratamento e, sem delongas, deve ser extensivo ao causador. Assim, é possível evitar males que, se não tratados, podem se estender pelo futuro e pôr em risco a sanidade da vítima. A atuação duradoura e persistente de um Espírito agressor poderá causar a desarmonia do cérebro, a desorganização do metabolismo físico e fragilizar órgãos vitais. Sem que haja tratamento associado, no qual medicina e Espiritismo caminhem juntos, a lesão cerebral pode tornar-se irreversível.

Dr. Bezerra de Menezes, enquanto encarnado, em um de seus livros, aborda os problemas graves da obsessão que atingiu um de seus filhos:

> Quem vê um louco, vê um obsidiado, tanto que até hoje se tem confundido um com o outro. O mesmo olhar desvairado, a mesma apatia fisionômica, ora a excitação até a fúria, ora a prostração até o indiferentismo, sempre a incoerência das ideias. Se um tem momentos lúcidos, o outro igualmente os tem; se um pode cair no idiotismo, o outro também. Efetivamente, Hahnemann disse, e nós temos observado, que a obsessão desprezada determina lesão orgânica do cérebro, donde a coexistência das duas causas da perturbação mental. [...][162]

Um Espírito revoltado, magoado, ferido e injustiçado tem a ideia fixa de fazer justiça com as próprias mãos. Não lhe importam os meios. Antes de atacar, observa e estuda pacientemente o ambiente e o campo mental a ser invadido, analisa os hábitos de sua vítima, as atitudes, preferências, companhias, locais frequentados. De posse de todas as informações necessárias, coloca-se à espreita e, sem pressa, aguarda o momento propício. Quando flagra o objeto de sua ira sem qualquer proteção moral, age tal qual o delinquente que se aproveita das sombras da noite para assaltar.

Há obsessões que transcendem a reencarnação.

Existem circunstâncias em que o indivíduo, sem o saber, fica sob a mira do obsessor por muito tempo antes de ser atacado. Os planos de cada obsessor, de acordo com a agressão sofrida, podem abranger diferentes formas de vingança: perda de bens materiais, afastamento de entes queridos, adultério, situações que coloquem a pessoa no ridículo, enfim, sofrimentos físicos e morais incluindo a indução ao suicídio. A vítima, por sua vez, sob o jugo da obsessão, passa

---

[162] MENEZES, Dr. Bezerra de. *A loucura sob novo prisma*. Cap. III.

a agir de conformidade com a vontade de seu indutor. Para os semelhantes, seus atos passam a ser absurdos: perde o bom senso e o discernimento e, sem entender o porquê, acaba afastando as pessoas do seu convívio. Inicialmente, alguns traços estranhos de sua personalidade passam despercebidos. Se notados, não acata qualquer conselho ou direcionamento. Expõe e defende as ideias mais absurdas como se fossem verdadeiras.

Geralmente, o ser obsidiado apresenta períodos de ostracismo alternados à agressividade. Isola-se em ambientes fechados, sob a sugestão impostora. É técnica comumente utilizada pelo algoz para facilitar o assédio sem interferência de amigos e familiares. Não raramente, a vítima passa a ouvir vozes entremeadas de zombaria, ironia, sarcasmo, quando não ameaçadoras, sons e gargalhadas aterradores. Outras vezes, fala com pessoas invisíveis aos demais. Sua linguagem não tem nexo para os que o ouvem. Constantemente, toma atitude que o coloca em perigo ou sob o ridículo dos que o cercam. Os seus atos são, total ou parcialmente, conduzidos pelo obsessor, que se aproveita da invisibilidade para alcançar seus objetivos. Para a ciência, alheia à essência espiritual, são atitudes que não passam de alucinação. Entretanto, muito bem definida pelos Espíritos, caracterizam-se por obsessão.

Certa feita, houve um caso muito preocupante que atingiu um jovem inteligente, pianista conhecido na cidade em que vivia. Foi um período de atroz sofrimento para a família. Tudo começou durante uma reunião de amigos. Otávio havia brigado com a namorada. Foi então que lhe falaram de uma médium que conversava com os Espíritos. De acordo com o informante, ela resolvia brigas de amor e até arrumava namorada para quem o desejasse. No momento, ele não se interessou, até achou graça, mas, dias depois, lembrando-se da namorada, veio à mente a conversa que tivera com os amigos. Ficou muito curioso e resolveu descobrir se era verdade. Procurou-os e, conversa vai, conversa vem, como quem não quer nada, entrou no assunto. Conseguiu com facilidade o endereço da médium que adivinhava e resolvia todos os males de amor.

Acreditando que encontrara o caminho para a solução de seu problema, lá foi ele se consultar com aquela senhora. Logo de início, já levou um susto. O serviço não era tão barato quanto pensava. Suas economias iam água abaixo, mas que importa, pensou, valia pagar. Depois de esperar o atendimento de algumas pessoas, foi ele atendido. Como os demais, adentrou um recinto sombrio, cujas formas se destacavam pela luminescência avermelhada.

A médium, após alguns trejeitos, começou a falar com voz masculina:

— Sua vinda aqui foi programada. Eu já sabia que mais cedo ou mais tarde se juntaria aos nossos. Seja bem-vindo!

— Eu só vim aqui para saber a causa do afastamento de Alvine e o que fazer para que ela retorne para mim.

— Ela voltará. Para isso é preciso que você frequente o nosso terreiro. Tem muito trabalho a sua espera. Pode ir.

— Nada mais a dizer?

— Nada, só quando você voltar.

Ele ficou intrigado. Quem era aquela criatura que lhe falara com tanta segurança? Parecia conhecê-lo. No entanto, não lhe dera qualquer esperança.

O que Otávio não sabia era que, alguns meses atrás, Alvine visitara essa mesma médium para saber se o jovem a amava mesmo. Dali saiu cheia de dúvidas.

Um grupo de Espíritos mal-intencionados, a serviço da médium, seguiu a jovem e passou a monitorar os seus encontros com o namorado. Aos poucos, foram instalando dúvidas e inseguranças na alma dos jovens. Interessados na mediunidade de Otávio, resolveram seduzi-lo para as atividades que desenvolviam. A trama se desenrolou silenciosamente no plano invisível e a separação foi inevitável.

Otávio não tinha intenção de voltar ali, mas a entidade incumbida de inseri-lo nas atividades noturnas passou a assediá-lo dia e noite. Estabeleceu-se o desassossego e a curiosidade. Ele não resistiu, voltou.

Alguns dias ele participou, embora contrariado, de atividades estranhas. Sentia-se mal, adormecia e nada recordava do que havia se passado. Acordava cansado. A vestimenta em desalinho, sensação de angústia... Voltava para casa com os pensamentos embaralhados, esquisitos. As dores de cabeça passaram a atormentá-lo. Seus afazeres foram se amontoando. A música já não mais interessava a ele e nada de Alvine voltar. Alguma coisa estava errada. Acabou revelando para a família o que estava acontecendo. Ninguém caminha só neste mundo. O Pai jamais abandona seus filhos. Foi pelas preces de sua mãe que Otávio foi intuído a não mais voltar àquelas atividades estranhas. Sabia que a sua imprudência lhe custara muito caro. Mas era tempo de voltar atrás!

Ao se afastar daquele grupo, a sua vida se transformou num caos. Otávio desconhecia sua aptidão mediúnica e não tinha nenhum conhecimento sobre o assunto. Nunca se dera ao interesse de ler o Evangelho de Jesus, de procurar uma Religião e muito menos de orar. Não tinha tempo!

De repente, ele se transformou. Seu estado de ânimo se alterou e passou a ter crises constantes e violentas. Revirava a casa toda. Retirava todas as roupas do armário, das gavetas e jogava pela janela. Tratava os pais como verdadeiros inimigos. Ameaçava todos que dele se aproximavam. O desassossego se instalou dia e noite naquela casa outrora feliz.

Seus pais, assustados com o que estava acontecendo e intuídos pelo protetor, recorreram a alguns amigos que frequentavam um Centro onde estudavam a Doutrina Espírita. Os amigos passaram a dar apoio à família. Quando Otávio se alterava, não atendia ninguém. Os dias foram passando e a situação piorava mais. Outros amigos, de outros Núcleos Espíritas, se incorporaram ao grupo de apoio espiritual. Juntos ou se revezando, cada grupo se fazia presente, em horários alternados, naquele lar dominado pela perturbação. Liam o Evangelho, oravam e nada do jovem se equilibrar. O obsessor era incansável. Otávio deixou de se alimentar e pouco a pouco se enfraquecia física e mentalmente, mas, quando dominado pelo obsessor, ele levantava camas e armários com uma força descomunal. Tudo em sua casa estava quebrado ou destruído. Os pais não sabiam mais o que fazer. Finalmente, a entidade se manifestou:

— É muito simples, volte a trabalhar com nossos médiuns e tudo voltará ao normal.

Orientado pelos amigos, Otávio passou a ser tratado por um médico espírita que se dedicou especialmente a seu caso. Por meio dos trabalhos de desobsessão, a entidade e seu grupo foram doutrinados. Vale dizer que isso não ocorreu da noite para o dia. Não! Foi um trabalho exaustivo, exigiu muita paciência e perseverança. Havia períodos de recaída, mas a família persistiu. Finalmente, o jovem começou a participar de um grupo de estudos. E após meses e meses de aflições, a paz retornou ao seu lar. Durante o período obsessivo, Alvine ficou afastada, mas, assim que Otávio voltou à normalidade, ela também se integrou ao grupo de estudos.

O que realmente ficou dessa experiência? Seria uma prova, uma expiação? Certamente não!

Muitas coisas que ocorrem na vida do ser humano não estão inseridas no capítulo das provas ou expiações. O homem, em virtude do livre-arbítrio e dominado pela curiosidade, age com imprudência e atrai para si e também para os semelhantes verdadeiros tormentos desnecessários. Artífice do próprio destino, o ser humano retira dos desatinos que semeia lições preciosas.

É importante ressaltar que Espíritos bons, trabalhadores na reconstrução moral do planeta, não se prestam a qualquer atividade remunerada. Não se dedicam a intrigas e recadinhos, não constrangem, não impõem condições, qualquer que seja a situação. Não interferem no livre-arbítrio de ninguém. Jamais mentem, agridem ou dominam. Valorizam o tempo e o utilizam com parcimônia. O seu trabalho é inteiramente dedicado ao Amor e à caridade de acordo com os princípios propostos pelas leis do Senhor. No entanto, afirma Kardec: "Os Espíritos vulgares [...] Metem-se em nossas reuniões, negócios, divertimentos, nos quais tomam parte, mais ou menos ativa, segundo seus caracteres. Não podendo satisfazer às suas paixões, gozam na companhia dos que a elas se entregam e os excitam a cultivá-las. [...]"[163]

Questionados num outro momento, os Espíritos da Codificação esclareceram:

> Por que é que alguns Espíritos seguiram o caminho do bem e outros, o do mal? Não têm eles o livre-arbítrio?
>
> Deus não os criou maus; criou-os simples e ignorantes, isto é, tendo tanta aptidão para o bem quanto para o mal. Os que são maus assim se tornaram por vontade própria.
>
> Como podem os Espíritos, em sua origem, quando ainda não têm consciência de si mesmos, gozar da liberdade de escolha entre o bem e o mal? Há neles algum princípio, qualquer tendência que os encaminhe para uma senda de preferência a outra?
>
> O livre-arbítrio se desenvolve à medida que o Espírito adquire a consciência de si mesmo. Já não haveria liberdade, desde que a escolha fosse determinada por uma causa independente da vontade do Espírito. A causa não está nele, está fora dele, nas influências a que cede em virtude da sua livre vontade. É o que se contém na grande figura emblemática da queda do homem e do pecado original: uns cederam à tentação, outros resistiram.
>
> Donde vêm as influências que sobre ele se exercem?
>
> Dos Espíritos imperfeitos, que procuram apoderar-se dele, dominá-lo e que rejubilam com o fazê-lo sucumbir. Foi isso o que se intentou simbolizar na figura de Satanás.
>
> Tal influência só se exerce sobre o Espírito em sua origem?
>
> Acompanha-o na sua vida de Espírito, até que haja conseguido tanto império sobre si mesmo que os maus desistem de obsidiá-lo.[164]

---

[163] KARDEC, Allan. *O livro dos espíritos*. Q. 317 (nota).
[164] KARDEC, Allan. *O livro dos espíritos*. Q. 121, 122.

As Leis divinas são inquestionáveis. Roteiro de justiça, de disciplina e Amor, reconduzem a criatura humana aos braços do Pai. Desviar-se do roteiro divino significa perder-se pelas estradas conturbadas da vida. É nessas circunstâncias que surge uma disciplinadora insuperável: a dor. Quando o indivíduo, à revelia, ignora as Leis divinas e as leis humanas, acaba trilhando caminhos que o levarão diretamente para os braços dessa mestra ímpar.

Jesus, conhecedor das fragilidades humanas, convidou a todos à vigilância e à oração. Quando a criatura mantém os pensamentos sob controle e a prece como hábito salutar, torna-se mais difícil para o obsessor surpreender a sua vítima. Por outro lado, o exercício da dignidade, nobreza de ideais, honestidade, elevação moral, ergue uma barreira contra o perseguidor e pode, inclusive, ajudá-lo, pois, ao perceber o processo regenerador de sua vítima, envergonha-se da perseguição e quase sempre, ante o bom exemplo, regenera, desiste e perdoa.

A obsessão não surgiu com Allan Kardec ou a Codificação da Doutrina Espírita. Não! Ele apenas foi a campo, observou os fatos, estudou e pesquisou todos os fenômenos e, cientificamente, desvendou seus mistérios. Desbravou os caminhos para se chegar à solução.

A obsessão é um mal que sempre assolou a humanidade, sua origem se perde na noite dos tempos. Os primeiros registros da existência do homem sobre a face do planeta já apresentam notícias do fenômeno obsessivo. O Antigo e o Novo Testamento são documentos que expressam essa realidade:

> E aconteceu [...] que andava de cidade em cidade e de aldeia em aldeia, pregando e anunciando o Evangelho do reino de Deus, e os doze iam com ele. E algumas mulheres que haviam sido curadas de Espíritos malignos e de enfermidades: Maria, chamada Madalena, da qual saíram sete demônios; Joana, mulher de Cusa, procurador de Herodes; Suzana e muitas outras que o serviam com suas fazendas.[165]

Na antiguidade, os obsidiados eram tratados com violência e desprezo. Abandonados pela família, execrados pela comunidade, viviam na marginalidade social. Foi com Jesus que a obsessão recebeu maior atenção e o obsidiado foi tratado com respeito. No entanto, na Idade Média, recrudesceu a violência contra médiuns e obsidiados. Os suspeitos eram condenados e queimados vivos em fogueiras

---

[165] Lucas, 8:1 a 3.

montadas em praças públicas. Para tanto, era suficiente ver ou ouvir os Espíritos para ser perseguido, aprisionado e levado às fogueiras. Nos últimos séculos, as criaturas atingidas pela obsessão eram taxadas de loucas e, como tal, eram trancafiadas em hospícios e precariamente tratadas sob procedimentos desumanos. Na atualidade, a medicina tem se preocupado em adotar métodos de tratamento mais humanizados. A descoberta de técnicas e medicamentos apropriados tem colaborado com a recuperação de muitos casos, mas a cura das moléstias obsessivas só será efetivada com a moralização consciente de obsidiado e obsessor.

Esclarece Allan Kardec:

> Com um Espírito deve-se lutar, não corpo a corpo, mas de Espírito a Espírito; e é ainda o mais forte que vencerá. Aqui a força está na autoridade que se pode exercer sobre o Espírito, e tal autoridade está subordinada à superioridade moral. Esta é como o Sol, dissipa o nevoeiro pela força de seus raios. Esforça-se por ser bom; torna-se melhor se já se é bom; purifica-se de suas imperfeições; numa palavra, eleva-se moralmente o mais possível, tal é o meio de adquirir o poder de dominar os Espíritos inferiores, para os afastar. Do contrário, zombarão de vossas ordens.[166]

Com a Doutrina dos Espíritos, Cristianismo Redivivo para os novos tempos, a obsessão passou a ser vista e tratada como doença espiritual, e o obsidiado, como um doente necessitado de cuidados e, ainda mais, o obsessor também foi incluído no tratamento, como uma vítima do passado ou do presente que necessita de atenção e amor.

O Espírito André Luiz faz um relato impressionante da obsessão sofrida por um dos assistidos de seu instrutor. Seguem alguns excertos:

> Daí a minutos, acompanhando-o, penetrei no vasto hospital, detendo-nos diante do leito de certo enfermo que o Assistente deveria socorrer. Abatido e pálido, mantinha-se, ele, unido a deplorável entidade do nosso plano em míseras condições de inferioridade e sofrimento. O doente, embora quase imóvel, acusava forte tensão de nervos, sem perceber com os olhos físicos a presença do companheiro de sinistro aspecto. Pareciam visceralmente jungidos um ao outro tal a abundância de fios tenuíssimos que mutuamente

---

[166] KARDEC, Allan. *Revista Espírita*, dezembro de 1862.

> os entrelaçavam desde o tórax à cabeça, pelo que se me afiguravam dois prisioneiros de uma rede fluídica. Pensamentos de um deles, com certeza, viveriam no cérebro do outro. Comoções e sentimentos seriam permutados entre ambos, com matemática precisão. Espiritualmente, estariam de contínuo, perfeitamente identificados entre si. Observava-lhes, admirado, o fluxo de comuns vibrações mentais. [...]
>
> — Examinamos aqui dois enfermos; um na carne; outro, fora dela. Ambos trazem os cérebros intoxicados, sintonizando-se absolutamente um com o outro...[167]

Para informar André Luiz sobre a situação do assistido, Calderaro narra em que circunstâncias se uniram vítima e algoz, bem como a sequência do tratamento: "Há vinte anos, aproximadamente, este amigo pôs fim ao corpo físico de seu atual verdugo, num doloroso capítulo de sangue. [...]".[168]

Relata, então, o instrutor, todas as providências que o assassino tomou para fugir da justiça humana sem, contudo, fugir de si mesmo.

Sobre o quadro doloroso, prossegue André a sua narrativa:

> A entidade desencarnada, concentrando a mente na ideia de vingança, passou perseverante a segui-lo. [...] O encarnado, depois de reiteradas vibrações no campo de pensamento, em fuga da recordação e do remorso, arruinou os centros motores, desorganizando também o sistema endócrino e perturbando os órgãos vitais. O desencarnado converteu todas as energias em alimento da ideia de vingança, acolhendo-se ao ódio em que se mantém foragido da razão e do altruísmo. [...]

Após ouvir as profundas e esclarecedoras explanações do instrutor, André Luiz o interroga:

— Por que os não socorrer com palavras de esclarecimento?

— Falaríamos em vão, André, porque ainda não sabemos amá-los como se fossem nossos irmãos ou nossos filhos [...]

Após alguns minutos, adentra a porta uma senhora que estava sendo aguardada por Calderaro, que murmura:

---

[167] XAVIER, Francisco C. *No mundo maior*. Cap. 3.
[168] Id. Ibid. Cap. 4.

— É a irmã Cipriana, a portadora do amor fraternal, que ainda não adquirimos.[169]

Após breve entendimento, já no capítulo seguinte, relata André que Cipriana dirigiu-se em prece aos doentes: "Estendeu as mãos para os dois desventurados atingindo-os com o seu amoroso magnetismo e notei, assombrado, que o poder daquela mulher sublimada lhes modificava o campo vibratório. Sentiram-se, ambos, desfalecer, oprimidos por uma força que os compelia à quietação".[170]

Envolvida amorosamente naquele tratamento, Cipriana, com palavras de esclarecimento, impregnadas do mais puro amor, resgatou aquelas duas almas endurecidas.

A autoridade moral, ressaltada por Kardec, foi imprescindível e, naquele drama doloroso, desfez a simbiose mental entre obsessor e obsidiado.

Relatos legados pelos evangelistas revelam impressionantes referências para a modernidade. Narra Marcos, que

> [...] ao chegar à província dos gadarenos, Jesus saiu do barco e logo veio a Seu encontro um homem dominado por Espírito imundo. Ele morava nos sepulcros e ninguém conseguia prendê-lo. Muitas vezes fora preso com grilhões e cadeias e os mesmos foram destroçados. Ninguém o conseguia amansar. Andava ele noite dia se ferindo com pedras e clamando pelos montes e pelos sepulcros. E ao ver Jesus, correu e adorou-o, dizendo em altos brados: "Que tenho eu contigo, Jesus, Filho do Deus Altíssimo? Conjuro-te por Deus que não me atormentes." [Porque lhe dizia: Sai deste homem, Espírito imundo] E perguntou-lhe: "Qual é o teu nome?" E lhe respondeu, dizendo: "Legião é o meu nome porque somos muitos." E rogava-lhe que não os enviasse para fora daquela província. E andava pastando nas proximidades uma grande manada de porcos. E todos aqueles demônios lhe rogavam dizendo: "Manda-nos para aqueles porcos, para que entremos nele." Jesus logo lho permitiu. E, saindo, aqueles Espíritos imundos entraram nos porcos; e a manada se precipitou por um despenhadeiro no mar [eram quase dois mil] e se afogaram. Os que apascentavam os porcos fugiram e anunciaram o fato na cidade e nos campos e muitos saíram para ver o que havia acontecido. E foram ter com Jesus, e viram o

---

[169] XAVIER, Francisco C. *No mundo maior*. Cap. 4.
[170] Id. Ibid. Cap. 5.

endemoninhado assentado e vestido em perfeito juízo, e temeram. E os que aquilo tinham visto contaram-lhes o que acontecera ao endemoninhado e acerca dos porcos. E começaram a rogar-lhes que saísse de sua província. [...] Jesus entrou no barco e o endemoninhado rogava para que o levasse com Ele. Jesus, porém, não o permitiu, mas disse-lhe: "Vai para a tua casa, para os teus e anuncia-lhes quão grandes coisas o Senhor te fez e como teve misericórdia de ti." E ele foi e começou a anunciar em Decápolis quão grandes coisas Jesus lhe fizera; e todos se maravilharam.[171]

Entre tantos outros casos registrados no Evangelho de Jesus, esse se destaca pela sua peculiaridade. À primeira vista, impressiona justamente por ter sido mal compreendido por aqueles que presenciaram e registraram a cura realizada por Jesus. A Sua autoridade moral sobre os Espíritos inferiores é incontestável. Os termos *demônio, endemoninhado* que alegaram ao obsessor e à vítima, respectivamente, são produtos da ignorância que imperava naqueles tempos. Não chegara ainda o momento de Jesus corrigi-los. Ele sabia que somente o tempo se incumbiria de mostrar a verdade.

O afastamento dos obsessores foi imediato, todavia o Mestre do Amor, do perdão e da Justiça jamais prejudicaria os criadores de porcos causando-lhes enorme prejuízo. Se é que realmente existissem esses criadores, pois, conforme afirma Kardec: "O fato de serem alguns maus Espíritos mandados meter-se em corpos de porcos é o que pode haver de menos provável. Aliás, seria difícil explicar a existência de tão numeroso rebanho de porcos num país onde esse animal era tido em horror e nenhuma utilidade oferecia para a alimentação".[172]

Por outro lado, não se pode aceitar que Jesus, detentor de autoridade moral inigualável, se daria ao absurdo de atender os caprichos esdrúxulos de Espíritos dessa categoria.

Se realmente ali estavam os porcos, pode-se deduzir, de forma racional, que os Espíritos, obrigados a abandonar a sua vítima, espantaram, deliberadamente, a manada de porcos com o intuito de tumultuar, como o fariam moleques arteiros expulsos do local de suas diabruras. Isso não é inviável. Sabe-se hoje que

> [...] os Espíritos podem tornar-se visíveis e tangíveis aos animais e, muitas vezes, o terror súbito que eles denotam, sem que lhe percebais a

---

[171] Marcos, 5:1 a 20.
[172] KARDEC, Allan. *A gênese*. Cap. XV, it. 34.

causa, é determinado pela visão de um ou de muitos Espíritos, mal-intencionados com relação aos indivíduos presentes, ou com relação aos donos dos animais.[173]

Com o advento da Doutrina Espírita, os inúmeros fenômenos mediúnicos, até então inexplicáveis, foram desvendados. Outra possibilidade pode explicar o fenômeno, graças às propriedades que o perispírito apresenta. Assim sendo, é possível que, naquele momento, ao deixar o corpo da vítima, os Espíritos que se autodenominaram *Legião* estivessem transmudados pelo fenômeno da licantropia (ou zoantropia). Nesse estado, sob a forma de porcos, tornaram-se visíveis aos espectadores. O Mestre teria poder para facultar essa visão a fim de comprovar o fenômeno e alertar os presentes. No entanto, o que ressalta do fato é a cura imediata do doente e o conselho do Cristo para que o ex-obsidiado se reintegrasse ao grupo familiar, cuja presença saudável seria atestado vivo de sua cura e da misericórdia de Deus.

A mente humana pode ser comparada a uma casa. Se permanecer constantemente limpa, iluminada e protegida, certamente estará a salvo dos invasores. No entanto, se permanecer longo tempo na obscuridade, carente de higiene mental e sem conexão com a espiritualidade superior, certamente será invadida pelos seres das sombras. Não foi por acaso que Jesus aconselhou seus discípulos: "Vigiai e orai para que não entreis em tentação".[174]

A vigilância mental, enriquecida pela fé, pela humildade e acrescida da prece sincera, representa terapêutica preventiva contra a invasão de salteadores dos planos inferiores, pois afasta escolhos e estabelece canal iluminado que facultará o vínculo com os planos maiores.

A influência perniciosa que um indivíduo exerce sobre outro, seja ele encarnado ou desencarnado, gera consequências desastrosas no curto ou no longo prazo e prenuncia aflições futuras. Com vistas à solução para esses males, o codificador estudou exaustivamente esse fenômeno, em grande parte, responsável pelas tragédias que enxameiam a história da humanidade.

A Terra é um planeta em que seus habitantes já passaram pelo período primitivo. Atualmente, atravessam o período de provas e expiações a vislumbrar no horizonte o estágio de regeneração. Vencida essa fase, alçarão voo para os mundos felizes, ponte luminosa para os mundos celestes ou divinos. Os homens,

---

[173] KARDEC, Allan. *O livro dos médiuns*. Segunda parte, cap. XXII, it. 236.
[174] Mateus, 26:41.

em sua generalidade, ainda carreiam, nos arquivos espirituais, as marcas de um passado tenebroso, tumultuado pelos instintos herdados do primitivismo não tão distante da atualidade.

Predestinado ao progresso e à perfeição, o ser humano deverá alcançar o próximo estágio livre de qualquer sombra de ódio e descrença. Há muito ainda a realizar. Para tanto, é necessário ressarcir débitos, vencer provas e expiações das quais, em se saindo vitorioso, alcançará os patamares seguintes da evolução. É certo que há um longo caminho a percorrer. Muitas são as provas a vencer e, entre elas, consta a das influências de Espíritos com os quais se endividou. Atolada em débitos e delitos, a vítima de hoje, certamente, exerceu o papel de agressor do passado, cuja vítima de ontem retorna ao palco do presente como obsessor sedento de justiça. É da lei que ninguém seguirá em frente enquanto não zerar os débitos, por menores que sejam. Ninguém pode alegar desconhecimento, pois Jesus alerta a todos: "Não cuideis que vim destruir a lei ou os profetas; não vim ab-rogar, mas cumprir. Porque, em verdade, vos digo que, até que o *Céu* e a Terra passem, nem um jota ou um til se omitirá da lei sem que tudo seja cumprido".[175]

A humanidade encarnada movimenta-se em meio a uma multidão de Espíritos libertos da matéria, mas bem poucos deles libertos dos vícios e das paixões humanas. Tal é a afirmativa de Kardec:

> Pululam em torno da Terra os maus Espíritos, em consequência da inferioridade moral de seus habitantes. A ação malfazeja desses Espíritos é parte integrante dos flagelos com que a humanidade se vê a braços neste mundo. A obsessão, que é um dos efeitos de semelhante ação, como as enfermidades e todas as atribulações da vida, deve, pois, ser considerada como provação ou expiação e aceita com esse caráter.[176]

Por que isso acontece? Por que Deus o permite? Deus não teria meios de impedir?

Essas questões sempre agitaram a mente humana. E Kardec não deixou por menos, ele as formula com critério e sabedoria e obtém respostas convincentes dos Espíritos superiores:

---

[175] MATEUS, 5:17 e 18.
[176] KARDEC, Allan. *A gênese*. Cap. XIV, it. 45.

Por que permite Deus que Espíritos nos excitem ao mal?

Os Espíritos imperfeitos são instrumentos próprios a pôr em prova a fé e a constância dos homens na prática do bem. Como Espírito que és, tens que progredir na ciência do Infinito. Daí o passares pelas provas do mal para chegares ao bem. A nossa missão consiste em te colocarmos no bom caminho. Desde que sobre ti atuam influências más, é que as atrai, desejando o mal; porquanto os Espíritos inferiores correm a te auxiliar no mal, logo que desejes praticá-lo. Só quando queiras o mal, podem eles ajudar-te para a prática do mal. Se fores propenso ao assassínio, terás em torno de ti uma nuvem de Espíritos a te alimentarem no íntimo esse pendor. Mas outros também te cercarão, esforçando-se por te influenciarem para o bem, o que restabelece o equilíbrio da balança e te deixa senhor dos teus atos.

Em nota explicativa, Kardec afirma, na sequência: "É assim que Deus confia à nossa consciência a escolha do caminho que devamos seguir e a liberdade de ceder a uma ou outra das influências contrárias que se exercem sobre nós".[177]

É do homem a responsabilidade de crescer ou estacionar, atrair ou repelir aqueles que desejam induzi-lo ao mal. De posse do livre-arbítrio, concedido pelo Pai, ele tem o direito de escolher o que melhor lhe convém, todavia fica-lhe a responsabilidade de sua escolha.

A Justiça do Pai age de acordo com a capacidade de conhecimento, de entendimento, de discernimento de cada um, todavia, ao aluno rebelde, as penas da lei, embora jamais lhe faltarão novas oportunidades. Ah, o perdão divino! Ele se manifesta nas oportunidades reencarnatórias concedidas pelo Pai a fim de reconstruir a trilha evolutiva que um dia abandonou. Terá oportunidade de ressarcir os débitos na mesma encarnação ou em sucessivas existências, neste ou em outro planeta.

Como se observa, o perdão divino não se resume simplesmente em meras palavras, como entre as criaturas humanas. Ele se expressa de forma justa sob o papel de novas oportunidades de burilamento moral, de correção, de reconstrução, de aproximação entre os seres. Ele proporciona ao Espírito novas veredas de reabilitação. As oportunidades concedidas aos indivíduos são sempre equivalentes aos erros cometidos e ao merecimento alcançado, enriquecidas pelo desejo sincero de redimir-se.

---

[177] KARDEC, Allan. *O livro dos espíritos*. Q. 466.

As reencarnações são instrumentos eficazes da Justiça divina, e a dor, mestra infalível no sistema educativo e na evolução do Espírito. As oportunidades podem se efetuar na Terra, no Espaço ou em planetas semelhantes, onde o Espírito é agraciado por todas as chances de ressarcir seus débitos, simultaneamente às atividades que lhe proporcionarão a evolução moral e intelectual. Há que vencer a ignorância e a inferioridade moral, somente então o Espírito estará apto para reencarnar em mundos superiores à Terra. Enquanto não acatar as Leis divinas, a criatura renascerá em planeta apropriado às provas e expiações. A Terra, por enquanto, é um desses mundos. Acolhedora, tudo possui para o progresso do Espírito. Entretanto, entre seres tão ou mais endividados, o homem há que superar as dores merecidas e as oriundas das circunstâncias do próprio orbe. É aqui, neste cadinho de diversidades imensas, que terá a oportunidade sagrada de trabalhar, lutar e conquistar a vitória em benefício próprio e da coletividade.

Em esforço constante, incentivado pela fé em Deus e pelos prepostos do Senhor, encontrará na humildade e no trabalho dignificado no bem comum forças para se libertar do Espírito perseguidor. Terá ainda a oportunidade de semear pelo caminho os exemplos necessários para os que ficaram na retaguarda, ansiosos por abraçar a causa de Jesus. Só o exemplo tem força moral para dissolver o ódio e modificar as atitudes do perseguidor. Pois é da lei que todos, um dia, alcancem a perfeição, como proclamam as lições do Cristo: "Sedes vós, pois, perfeitos, como é perfeito o vosso Pai que está nos Céus".[178]

---

[178] MATEUS, 5:48.

12

A OBSESSÃO E SUAS CONSEQUÊNCIAS

Os inimigos do mundo invisível manifestam sua malevolência pelas obsessões e subjugações com que tanta gente se vê a braços e que representam um gênero de provações, as quais, como as outras, concorrem para o adiantamento do ser, que, por isso, as deve receber com resignação e como consequência da natureza inferior do globo terrestre. Se não houvesse homens maus na Terra, não haveria Espíritos maus ao seu derredor. Se, conseguintemente, se deve usar de benevolência com os inimigos encarnados, do mesmo modo se deve proceder com relação aos que se acham desencarnados.[179]

A obsessão, por mais simples que seja, se compara a um furacão que, por onde passa, deixa dor e sofrimento. Por isso, a qualquer sinal de desordem psíquica, o procedimento correto é buscar socorro adequado. É importante detectar a obsessão o quanto antes e entregar-se ao tratamento ininterrupto. Para ser eficaz, o paciente deve ser acompanhado tanto por médicos especialistas quanto por tratamento espiritual orientado por grupos espíritas abalizados.

Assunto já abordado anteriormente, cabe reiterar a afirmativa de Allan Kardec: "Assim como as enfermidades resultam das imperfeições físicas que tornam o corpo acessível às perniciosas influencias exteriores, a obsessão decorre sempre de uma imperfeição moral que dá ascendência a um Espírito mau".[180]

---

[179] KARDEC, Allan. *O evangelho segundo o espiritismo*. Cap. XII, it. 6.
[180] Id. *A gênese*. Cap. XIV, it. 46.

Os Espíritos imperfeitos, quando desejam vingar-se de suas vítimas, seguem seus passos até encontrar meios de atingi-las. Outras vezes, sua intenção não é vingativa, e sim oportunista. Nesse caso, se aproveitam de pessoas crédulas, supersticiosas, inseguras, moralmente falhas para induzi-las a atitudes infelizes, ou vê-las passar por situações constrangedoras ou ridículas. Há Espíritos que não suportam ver pessoas felizes ou bem-sucedidas e tudo fazem para atrapalhar-lhes a vida. Seu objetivo é vê-las sofrer como eles sofrem. Trazem na alma o gérmen da inveja. Sentir-se-ão vitoriosos se a vítima eleita beber da mesma fonte, isto é, tombar com os mesmos erros do Espírito perseguidor. Cria-se, dessa forma, um vínculo de afinidade de pensamentos entre ambos. Outros há que se divertem à custa da infelicidade alheia. Na alegoria de Adão e Eva, a serpente é o símbolo do obsessor em sintonia mental com o obsidiado: o Espírito influencia, o encarnado acata. Portanto, a obsessão ressalta na influência da serpente sobre o casal, pois ambos foram coniventes.

Se o móvel da obsessão é o desejo de vingança, explica-se pela existência de débitos cujas raízes se fixam geralmente em existência precedente, ou mesmo nesta. São sempre inferiores os Espíritos vingativos, autoritários e oportunistas, pois os bons não exercem nenhum constrangimento. O Espírito impostor, ao constranger sua vítima, desrespeita a lei do livre-arbítrio destinada ao homem pelo Criador.

Dr. Bezerra de Menezes narra, em um de seus livros, as consequências da obsessão e o sofrimento que vivenciou quando um de seus filhos foi envolvido por um Espírito que dele guardava ódio desde a existência anterior. Eis um excerto de sua narrativa:

> Um de nossos filhos, moço de grande inteligência e de coração bem formado, foi subitamente tomado de alienação mental. [...] Notávamos, nós, um singular fenômeno: quando o doente, passado o acesso e entrado no período lúcido, ficava calmo, manifestava perfeita consciência, memória completa e razão clara de conversar criteriosamente sobre qualquer assunto, mesmo literário ou científico, pois estudava Medicina, quando foi assaltado. Mais de uma vez, afirmou-nos que bem conhecia estar praticando o mal durante os acessos, mas que era arrastado por uma força superior à sua vontade, a que em vão tentava resistir. Apesar de não podermos explicar como, continuando o cérebro lesado, se dava aquele fenômeno de perfeita clarividência ou de nítida transmissão dos pensamentos, acompanhamos o juízo dos médicos, nossos colegas, de ser o caso verdadeira

loucura. Desanimados, [...] disseram-nos, aqueles colegas, que era inconveniente e perigoso conservar o doente em casa e que urgia mandá-lo para o hospício. Foi ante esta dolorosa contingência, de uma separação mais dolorosa do que a morte, que resolvemos atender a um amigo que havia muito nos instava para que recorrêssemos ao Espiritismo. Obsessão: respondeu-nos o Espírito que veio à nossa evocação, acrescentando: além do tratamento terapêutico [...] é indispensável evocar o obsessor e alcançar dele que desista da perseguição. [....] O moço era vítima de seus abusos noutra existência, continuou a sofrer a perseguição e por tanto tempo a sofreu que seu cérebro se ressentiu, de forma que, quando o obsessor, afinal arrependido, o deixou, ele ficou calmo, sem mais ter acessos, porém não recuperou a vivacidade de sua inteligência.[181]

Não é demais repetir que a obsessão pode apresentar-se de forma atenuada ou agravada, individual ou coletiva. "Apresenta caracteres muito diferentes, que vão desde a simples influência moral sem perceptíveis sinais exteriores até a perturbação completa do organismo e das faculdades mentais".[182]

Ante os variados matizes que caracterizam a obsessão, Allan Kardec preferiu usar termos que, em conjunto, abrangem todas as diversificações. Assim, classificou-a em: obsessão simples, fascinação, subjugação e, mais tarde, após árdua pesquisa e observação, admitiu a possessão. Diferencia-se uma das outras de conformidade com o grau de constrangimento e as consequências físicas e psicológicas que acarreta.

Obsessão simples: Geralmente, é a fase inicial da influência obsessiva que pode regredir ou evoluir para uma situação mais grave. A vítima, portadora de mediunidade ostensiva, capta mais facilmente as interferências invisíveis.

A influência perniciosa se verifica sobre um ou mais médiuns espíritas "[...] quando um Espírito malfazejo se impõe a um médium, se imiscui, a seu malgrado, nas comunicações que ele recebe, o impede de se comunicar com outros Espíritos e se apresenta em lugar dos que são evocados".[183]

Levando-se em consideração que todos os seres humanos são dotados de mediunidade e que esta varia de pessoa a pessoa em maior ou menor grau de percepção, pressupõe-se que a obsessão simples ocorre mais facilmente do que

---

[181] MENEZES, Dr. Bezerra de. *A loucura sob novo prisma*. Cap. III.
[182] KARDEC, Allan. *A gênese*. Cap. XIV, it. 45.
[183] Id. *O livro dos médiuns*. Segunda parte, cap. XXIII, it. 238.

se imagina e pode manifestar-se por comportamentos estranhos e manifestações mentais desencontradas, mas sem maior gravidade quando descoberto a tempo. Tanto médiuns em atividade nas Casas Espíritas quanto pessoas inexperientes podem ser enganados por Espíritos inferiores sem que sejam, por isso, considerados obsidiados. "A obsessão consiste na tenacidade de um Espírito do qual não consegue desembaraçar-se a pessoa sobre quem ele atua".[184]

O Espírito obsessor logrará êxito ou se afastará de acordo com os hábitos morais ou intelectuais da vítima. Se esta cultiva pensamentos e sentimentos edificantes e nobres, atitudes dignas, honestas, cristãs, certamente, dificultará a aproximação do obsessor e este não encontrará meios de influenciá-la. Entretanto, se a vítima a ele se afina por pensamentos inferiores, irritabilidade, revolta, procedimentos viciosos, divulgação de arte e literatura perniciosas, trabalho aliciatório e promíscuo, facultará a conexão mental que resultará em efeitos imprevisíveis. Explica o Espírito Philomeno de Miranda: "Em toda obsessão, mesmo nos casos mais simples, o encarnado conduz em si mesmo os fatores predisponentes e preponderantes — os débitos morais a resgatar — que facultam a alienação".[185]

O médium experiente e vigilante não encontra dificuldade em perceber quando ocorre uma influência obsessiva. E logo que o fato é detectado, procura vigiar pensamentos, alterar procedimentos, mudando, com isso, a sintonia. Todavia, o indivíduo, quando inexperiente, incrédulo ou supersticioso, é mais fácil de ser enganado.

Fascinação: É um estado mais avançado de obsessão. Suas consequências são imprevisíveis. "É uma ilusão produzida pela ação direta do Espírito sobre o pensamento do médium e que, de certa maneira, lhe paralisa o raciocínio, relativamente às comunicações".[186]

Nesse caso, "[...] consiste no domínio hipnótico do corpo e da alma por meio de um processo de fascinação que deforma a personalidade".[187] "A fascinação é uma espécie de ilusão produzida ora pela ação direta de um Espírito estranho, ora por seus raciocínios capciosos; ilusão que altera o senso moral, falseia o julgamento e faz tomar o mal pelo bem".[188]

---

[184] KARDEC, Allan. *O livro dos médiuns*. Segunda parte, cap. XXIII, it. 238.
[185] FRANCO, Divaldo P. *Nos bastidores da obsessão*. Cap. "Examinando a obsessão".
[186] KARDEC, Allan. Op. Cit. Segunda parte, cap. XXIII, it. 239.
[187] PIRES, J. Herculano. *Mediunidade:* vida e comunicação. Cap. VIII.
[188] KARDEC, Allan. *Revista Espírita*, outubro de 1858. It. 7.

Tanto o médium experiente quanto o leigo, uma vez sob o jugo da fascinação, não se consideram enganado, não aceitam qualquer sugestão ou ajuda. Seus escritos podem ser estranhos, suas opiniões contraditórias e até absurdas, mas não acreditam que estejam sofrendo qualquer influência.

> [...] o Espírito tem a arte de lhe inspirar confiança cega, que o impede de ver o embuste e de compreender o absurdo do que escreve, ainda quando esse absurdo salte aos olhos de toda gente. A ilusão pode mesmo ir até o ponto de o fazer achar sublime a linguagem mais ridícula. [...] Já dissemos que, muito mais grave, são as consequências da fascinação. Efetivamente, graças à ilusão que dela decorre, o Espírito conduz o indivíduo de quem ele chegou a apoderar-se, como faria com um cego, e pode levá-lo a aceitar as doutrinas mais estranhas, as teorias mais falsas como se fossem a única expressão da verdade. Ainda mais, pode levá-lo a situações ridículas, comprometedoras e até perigosas. [...] Para chegar a tais fins, preciso é que o Espírito seja destro, ardiloso e profundamente hipócrita, porquanto não pode operar a mudança e fazer-se acolhido, senão por meio da máscara que toma e de um falso aspecto de virtude. Os grandes termos — caridade, humildade, Amor de Deus — lhe servem como que de carta de crédito, porém, através de tudo isso, deixa passar sinais de inferioridade, que só o fascinado é incapaz de perceber. Por isso mesmo, o que o fascinador mais teme são as pessoas que veem claro. Daí o consistir a sua tática, quase sempre, em inspirar ao seu interprete o afastamento de quem quer que lhe possa abrir os olhos.[189]

As vítimas da fascinação não são apenas as pessoas simples ou ignorantes; são também as inteligentes e instruídas.

Subjugação: É definida por Kardec

> [...] como uma constrição que paralisa a vontade daquele que a sofre e o faz agir a seu malgrado. Numa palavra, o paciente fica sob um verdadeiro jugo. A subjugação pode ser moral ou corporal. No primeiro caso, o subjugado é constrangido a tomar resoluções muitas vezes absurdas e comprometedoras que, por uma espécie de ilusão, ele julga sensatas: é

---

[189] KARDEC, Allan. *O livro dos médiuns*. Segunda parte, cap. XXIII, it. 239.

uma como fascinação. No segundo caso, o Espírito atua sobre os órgãos materiais e provoca movimentos involuntários. [...][190]

Há momentos em que a vítima se coloca em situações lamentáveis e realiza os atos mais ridículos. Tal é o exemplo citado por Kardec, que conheceu

> [...] um homem que não era jovem, nem belo e que, sob o império de uma obsessão dessa natureza, se via constrangido por uma força irresistível a pôr-se de joelhos diante de uma moça, a cujo respeito nenhuma pretensão nutria, e pedi-la em casamento. Outras vezes, sentia nas costas e nos jarretes uma pressão enérgica que o forçava, não obstante a resistência que lhe opunha, a se ajoelhar e beijar o chão nos lugares públicos e em presença da multidão. Esse homem passava por louco entre as pessoas de suas relações; estamos, porém, convencidos de que, absolutamente, não o era, porquanto tinha consciência plena do ridículo do que fazia contra a sua vontade e com isso sofria horrivelmente.[191]

A subjugação enfraquece as energias do indivíduo, que não encontra forças para se impor contra o agressor. Em consequência, podem surgir enfermidades que complicam ainda mais o quadro obsessivo.

A subjugação torna-se moral e física ao mesmo tempo quando o domínio do agressor sobre a vítima é absoluto. Sua mente e os centros motores do indivíduo são dirigidos pelo Espírito obsessor.

O Espírito Cáritas esclarece: "O Espírito que subjuga penetra o perispírito do ser sobre o qual quer agir. O perispírito do obsedado recebe como uma espécie de envoltório o corpo fluídico do Espírito estranho e, por esse meio, é atingido em todo o seu ser; o corpo material experimenta a pressão sobre ele exercida de maneira indireta".[192]

O Espírito Manoel Philomeno de Miranda bem define o estado a que resume a criatura envolvida pela subjugação:

> [...] o paciente vai, dominado mentalmente, tombando em estado de passividade, não raro sob tortura emocional, chegando a perder por

---

[190] KARDEC, Allan. *O livro dos médiuns*. Segunda parte, cap. XXIII, it. 240.
[191] Id. Ibid.
[192] Id. *Revista Espírita*, junho de 1864.

completo a lucidez, o que não afeta o Espírito encarnado propriamente dito, que experimenta a injunção penosa pela qual purga a irresponsabilidade e os delitos passados. Perde temporariamente ou definitivamente, durante sua atual reencarnação, a área da consciência, não se podendo livremente expressar. Um contínuo aturdimento o toma. A visão, a audição, assim como os demais sentidos confundem a realidade objetiva, ao império das vibrações e faixas que registram desordenadamente na esfera física e espiritual [...][193]

Possessão: O *livro dos médiuns* foi publicado inicialmente em 1862. Até então, Allan Kardec não admitia a possessão no sentido próprio do termo. Explica ele:

> Dava-se outrora o nome de possessão ao império exercido por maus Espíritos, quando a influência deles ia até a aberração das faculdades da vítima. A possessão seria, para nós, sinônimo da subjugação. [...] A palavra subjugação exprime perfeitamente a ideia. Assim, para nós, não há possessos, no sentido vulgar do termo; há somente obsidiados, subjugados e fascinados.[194]

No ano seguinte, entretanto, em 1863, após constatar que a possessão propriamente dita é possível, o insigne codificador veio a público, por meio da *Revista Espírita*, e admitiu:

> Dissemos que não havia possessos, no sentido vulgar do termo, mas subjugados. Queremos reconsiderar esta asserção, posta de maneira um tanto absoluta, já que agora nos é demonstrado que pode haver verdadeira possessão, isto é, substituição, embora parcial, de um Espírito encarnado por um Espírito errante. [...][195]

Entre os casos de possessão apresentados, ressalta o seguinte:

> [...] Eis um exemplo recente, que nós mesmos tivemos oportunidade de observar e que se constituiu em sério objeto de estudo para a Sociedade de Paris:

---

[193] FRANCO, Divaldo P. *Nas fronteiras da loucura*. Cap. "Análise das obsessões".
[194] KARDEC, Allan. *O livro dos médiuns*. Segunda parte, cap. XXIII, it. 241.
[195] Id. *Revista Espírita*, dezembro de 1863.

A senhorita Julia, doméstica, nascida na Saboia, com 23 anos, caráter muito afável, sem qualquer instrução, desde algum tempo, era susceptível a acessos de sonambulismo natural, que duravam semanas inteiras. Nesse estado consagrava-se a seu trabalho habitual, sem que as pessoas estranhas desconfiassem de sua situação; seu trabalho era até mais cuidadoso; sua lucidez, notável; descrevia lugares e acontecimentos a distância com perfeita exatidão.

Há cerca de seis meses foi acometida de crises de caráter muito estranho, que sempre ocorriam no estado sonambúlico, o qual se tornara, de certo modo, seu estado normal. Contorcia-se e rolava pelo chão, como a se debater sob a opressão de alguém que a quisesse estrangular e, de fato, apresentava todos os sintomas de estrangulamento. Acabava vencendo esse ser fantástico, agarrava-o pelos cabelos, acabrunhava-o com golpes, injúrias e imprecações, apostrofando-o incessantemente com o nome de Fredegunda, infame regente, rainha impudica, criatura vil e manchada por todos os crimes, etc. Tripudiava como se a pisoteasse com raiva, arrancando-lhe as roupas e os adereços. Coisa bizarra, tomando-se ela própria por Fredegunda, golpeava-se repetidamente nos braços, no peito e no rosto, dizendo: "Toma! Toma! É bastante infame, Fredegunda? Queres sufocar-me, mas não o conseguirás; queres meter-te em minha caixa, mas eu te expulsarei dela." Minha caixa era o termo de que se servia para designar o seu corpo. Nada poderia pintar melhor o acento frenético com o qual, rangendo os dentes, ela pronunciava o nome de Fredegunda, nem as torturas que sofria nesses momentos.

Um dia, para ver-se livre de sua adversária, tomou de uma faca e tentou ferir-se; foi detida a tempo, evitando-se um acidente. Coisa não menos notável é que jamais tomou qualquer dos presentes por Fredegunda; a dualidade era sempre nela mesma; e era contra si mesma que dirigia o seu furor, quando o Espírito estava nela, e contra um ser invisível quando dele ela se havia desembaraçado. Para os outros, era meiga e benevolente, mesmo nos momentos de maior exasperação.

Essas crises, verdadeiramente aterradoras, muitas vezes duravam horas e se repetiam várias vezes por dia. Quando acabavam por vencer Fredegunda, esta caía num estado de prostração e de acabrunhamento de que só saía pouco a pouco, mas que lhe deixava uma grande fraqueza e dificuldade de falar. Sua saúde estava profundamente alterada; nada podia comer e, por vezes, ficava oito dias sem alimentar-se. Para ela, as melhores iguarias tinham gosto horrível, levando-a a rejeitá-las. Dizia que era obra de Fredegunda, que a queria impedir de comer.

[...] Em vigília, jamais ouvira falar de Fredegunda, nem de seu caráter, nem do papel que representou. Ao contrário, em estado sonambúlico, sabe-o perfeitamente e diz ter vivido em seu tempo. Não era Brunehaut, como a princípio se supôs, mas outra pessoa ligada a sua corte.

Outra observação não menos importante é que, quando começaram as crises, a senhorita Julia jamais se havia ocupado de Espiritismo, cujo nome lhe era desconhecido. Ainda hoje em vigília, ela lhe é estranha e nele não crê. Só o conhece no estado sonambúlico e somente depois que começou a ser cuidada. Assim, tudo quanto disse foi espontâneo.[196]

A obsessão, em seus diferentes aspectos e gradações, pode se manifestar de desencarnado para encarnado, sendo esta a mais temida, justamente por ser a mais divulgada. Todavia, pode se estabelecer também de encarnado para encarnado, de desencarnado para desencarnado, de encarnado para desencarnado.

A influência obsessiva pode ser tanto ou mais intensa entre encarnados quando criaturas de mentes doentias, dominadas por personalismo, ciúme, ódio, inveja, ambição, paixão desvairada, voltam-se para suas vítimas, dominando-as física e psicologicamente. A sincronia mental pode ocorrer tanto no convívio diário entre cônjuges, familiares, amigos e inimigos, como também em perseguições que se efetuam no plano espiritual durante o sono. Conforme esclarece o Espírito Philomeno de Miranda:

> O ódio, pela fixação demorada acerca da vindita, cria um condicionamento psíquico que emite ondas em direção segura, envolvendo o ser almejado que, se não se encontra devidamente amparado nos princípios superiores da vida, capazes de destruírem as ondas invasoras, termina por se deixar algemar. E o amor tresloucado que se converte em paixão acerba, devido ao tormento que se impõe quanto à posse física do objeto requestado, conduz o Espírito que está atormentado à visitação,

---
[196] KARDEC, Allan. *Revista Espírita*, dezembro de 1863.

a princípio, de alma nos períodos do sono reparador até criar a intercomunicação que degenera em aflitivo quadro de desgaste orgânico e psíquico, não somente do vampirizado, como também mediante a alucinação do vampirizador.[197]

Muitas tragédias veiculadas pela mídia podem ter sido planejadas ao longo de muitas noites de sono e pesadelos.

De acordo com Miranda, a obsessão que se estabelece entre Espíritos desencarnados, embora desconhecida, é tão grave quanto as demais. O obsessor continua a perseguição de sua vítima após o túmulo, nos ambientes terrenos ou nos planos espirituais inferiores. De acordo com os vínculos estabelecidos, os sentimentos permanecem emaranhados a tal ponto que a obsessão se estenderá até a próxima reencarnação da vítima. Assim sendo, desde a infância, sofrerá o jugo até que se transforme moralmente, rompendo, assim, com os vínculos que os unem. Esse tipo de obsessão resulta nos casos mais estranhos e aparentemente inexplicáveis, ocorridos com crianças de tenra idade. Há criaturas que atravessam a infância e adolescência sob a influência nefasta que lhe rouba o sorriso e a alegria de viver sob pertinaz depressão. Vezes outras, são precocemente lançadas ao precipício dos vícios e do crime.

A obsessão que se efetiva de encarnado para desencarnado apresenta o mesmo mecanismo em situação inversa. O indivíduo se afina ao desencarnado com o qual, efetivamente, se identifica por laços de amor, de ódio, de cumplicidade e, sem o perceber, transforma-se em obsessor daquele que deixou o corpo. O Espírito recém-desencarnado sente-se atraído pelas ondas do pensamento persistente que o atrai e, incapaz de reagir, aproxima-se do encarnado que o retém às lembranças agradáveis ou desagradáveis da vida física, da tragédia da qual fizeram parte, dos vícios que compartilharam. Em conúbio mental, o encarnado passa a expressar no corpo psicossomático os dolorosos condicionamentos responsáveis pelo desencarne daquele que atrai. Mais comum do que se pensa, esse tipo de obsessão impede a liberação do Espírito, que, embora mentalmente aprisionado, se compraz na situação que os mantém na mesma sintonia. Se estiver com a mente confusa, raramente perceberá que se encontra fora do corpo físico.

Qualquer que seja o tipo de influência exercida ou sofrida, o tratamento requer os mesmos cuidados, pois, "[...] a obsessão, entre desencarnados ou

---

[197] FRANCO, Divaldo P. *Nos bastidores da obsessão*. de Miranda. Cap. "Examinando a obsessão".

encarnados, sob qualquer prisma em que se mostre, é uma enfermidade mental reclamando, por vezes, tratamento de longo curso".[198]

Vampirismo: O termo vampiro surgiu a partir de lenda popular cujo intuito era assustar os supersticiosos. Segundo a lenda, o vampiro é o Espírito de um desencarnado que, durante as noites de lua cheia, sai do túmulo à procura de pessoas para sugar-lhes o sangue com o qual se mantém ativo. Daí surgiu a denominação de vampirismo, que é um tipo de obsessão em que o Espírito obsessor retira as energias vitais do encarnado em proveito próprio. Esse tipo interage com a fascinação e a subjugação. Toda criatura envolvida pelas teias do vício, em suas mais variadas modalidades, sofre a influência de Espíritos vampirizadores. Eles encontram, na vítima encarnada, os meios de satisfazer os seus anseios. Assim ocorre na dipsomania [alcoolatria], na pedofilia, na sexolatria, na toxicomania, no tabagismo, no jogo de azar, na bulimia, na anorexia, na compulsão por compras, na cleptomania e em outros tantos desvios de conduta.

Herculano Pires esclarece de forma simples o grave problema do vampirismo:

> Trata-se realmente de um tipo de obsessão no campo das viciações sensoriais. A denominação de vampirismo decorre de sua principal característica, que é a sucção de energias vitais da vítima pelos seus obsessores. É uma modalidade grave de obsessão que pode reduzir o obsedado à inutilidade, afetando-lhe o cérebro e o sistema nervoso, tirando-lhe toda disposição para atividades sérias.[199]

O Espírito André Luiz refere-se ao assunto: "[...] entre nós, vampiro é toda entidade ociosa que se vale, indebitamente, das possibilidades alheias e, em se tratando de vampiros que visitam os encarnados, é necessário reconhecer que eles atendem aos sinistros propósitos a qualquer hora, desde que encontrem guarida nos estojos de carne dos homens".[200]

O Dr. Inácio Ferreira foi médico, psiquiatra e diretor do Sanatório Espírita de Uberaba por cinquenta e cinco anos. Ali ele pesquisou uma infinidade de casos de pacientes internados com o diagnóstico de loucura e que, tratados de acordo com o Espiritismo, obtiveram melhora ou a cura plena. Em seu livro *Novos*

---

[198] XAVIER, Francisco C. *Nos domínios da mediunidade*. Cap. 19.
[199] PIRES, J. Herculano. *Mediunidade*: vida e comunicação. Cap. VIII.
[200] XAVIER, Francisco C. *Missionários da luz*. Cap. 4.

rumos à medicina, ele narra vários casos, considerados por outros profissionais como sendo incuráveis e que, após o tratamento espiritual, alcançaram cura.

Ciente de que os vícios não são inerentes à matéria, ele explica que deixam marcas espirituais profundas: "Eles dormitam por vezes séculos no espírito, melhor no perispírito, que se vê assim intoxicado e se revela nos momentos propícios, mostrando a individualidade. [...]". Devido às lesões ali deixadas pela substância química ingerida ou inalada e por hábitos de outras existências, as tendências, então adquiridas no passado, ressurgem no Espírito no momento presente, devido às mesmas lesões perispiríticas que transcendem as reencarnações de acordo com a afirmativa do autor: "O desejo dormita no seu Espírito e o acompanha por várias encarnações".[201]

Os Espíritos, uma vez libertos da vestimenta carnal, após longo período de viciação, prosseguirão ansiosos por encontrar qualquer encarnado afim que lhe satisfaça os anseios. O primeiro que encontra em condições de lhe aceitar as sugestões viciosas tornar-se-á seu cúmplice. Daí a dificuldade em se desvencilhar da companhia indesejável. São as *tendências inatas e adquiridas que atraem os obsessores.*

Dr. Inácio explica com exemplos:

> Segrega-se um cocainômano. Dias, meses, anos, sem que lhe seja possível lançar mão do entorpecente para a satisfação do seu vício. Que acontece? Chega ele a ponto de se considerar curado, pois é o primeiro a manifestar o horror e a vergonha pelo vício e pelas suas consequências. Solto, na primeira oportunidade que se lhe oferece, recai no mesmo erro. Diz a medicina oficial: suas células cerebrais, seu organismo ainda não estavam completamente desintoxicados e se ressentiram da falta de entorpecente... Suponhamos que seja verdade. Suponhamos, também, um jogador. Noites e noites acompanhando, avidamente, os azares da sorte, seguindo as cartas no pano verde, onde consome as suas economias e pelo qual pratica desfalques, vê a honra posta em jogo e pouco se preocupa com a família abandonada. Segreguemos essa pessoa. Em muito menos tempo, reconhece o erro em que vivia, faz mil protestos de se regenerar! Solta, na primeira oportunidade que se lhe apresente, ei-la de novo arriscando o que lhe pertence e, na falta deste, o que pertence aos outros. Seriam, também, as suas células cerebrais ou os seus órgãos que ainda não

---

[201] FERREIRA, Dr. Inácio. *Novos rumos à medicina.* vol. I, "Psicoterapia".

estavam desintoxicados? Sejamos razoáveis! Os sentimentos e os vícios não são apanágios da matéria, da personalidade.[202]

Eis a transcrição de um fato bastante elucidativo narrado pelo Espírito André Luiz:

> Diante de nós, ambos os desencarnados infelizes, que surpreendêramos à entrada, surgiram de repente, abordaram Cláudio e agiram sem cerimônia. Um deles tateou-lhe um dos ombros e gritou insolente:
>
> — Beber, meu caro! Quero beber!
>
> A voz escarnecedora agredia-nos a sensibilidade auditiva. Cláudio, porém, não lhe pescava o mínimo som. Mantinha-se atento à leitura. Inalterável. Contudo, se não possuía tímpanos físicos para qualificar a petição, trazia na cabeça a caixa acústica da mente sintonizada com o apelante. O assessor inconveniente repetiu a solicitação algumas vezes na atitude do hipnotizador que insufla o próprio desejo, reasseverando uma ordem. [...]
>
> — Beber! Beber!...
>
> Cláudio abrigou a sugestão, convicto de que se inclinava para um trago de uísque exclusivamente por si. [...] O amigo sagaz percebeu-lhe a adesão tácita e colou-se a ele. [...] Integraram-se ambos em exótico sucesso de enxertia fluídica. [...] Cláudio-homem absorvia o desencarnado, à guisa de sapato que se ajusta ao pé. Fundiram-se os dois, como se morassem eventualmente num só corpo. [...] Levantaram-se a um só tempo e giraram, integralmente, incorporados um ao outro, na área estreita, arrebatando o delgado frasco. [...] A talagada rolou através da garganta, que se exprimia por dualidade singular. Ambos os dipsômanos estalaram a língua de prazer, em ação simultânea. Desmanchou-se a parelha e Cláudio, desembaraçado, se dispunha a sentar, quando o outro colega, que se mantinha a distância, investiu sobre ele e protestou:
>
> — Eu também, eu também quero! [...]

---

[202] FERREIRA, Dr. Inácio. *Novos rumos à medicina*. vol. I, "Psicoterapia".

> Absolutamente passivo diante da incitação que o assaltava, reconstituiu, mecanicamente, a impressão de insaciedade. Bastou isso e o vampiro, sorridente, apossou-se dele, repetindo-se o fenômeno da conjugação completa.[203]

André Luiz, ao aproximar-se de ambos, constata que Cláudio não sofria qualquer constrangimento:

> Hospedava o outro, simplesmente, aceitava-lhe a direção, entregava-se por deliberação própria. Nenhuma simbiose em que se destacasse por vítima. Associação implícita, mistura natural. Efetuava-se a ocorrência na base da percussão. Apelo e resposta. Cordas afinadas no mesmo tom. O desencarnado alvitrava, o encarnado aplaudia. Num deles o pedido; no outro, a concessão. [...][204]

Observa-se desse relato que os viciados em geral não caminham sozinhos. Sem dúvida alguma, o fato exposto por André reitera a influência obsessiva dos Espíritos sobre encarnados com os quais se afinam.

Em parceria ativa com sequazes, sofrem-lhes as influências que os aprisionam à vontade voraz de prosseguir no vício.

Vontade férrea e fé em Deus lhes dariam forças para romper as correntes que os aprisionam. *Querer é poder!,* diz o adágio popular. Mas nem sempre o viciado aceita auxílio para se libertar. Quando ele se propõe a romper as amarras do vício, já deu o primeiro passo. Força de vontade e persistência dão-lhe a vitória.

A morte do corpo não modifica o Espírito. Seus vícios ou virtudes serão levados por herança. Assim, aquele que durante a encarnação se comprazia no mal, nos vícios, nas paixões inferiores, não mudará com o simples ato de desvestir a roupagem terrena.

Da mesma forma, aqueles que se dedicavam ao bem, às tarefas humanitárias, às pesquisas, aos estudos, às ciências, às artes ou outro campo evolutivo levarão a herança que juntaram. Por isso afirmava Jesus: "Onde estiver o vosso tesouro, aí estará também o vosso coração".[205]

Obsessão onírica: Estabelece-se durante o período de sono. A obsessão, por se tratar do domínio persistente de um Espírito sobre outro Espírito,

---

[203] XAVIER, Francisco C.; VIEIRA, Waldo. *Sexo e destino*. Cap. 6.
[204] Id. Ibid.
[205] MATEUS, 6:21.

encarnado ou desencarnado, pode ter seu início não somente no período de vigília, mas também durante a emancipação da alma. Enquanto o corpo descansa, a alma se afasta em busca de seus interesses, na concretização de seus ideais, geralmente contidos durante a vigília. Nesse período de emancipação, o ser encarnado, de acordo com seus interesses, nobres ou escuros, poderá realizar tarefas, estudos, visitar familiares encarnados e desencarnados, frequentar reuniões de amigos e de inimigos. Pode sofrer assédio de Espíritos inferiores, engendrar intrigas e planejar crimes. O relacionamento se estabelece, durante o sono, entre encarnados ou desencarnados. E isso é possível em virtude da sintonia que os liga, seja por laços de simpatia ou de antipatia recíprocas. Trata-se de um fenômeno natural, mais comum do que acredita. O Espírito, ao retornar ao corpo, esquece as cenas vividas que se diluem total ou parcialmente. Parte dos sonhos são retalhos ininteligíveis de um todo.

Eis como o Espírito André Luiz aborda o assunto:

> Dirigi-me a Gúbio, buscando-lhe oportuno esclarecimento.
>
> — Não mediste, ainda [...] a extensão do intercâmbio entre encarnados e desencarnados. A determinadas horas da noite, três quartas partes da população de cada um dos hemisférios da crosta terrestre se acham nas zonas de contacto conosco e a maior percentagem desses semilibertos do corpo, pela influência natural do sono, permanece detida nos círculos de baixa vibração qual este em que nos movimentamos provisoriamente. Por aqui, muitas vezes se forjam dolorosos dramas que se desenrolam nos campos da carne. Grandes crimes têm nesses sítios as respectivas nascentes e, não fosse o trabalho ativo e constante dos Espíritos protetores que se desvelam pelos homens no labor sacrificial da caridade oculta e da educação perseverante, sob a égide do Cristo, acontecimentos mais trágicos estarreceriam as criaturas.[206]

Quando Jesus recomendou aos discípulos a vigilância e a oração a fim de que não caíssemos em tentação, estava justamente alertando a humanidade sobre os perigos que rondam o Espírito encarnado. Se os pensamentos do homem estivessem constantemente afinados com as Leis divinas, as criaturas das sombras

---

[206] XAVIER, Francisco C. *Libertação*. Cap. 6.

certamente não teriam lugar neste planeta, todavia, enquanto a alma humana eleger a inferioridade em detrimento dos ensinamentos do Cristo, estará elegendo também essas criaturas para suas companhias, noturnas ou diurnas.

Eis um exemplo bastante elucidativo do autor espiritual que, após surpreender um diálogo de um Espírito inferior com o de uma senhora encarnada, durante desdobramento espiritual, observa:

> Boquiaberto com o que me era dado perceber, reparei que a entidade astuta e vingativa envolvia a interlocutora (encarnada) em fluidos sombrios à maneira dos hipnotizadores comuns. Endereci olhar interrogativo ao nosso orientador que, após haver atenciosamente acompanhado a cena, informou prestimoso:
>
> — A obsessão desse teor apresenta milhões de casos. De manhãzinha, na esfera da crosta, essa pobre mulher, vacilante na fé, incapaz de apreciar a felicidade que o Senhor lhe concedeu num casamento digno e tranquilo, despertará no corpo de alma desconfiada e abatida. Oscilando entre o "crer" e o "não crer", não saberá polarizar a mente na confiança com que deve enfrentar as dificuldades do caminho e aguardar as manifestações santificantes do Alto e, em face da incerteza íntima em que se lhe caracterizam as atitudes, demorar-se-á imantada a essa irmã ignorante e infeliz que a persegue e subjuga para conseguir deplorável vingança. Converter-se-á, por isso, em objeto de acentuada aflição para o esposo e suas conquistas incipientes periclitarão.[207]

A obsessão onírica é um fenômeno tão corriqueiro que preocupa os Espíritos colaboradores de Jesus que, atentos, procuram esclarecer os seus tutelados encarnados a fim de se precaverem contra os ataques infelizes. Eis outro exemplo citado por André Luiz:

> — E a nossa irmã Laudemira? Recolhemos hoje notícias graves...
>
> — Sim — concordou o interpelado — tudo faz acreditar que a pobrezinha sofrerá perigosa intervenção. Envolta nos fluidos anestesiantes que lhe são desfechados pelos perseguidores, durante o sono, tem a vida uterina sensivelmente prejudicada por extrema apatia. O cirurgião voltará dentro

---

[207] XAVIER, Francisco C. *Libertação*. Cap. 6.

de uma hora e, na hipótese de os recursos aplicados não surtirem efeito, providenciará uma cesariana como remédio aconselhável...[208]

O fenômeno da emancipação da alma é desenvolvido de forma clara pelos Espíritos da Codificação. Eis duas questões que se destacam:

> Podem duas pessoas que se conhecem visitar-se durante o sono?
>
> Certo que muitos que julgam não se conhecerem costumam reunir-se e falar-se. Podes ter, sem que o suspeites, amigos em outro país. É tão habitual o fato de irdes encontrar-vos, durante o sono, com amigos e parentes, com os que conheceis e que vos podem ser úteis, que quase todas as noites fazeis essas visitas.
>
> Que utilidade podem elas ter, se as olvidamos?
>
> De ordinário, ao despertardes, guardais a intuição desse fato, do qual se originam certas ideias que vos vêm espontaneamente, sem que possais explicar como vos acudiram. São ideias que adquiristes nessas confabulações.[209]

Os Espíritos encarnados jamais caminham a sós neste planeta de degredo. Todos têm amigos espirituais que os assistem, e ninguém aqui se encontra órfão de auxílio. Ao sintonizar com eles pela prece, pelos bons pensamentos, pelas nobres atitudes, certamente receberão, pelos canais da intuição, as sugestões que os colocarão a salvo dos Espíritos do mal.

Antigamente, os pais e os avós tinham o hábito de abençoarem os filhos antes de dormir. Seria intuição dos perigos que poderiam enfrentar durante o sono? Certamente, sim. Em qualquer tempo ou lugar, a prece é uma força que Deus deu ao homem para entrar em sintonia com os planos superiores. Antes de dormir, aquele que ora estará se preservando contra as fraquezas do próprio Espírito e, ao mesmo tempo, sintonizando com seu anjo protetor que lhe fará companhia se as incursões espirituais forem úteis ou trouxerem benefícios para a alma. Aqueles que não se dedicam à oração são presas fáceis às influências infelizes e, quando não, deixar-se-ão dominar pela leviandade atávica.

---

[208] XAVIER, Francisco C. *Ação e reação*. Cap.10.
[209] KARDEC, Allan. *O livro dos espíritos*. Q. 414, 415.

A obsessão em qualquer de suas modalidades representa um enorme prejuízo à economia orgânica e espiritual. Mazela indesejável que se pode manter distante com a manutenção saudável dos pensamentos, o culto do Evangelho no lar e o cultivo habitual da prece.

Obsessão infantil: Existe uma crença popular de que as crianças estão a salvo de qualquer perigo material, pois seus anjos guardiões estão sempre atentos. Em consequência dessa teoria absurda, muitos pais ou responsáveis deixam de tomar os devidos cuidados para evitar que sejam agredidas ou que se envolvam nos acidentes. Que estão protegidas é verdade, mas até certo ponto. Todavia, os Espíritos não são babás; para isso existem os pais. O que é da competência dos encarnados, os Espíritos não fazem. Eles respeitam o livre-arbítrio dos homens, bem como suas atividades, por isso não interferem em suas vidas. Cabe aos pais, biológicos ou adotivos, cuidar, amparar, educar e proteger suas crianças contra os perigos evitáveis. No entanto, há circunstâncias que estão fora do alcance dos encarnados, quando, então, se farão presentes os amigos espirituais, sempre amorosos e prestativos. Mas, para isso, é preciso abrir caminho para que eles possam se aproximar e sugerir providências. Eles encontram muitas barreiras nas mentes maternas ou paternas. Estes dificultam a receptividade das intuições por encontrarem-se constantemente preocupados com problemas diversos. A segurança de suas crianças deve estar no rol das prioridades. Nas horas difíceis, entregam-se ao desespero, à revolta, aos impropérios e às blasfêmias, ao invés de se recolherem com convicção e orar. A sintonia com os planos superiores faculta o socorro e canaliza energias salutares. Não se pode esquecer de que a prece é o instrumento mais poderoso que o Pai celestial colocou nas mãos de suas criaturas. Com a prece, a alma fica receptiva, e os Espíritos superiores podem aproximar-se, analisar a situação e disponibilizar o socorro em situações de risco.

É importante ainda ressaltar que, ao nascerem, os Espíritos trazem consigo a programação reencarnatória. Portanto, provas, expiações, tipo de desencarne e momento de retornar já foram predefinidos no plano espiritual. Se o Espírito de uma criança, por doença ou acidente, cujas causas não originaram da omissão dos responsáveis, retornar precocemente ao plano espiritual, certamente, esse retorno já estava programado. Portanto, aceitar os desígnios divinos é terapia de auxílio à cicatrização do ferimento aberto pela prova que os familiares experimentam.

Em se tratando de problemas obsessivos, não se pode esquecer que a criança de hoje foi adulto no passado e retorna ao campo de suas experiências anteriores em meio às criaturas com as quais contraiu créditos ou débitos.

Foram estes que definiram a inserção no contexto favorável ou desfavorável em que se situam no planeta. Ali, no cadinho transformador, será facilmente descoberta por aquele encarnado ou desencarnado que a busca para o acerto de contas. Tal encontro pode se dar tanto na infância quanto na fase adulta. Uma vez encarnado, muitos roteiros morais se lhe apresentam; a opção é livre. Se a escolha conduzir a caminhos comprometedores, não há dúvidas de que se restabelecerão os vínculos de atração que se criaram outrora entre ambos. É da lei que todos os débitos contraídos deverão ser ressarcidos. E os créditos? Certamente, acumulados. É a poupança do Espírito imortal.

A obsessão infantil não é lenda para assustar criancinhas, mas, sim, uma realidade que deve alertar os pais para que busquem a forma ideal de auxiliar o Espírito reencarnante a se libertar dos elos que o unem ao algoz do passado. Ninguém sofre obsessão ou suas consequências por acaso ou inocentemente. Os pais não foram gratuitamente incluídos na trama, nem os filhos. Se ali estão, é por força das teias magnéticas que teceram juntos. A lei da atração age situando-os exatamente onde deveriam estar. Os compromissos assumidos juntos devem, juntos, ser resolvidos. Por isso a obsessão envolve parte ou a totalidade dos familiares.

A lei de Deus é de Amor, e, por Amor, o Pai proporciona meios para a terapia, não só do perseguido como também do algoz. Somente o perdão das ofensas reabrirá novas oportunidades de reerguimento e libertação. Uma vez solucionado o problema, ambos, encarnado e desencarnado, estarão livres para trilhar o caminho evolutivo que o Senhor traçou para toda a humanidade.

As causas que originam os assédios obsessivos são as mais variadas. A médium Yvonne A. Pereira narra um fato bem ilustrativo sobre o ocorrido com uma criança de dez anos, pertencente à sua família. Ela explica tratar-se de uma criaturinha muito viva e inteligente, todavia bastante problemática. Suas atitudes fugiam aos hábitos naturais da infância:

> Caracterizavam-se, os seus modos, por trejeitos cômicos, carantonhas horríveis, palavreado piegas ou atrevido, desagradável, tolo que a todos da família irritava e aos estranhos escandalizava [...] além do mais a dita criança se rebelava contra qualquer disciplina, desobedecendo a tudo, renitente, odiosa, dando mesmo impressão de se encontrar desequilibrada das faculdades mentais.[210]

---

[210] PEREIRA, Yvonne A. *Devassando o invisível*. Cap. V.

Por intermédio da mediunidade de Yvonne, o Espírito Charles, seu mentor, atendendo-lhe a súplica em benefício da criança, esclareceu que ela se encontrava sob jugo obsessivo. Diz ele:

> Ela se afinou com entidades inferiores durante o estágio no Espaço antes da reencarnação. Arrependimento sincero, porém, levou-a, a tempo, a se retrair das mesmas e desejar encaminhar-se para melhores planos. É médium, ou antes, possui faculdades mediúnicas que futuramente poderão frutificar generosamente a serviço do próximo se bem cultivadas. Os antigos companheiros do invisível assediam-na, tentando reavê-la para o sabor de velhos conluios. Conheceis o remédio para tais desarmonias, aplicai-o.[211]

A médium, estudiosa do Evangelho e do Espiritismo e obediente às leis de Amor, empenhou-se em pôr em prática as orientações do Espírito. Decorrido certo tempo, a garota ficou livre dos Espíritos obsessores e voltou à normalidade. Os métodos utilizados estão relatados no capítulo "Tratamento e cura das obsessões".

Quando se detectam na criança comportamentos ou sintomas não identificáveis pela ciência, quando os pais não encontram solução viável, o caminho é buscar as orientações encontradas no Espiritismo.

Obsessão coletiva: A obsessão coletiva, em qualquer grau que ocorra, caracteriza-se pela atuação dos Espíritos inferiores sobre grupo de pessoas portadoras de faculdades mediúnicas, cujos pensamentos se interagem numa mesma sintonia. Poucas são as preocupações com esse tipo de obsessão, no entanto, é mais comum do que se pensa. Ela pode atingir grupos de jovens, amigos, famílias e coletividades inteiras. Os exemplos mais citados por Kardec referem-se à epidemia que tomou conta da comunidade de Morzine, na Alta Saboia, Suíça. Esse caso foi motivo de preocupação de autoridades, de médicos e do clero. Rendeu vários artigos e debates nas revistas espíritas e jornais da época. Seguem excertos de alguns dos artigos publicados pelo codificador:

> Aquilo que um Espírito pode fazer a um indivíduo vários Espíritos o podem sobre diversos, simultaneamente, e dar à obsessão um caráter epidêmico. Uma nuvem de maus Espíritos pode invadir uma localidade e aí se manifestar de várias maneiras. Foi uma epidemia de tal gênero que

---

[211] PEREIRA, Yvonne A. *Devassando o invisível*. Cap. V..

transtornou a Judeia, ao tempo do Cristo, e, em nossa opinião, é de uma epidemia semelhante que padece Morzine.[212]

De um artigo do Sr. Lafontaine, publicado por Kardec, sobressai o excerto seguinte:

> Depois de, inicialmente, ter atingido as crianças e as mocinhas, a epidemia estendeu-se às mães de família e às mulheres idosas. Poucos homens lhe sentiram a influência, todavia, custou a vida de um. Esse infeliz meteu-se no estreito espaço entre o fogão e a parede, de onde garantia não poder sair. Ali ficou um mês sem se alimentar. Morreu de esgotamento e inanição, vítima de sua imaginação impressionável.[213]

Doutrina de esperança revelada pelos Espíritos superiores a serviço dos homens, encarnados ou não, o Espiritismo tem por finalidade facilitar o entendimento do Evangelho de Jesus e dos fenômenos que envolvem os Espíritos, o inter-relacionamento entre o plano físico e o espiritual, bem como a comunicabilidade dos Espíritos, esclarecer, orientar e preparar o homem para a sua transformação moral. Num ambiente onde se cultivam o Evangelho de Jesus, oração, abnegação e renúncia, fé, caridade e perdão, dignidade e respeito pelos semelhantes, raramente sobrará espaço para os Espíritos inferiores. Se mesmo assim eclodir a obsessão, necessário se faz analisar os pontos frágeis que lhe deram abertura e corrigi-los com fé e paciência a fim de que a prova seja breve. As orientações e terapias oferecidas pelas Instituições Espíritas serão de grande auxílio para o tratamento das mais variadas obsessões.

---

[212] KARDEC, Allan. *Revista Espírita*, janeiro de 1863.
[213] Ib.Ibid. Agosto de 1864.

13

Cinco anos de obsessão

Qual acontece com a árvore, a equilibrar-se sobre as próprias raízes, guardamos o coração na tela do presente, respirando o influxo do passado. É assim que o problema da tentação, antes que nascido de objetos ou paisagens exteriores, surge fundamentalmente de nós — na trama da sombra em que se nos envolvem os pensamentos... [...] Todavia é preciso lembrar que a vida é permanente renovação propelindo-nos a entender que o cultivo da bondade incessante é o recurso eficaz contra o assédio de toda influência perniciosa.[...][214]

Felipe, ao nascer, foi recebido pelos pais com todos os mimos com que se deveria acolher uma criança. Forte e saudável, era a alegria do lar de Helen e Francis. No primeiro ano de vida, ele se desenvolveu naturalmente, porém, após completar o primeiro aninho, os pais se surpreenderam com atitudes estranhas. Ele já não sorria. Na maior parte do tempo, entregava-se ao choro, alto e sentido. Em algumas situações, emitia sons estranhos, confusos, quase animalescos, e irritava-se por qualquer motivo.

Os pais recorreram a pediatras, fonoaudiólogos, especialistas diversos e nada de anormal foi detectado. Buscaram os recursos que a medicina proporciona. Nenhum sucesso! Todos os médicos consultados diziam a mesma coisa:

— É manha, quer chamar a atenção!

---

[214] XAVIER, Francisco C. *Religião dos espíritos*. Cap. "Tentação e remédio".

À medida que Felipe crescia, mais e mais se agravava a situação. Ele não atendia aos chamados, não conseguia articular corretamente os sons E era desobediente.

Frequentadores assíduos de uma Instituição Espírita, trabalhadores persistentes e estudiosos do Espiritismo, os pais não desanimaram. Entregaram a Jesus o problema que afetava o filho querido e confiaram que tudo haveria de se resolver. Era preciso paciência e aguardar que a prova se cumprisse. No entanto, não deixavam jamais de orar e ministrar em Felipe a terapia dos passes e as lições infantis de evangelização. Era difícil, pois ele pouco aproveitava, já que não conseguia parar no lugar e estava sempre provocando uns e outros com tapas e grunhidos. As crianças tinham medo dele. Mas sempre assimilava alguma coisa, diziam os evangelizadores.

Uma tarde em que chegou mais cedo do trabalho, Francis, após o banho, acomodou-se num sofá e, humildemente, entregou-se à meditação e à prece:

— Meu Deus, Pai misericordioso, Felipe já está com cinco anos de idade, nenhum tratamento surte efeito, que hei de fazer? Se for da vossa vontade e se eu tiver qualquer merecimento, mostre-me um caminho, uma luz que ilumine as nossas vidas. Porém, Senhor, se essa prova for definitiva, dá-me forças para que eu a carregue com fé e resignação. Seja feita, porém, a vossa vontade e jamais a minha, pois nada sei.

Em seguida, Francis foi tomado por uma inexplicável sonolência. Ao acordar, veio-lhe à memória, de forma nítida, um fato ocorrido anos atrás, durante um dos trabalhos de desobsessão, no qual atuava como doutrinador. Por meio de um médium psicofônico, manifestou-se, naquele dia distante, um Espírito muito sofrido. Ele disse que estava muito arrependido do crime que praticara contra um amigo e desejava sinceramente redimir-se. O diálogo estabelecido entre doutrinador e entidade desenrolou-se em sua mente como se tudo estivesse se repetindo no momento atual:

— Meu irmão, em nome de Jesus, o que se passa com você? Em que posso auxiliar?

— Ninguém pode auxiliar um desgraçado como eu!

— Jesus pode. Ele não veio para os sãos, e sim para os doentes.

— Eu não sou um doente; sou um criminoso que, num instante de paixão e loucura, tirou a vida de um amigo. Desse dia em diante, não tive mais sossego, a minha vida transformou-se num longo inferno até que me vi dentro de um caixão funerário. Acordei de um pesadelo para mergulhar em outro e, ao abrir os olhos, deparei-me com aquele que matei. Suas faces, deformadas pelo ódio, me encaravam, as mãos estendidas, quase a arrastar-me, arrancaram-me do caixão e ele a vociferar:

— Vamos, acorda, infame, traidor. Quero você acordado para sentir melhor as minhas sevícias. Ainda não estou satisfeito. Persegui-lo durante a vida não foi suficiente. Quero roubar-lhe o sossego da mesma forma que você roubou a minha existência.

"Não tive resposta. Ele tinha razão. O sentimento de culpa se avultou em minha mente. Tentei fugir de seus tentáculos, mas ele continuava a me arrastar com uma força de atração descomunal. Olhei para trás para ver se alguém poderia me socorrer, mas vi apenas o caixão que abrigava o meu corpo. Então, o pavor tomou conta de mim. Desprovido de energia, percebi que quanto mais corria, mais junto dele estava. Ora na frente, ora atrás, suas gargalhadas aguçavam a minha dor.

"Não sei o tempo que transcorreu. Só sei que foram dias e noites, anos e anos, sem tréguas, sem qualquer sossego. Um dia, exaurido e depauperado, percebi que a minha mente era tocada por um murmúrio agradável: lembranças de minha infância, orações que fazia ao lado de minha mãe na ora de dormir. Lembrei-me, então, de suas palavras e, lentamente, as repeti:

"— Proteja, Senhor, o meu filhinho para que ele tenha um sono tranquilo.

"Em seguida, brotou-me da mente a oração do Pai Nosso e de alma em pranto recitei-a, palavra por palavra. Naquele instante, um fenômeno interessante aconteceu: as nuvens escuras se dissiparam e um caminho se abriu em meio às trevas. O rosto de minha mãe sorria para mim como nos idos distantes de minha meninice:

"— Meu filho, o seu ato foi grave. Você colheu a sementeira que plantou, mas a Misericórdia divina não nega auxílio ao mais revel criminoso. Aqui estou, vem!

"Ela desapareceu do espelho de minha memória, mas eu sentia que algo me atraía suavemente e, de repente, me vi aqui, neste lugar.

"— Sim, meu irmão, a sua mãezinha trouxe-o para este pronto-socorro do Espírito. Você teve a felicidade de ser socorrido, depende apenas de você pôr fim ao sofrimento. Um grupo de Espíritos abnegados, enviado por Jesus, lhe dará guarida a partir de agora, mas é preciso manter o pensamento em prece e o desejo de recomeçar uma nova vida a fim de ressarcir seu crime.

"Naquele instante, por intermédio de outro servidor mediúnico, uma entidade revoltada, transpirando ódio e desejo infindável de vingança, se manifestou aos gritos:

"— Ele se livrou de minhas garras, mas não pensem que é para sempre, não! É por pouco tempo. Não pense, ele, que está livre, não. Hei de segui-lo por quantas vidas ele tiver. Não deixarei que tenha vida normal. Ele não conseguirá se expressar já que me impediu de continuar vivendo. Destruirei todas as suas amizades, já que não soube avaliar a minha. Não deixarei que o som chegue a seus ouvidos, já que não teve piedade ante as minhas súplicas desesperadas para que não me matasse."

Nesse instante, Francis voltou à realidade. Não se recordou do restante da doutrinação, mas uma luz iluminou seu raciocínio: sim, aquele Espírito obsessor estava ali, no seu lar, ao lado do seu filho querido. Sim, era ele a perseguir Felipe. Seu filhinho era a entidade arrependida que fora acolhida no seu lar. O obsessor não se deixou doutrinar naquele tempo, prometeu vingança. Sim, só poderia ser ele. Estava ali, limitando os sentidos do filhinho.

— Que luz abençoada! — pensou.

— Helen, venha aqui, querida. Você não faz ideia. Eu me lembrei, eu me lembrei!

— Francis, do que se lembrou?

Então, Helen ouviu, emocionada, a narrativa da lembrança que aflorara na mente do esposo. Ali mesmo, ambos se reuniram em torno de Felipe e, com o coração pleno de fé e de esperança, elevaram uma prece fervorosa a Jesus. A partir de então, passaram a orar, não só pelo filho, como já faziam habitualmente, mas também pelo Espírito revoltado, pedindo-lhe perdão pelo malefício que Felipe e talvez eles mesmos, um dia, lhe causaram.

Durante muito tempo, oraram em benefício daquela alma ferida, que não conseguia perdoar o algoz de outra vida.

Uma noite, quase um ano depois das lembranças que afloraram em sua mente, eis que, ao dirigir o trabalho de desobsessão, Francis foi surpreendido por uma entidade que o chamava pelo nome:

— Aqui estou, Francis, não pelo seu filho, que detesto, mas por você e sua mulher, que têm demonstrado muito carinho e até amor por mim, apesar de eu estar prejudicando tanto o seu filho! Vocês me comoveram. Suas preces chegam até mim como jatos de brisa suave, aliviando o calor escaldante de minha alma. A dor que me atormentava desapareceu depois que passaram a se interessar por mim. Agora eu consigo respirar. Nem meus pais oraram assim por mim. Agora, nem oram mais. Eu caí no esquecimento, eles não se interessam mais por mim. Por vocês, só por vocês, eu vou deixá-lo em paz.

— Meu filho! Você está tomando a decisão mais acertada de sua vida.

— Como assim? Eu não tenho mais vida, seu filho ma roubou!

— Não, filho, ninguém tem o poder de tirar a sua vida, ela é eterna. Você terá a felicidade de renascer num lar com pais que o amem e viver uma vida nova e feliz!

— Como isso é possível?

— É a Misericórdia divina que oferece às suas criaturas novas oportunidades, é o perdão do Pai aos filhos revéis. Você também terá novas oportunidades, tantas quantas necessárias. É só perdoar, confiar em Deus e se propor a mudar que você encontrará muitos amigos que lhe querem bem e o ajudarão nesse novo caminho. Ore comigo e perdoe sinceramente. A Justiça não cabe a nós. Deixe nas mãos de Deus. Entregue-se nos braços de Jesus.

Naquele instante, pelos olhos do médium, aquela entidade tão infeliz derramou lágrimas sentidas e, pela primeira vez, acompanhou o doutrinador na prece que Jesus ensinou a todos os seus discípulos.

Francis retornou para casa com a alma mais leve. Trazia a sensação do dever cumprido, mas sabia que o resultado era de Deus.

Já era tarde quando abriu a porta de casa. Certo de que a esposa e o filhinho já se haviam recolhido, entrou silenciosamente. Grande foi sua surpresa ao encontrar a luz do quarto acesa. Mais surpreso ficou quando viu Felipe, que corria a seu encontro:

— Papai! Papai! Eu sei falar, eu sei falar!

Francis e Helen se abraçaram em lágrimas de emoção e, unidos em prece, agradeceram ao Pai a bênção que acabavam de receber.

Dois anos depois, aquele lar recebia mais uma criança e ambas haveriam de ressarcir seus débitos lado a lado, como irmãos.

Deus perdoa por meio da oportunidade abençoada da reencarnação.

14

Causas da obsessão

— É para eles, Senhor, para os que repousam aqui em densas sombras que te suplicamos a bênção! Desata-os, Mestre da caridade e da compaixão, liberta-os para que se equilibrem e se reconheçam... Ajuda-os a se aprimorarem nas emoções do Amor santificante, olvidando as paixões inferiores para sempre. Possam eles sentir-Te o desvelado carinho, porque também Te amam e Te buscam, inconscientemente, embora permaneçam supliciados no vale fundo de sentimentos escuros e degradantes...[215]

A maldade de um Espírito não é um estado permanente. Ela desaparecerá quando ele se conscientizar da necessidade de se transformar a fim de encontrar o caminho da paz e da evolução. Reintegrado na família espiritual, ele se submeterá às Leis divinas e se afastará de tudo que lhe possa ser contrário e prejudicial. Aceitará o Evangelho de Jesus como roteiro de sua existência e não mais fará contra os semelhantes o que não deseja para si. Portanto, a maldade não é atributo definitivo do Espírito. Um dia, ela desaparecerá da face da Terra com a transformação moral de seus habitantes. Entretanto, enquanto o mal predominar na alma humana, muitas dores, destruições e infindáveis aflições desencadearão.

A desagregação da vestimenta carnal não altera hábitos, pontos de vista, ideais, atitudes, conhecimento, tampouco experiências vividas pelo Espírito. No Além, ele continuará detentor dos mesmos sentimentos, virtudes ou falhas morais. Os Espíritos equilibrados serão acolhidos por mãos amigas, familiares que os conduzirão

---

[215] XAVIER, Francisco C. *Libertação*. Cap. 12.

às colônias de refazimento. Uma vez readaptados, eles se entrosarão aos grupos de auxílio e aprendizado, de acordo com a boa vontade e aptidão de cada um.

Sob o véu da invisibilidade, os Espíritos maus encontrarão mais facilidade para concretizar o revide contra os desafetos que deixaram. Ali, atraídos por entidades afins, encontrarão comparsas e meios para planejar a desforra. Daí para a obsessão, o espaço é livre, principalmente se o adversário tiver os mesmos princípios morais.

André Luiz relata as revelações que dois obsessores fizeram a Silas, enquanto este se empenhava em resgatá-los:

> Sim, aprendemos nas escolas de vingadores que todos possuímos, além dos desejos imediatistas comuns, em qualquer fase da vida, um "desejo-central" ou "tema básico" dos interesses mais íntimos. Por isso, além dos pensamentos vulgares que nos aprisionam à experiência rotineira, emitimos com mais frequência os pensamentos que nascem do "desejo-central" que nos caracteriza, pensamentos esses que passam a constituir o reflexo dominante de nossa personalidade. Desse modo, é fácil conhecer a natureza de qualquer pessoa, em qualquer plano, através das ocupações e posições em que prefira viver. Assim é que a crueldade é o reflexo do criminoso, a cobiça é o reflexo do usurário, a maledicência é o reflexo do caluniador, o escárnio é o reflexo do ironista e a irritação é o reflexo do desequilibrado, tanto quanto a elevação moral é o reflexo do santo... Conhecido o reflexo da criatura que nos propomos retificar ou punir, é, assim, muito fácil superalimentá-la com excitações constantes robustecendo-lhe os impulsos e os quadros já existentes na imaginação e criando outros que se lhes superponham, nutrindo-lhe, dessa forma, a fixação mental.[216]

É importante reiterar: o fator primordial da aproximação dos Espíritos, bem como da influência que eles conseguem exercer, está no pensamento. É ali que se inicia a boa ou má conivência. Questão de sintonia!

As causas da obsessão são o mais variáveis possível. Sua origem emana das imperfeições morais, de toda sorte, que assolam a humanidade. E o *desejo-central* a que se refere o autor, se contaminado pela inferioridade, facultará, infalivelmente, a conexão mental com os maus Espíritos.

---

[216] XAVIER, Francisco C. *Ação e reação*. Cap. 8.

Pode ter suas raízes tanto na vida presente quanto em outras existências, sua gravidade varia de acordo com o caráter do Espírito, seu grau de inteligência ou de ignorância, o motivo de sua aproximação e do seu desejo de vingança.

O Espírito obsessor, em sua generalidade, é a vítima do passado em que foi magoado, traído, ferido pela sua vítima de hoje. Incapaz de perdoar ou esquecer a afronta recebida, ele se firma no propósito de vingança que se transforma em ideia fixa e, enquanto não alcançar o seu objetivo, não se satisfaz.

Entre as causas mais tenazes da obsessão, sobressai o ódio armazenado pelas vítimas de homicídio e aborto provocado. Crimes que lhes interromperam a vida de forma brutal não podem ser perdoados, dizem. E em estado traumático, arrastam a sensação conflitante pelo tempo afora. Outras tantas causas se originam no exercício da violência, do roubo, da traição amorosa, da agressão contra amigos e familiares, de injustiças e condenações injustas, da eutanásia não consentida, de derrocadas econômicas, de parcerias criminosas iniciadas na Terra ou no Espaço e outros tantos delitos.

Há circunstâncias em que o obsessor nada tem contra a sua vítima, mas, por camaradagem ou submissão aos Espíritos da falange com que se afina, colabora com eles no processo obsessivo. Outras vezes, atuam pelo simples prazer de fazer o mal e ver o sofrimento alheio. É o predomínio dos instintos inferiores.

Não raramente, a obsessão se estabelece por Espíritos oportunistas que se aproximam pela semelhança de sentimentos e de atitudes: egoísmo, vaidade, orgulho, ociosidade, ciúme, inveja, irritabilidade, malícia, desconfiança, promiscuidade, vícios, maledicência e uma gama imensa de paixões humanas.

Espíritos existem que, inimigos do bem, sentem prazer em agir contra as pessoas que primam pelo caminho reto e se dedicam às tarefas edificantes. Contra essas criaturas, a influência é momentânea. O mal sempre encontrará barreiras no poder do bem, da vigilância e da oração, nas almas que seguem os passos de Jesus. É muito importante vigiar pensamentos e atitudes para não se expor a essas criaturas em momentos de fragilidade moral, tão comuns aos habitantes terrenos.

Há Espíritos, acostumados ao mal, que preferem perturbar criaturas incapazes de reação. Covardemente, se aproveitam da debilidade física e moral de suas presas.

Existem, ainda, entidades oportunistas e perversas que

> [...] obtêm resultados satisfatórios na torpe tarefa de perseguição e engodo contra pessoas que, com a devida confiança, não exerçam a oração

e a vigilância mental de cada dia, como defesa contra males psíquicos, as quais atraem para seus detestáveis agrupamentos espirituais durante o sono corporal e também contra Espíritos desencarnados frágeis, revoltados, descrentes ou levianos que a tempo não se harmonizaram com o dever, o que lhes evitaria tais situações após o decesso corporal.[217]

Há Espíritos obsessores sem maldade que alguma coisa mesmo denotam de bom, mas dominados pelo orgulho do falso saber. Têm suas ideias, seus sistemas sobre as ciências, a economia social, a moral, a Religião, a filosofia e querem fazer que suas opiniões prevaleçam. Para esse efeito, procuram médiuns bastante crédulos para os aceitar de olhos fechados e que eles fascinam, a fim de os impedir de discernirem o verdadeiro do falso. São os mais perigosos, porque os sofismas nada lhes custam e podem tornar cridas as mais ridículas utopias. [...][218]

Quem estaria sujeito às suas influências? Todo indivíduo que igualmente se compraz no orgulho do falso saber. Em qualquer área de atuação, se faz presente com ares de superioridade e conhecimento duvidoso. Nos meios espíritas, foge dos estudos, mas semeia em toda parte suas ideias enganosas, pois não se preocupa em conhecer a doutrina esclarecedora dos Espíritos, em sua fonte cristalina. Facilmente, acata informações sem qualquer critério e as divulga na primeira oportunidade. Por isso mesmo, são mais fáceis de serem enganadas e submetidas às influências inferiores.

As pessoas supersticiosas também são presas fáceis de Espíritos mistificadores. Longe de qualquer análise racional, aceitam o insólito como verdadeiro. Adotam falsos hábitos, atitudes, rituais, objetos, amuletos como se sagrados fossem. Creem em fatos, palavras, fenômenos e coisas absurdas que não resistem a uma análise racional e lógica. Da mesma forma, temem a influência de tais e quais palavras, gestos e objetos sem razão de ser. Assim, não saem de casa sem dar o primeiro passo com o pé direito; não se esquecem das três batidinhas na madeira para evitar o azar. Evitam usar o número 13. Pronunciam frases e fazem gestos significativos em situações especiais ou de risco. Quanto mais mistérios se lhes apresentam, mais se interessam. E em tudo acreditam sem qualquer critério ou lógica. Enfim, tais atitudes atraem Espíritos zombeteiros e mistificadores

---

[217] PEREIRA, Yvonne A. *Devassando o invisível*. Cap. V.
[218] KARDEC, Allan. *O livro dos médiuns*. Segunda parte, cap. XXIII, it. 246.

que se divertem em pregar peças. Aproveitam-se do período de sono para lhes exibir imagens e projeções mentais de figuras mitológicas, absurdas e diabólicas, nas quais acreditam. Sugerem-lhes procedimentos esquisitos que realizam como inspiração divina. Ao acordar, narram extasiadas as aparições estranhas. Outras vezes, apavoradas, relatam o pesadelo vivido durante o sono. E na realidade o foi! Se essas pessoas forem dotadas de vidência ou audiência, as entidades perturbar-lhe-ão dia e noite com imagens e sons grotescos. Daí a importância de construir uma barreira protetora com o cultivo dos bons pensamentos, do estudo e da prece habitual e sincera.

A mistificação, própria desse tipo de Espíritos, representa um entrave para os médiuns ostensivos. Nas comunicações, durante as atividades mediúnicas, tanto quanto no dia a dia, tais entidades se fazem passar por Espíritos de homens respeitáveis, que pautaram sua existência sobre a Terra no trabalho digno e enobrecedor. Usam nomes de vultos conhecidos por feitos importantes ao progresso da humanidade. Outros ainda mais audaciosos se fazem passar por Jesus, Maria de Nazaré e até por Deus. Eles se aproveitam da credulidade dos encarnados, passam informações absurdas e mentirosas e se divertem quando os colocam no ridículo.

Os Espíritos têm acesso aos pensamentos dos médiuns, pois, *lê-os como se fossem livros abertos*. Os bons auxiliam, aconselham e incentivam os seus tutelados às nobres realizações; os maus, de posse dos segredos mais íntimos de suas vítimas, se imiscuem em suas vidas, induzindo-as ao mal.

Sem qualquer compromisso, adversários do bem, os Espíritos inferiores são incansáveis. Aguardam o tempo que for necessário para se insinuar e atacar. É-lhes prazeroso instigar desconfiança, dúvida, insegurança, medo, angústia, paixões incontroláveis, adultérios, crimes e outros tantos sentimentos e procedimentos que encontram guarida na alma humana. Há dois mil anos, João Evangelista já alertava: "Amados, não creiais em todo Espírito, mas provai se os Espíritos são de Deus, porque já muitos falsos profetas se *têm* levantado no mundo".[219]

Segundo a médium Yvonne A. Pereira, os Espíritos mistificadores

> [...] valem-se de ardis e subterfúgios, malícia e mesmo maldade. [...] Na Terra como no Espaço, eles proliferam, sem realmente prejudicar senão a si próprios. Existem os hipócritas perigosos, portanto, que

---
[219] I João, 6:1.

sabem enganar porque se rodeiam de falsa seriedade, a qual mantém apoiados em certa firmeza de lógica, e que somente observadores muito prudentes saberão descobrir.[220]

A mistificação, que tem por efeito enganar, ludibriar alguém, representa escolhos para os médiuns. Eis a explicação que Kardec deu a um de seus correspondentes sobre o assunto:

> Tais mistificações têm o objetivo de pôr à prova a perseverança, a firmeza na fé e exercitar o julgamento. Se os bons Espíritos as permitem em certas ocasiões, não é por impotência de sua parte, mas para nos deixar o mérito da luta. A experiência que se adquire à sua custa sendo mais proveitosa, se a coragem diminuir, é uma prova de fraqueza, que nos deixa a mercê dos maus Espíritos. Os bons Espíritos velam por nós, assistem-nos e nos ajudam, mas sob a condição de nos ajudarmos a nós mesmos. O homem está na Terra para a luta; precisa vencer para dela sair, senão fica nela.[221]

Há muitos casos em que as obsessões se estabelecem de forma inconsequente, inesperada e gratuita. Inicialmente, o indivíduo faz uma visita. Posteriormente, sua presença se torna frequente nos antros viciosos e promíscuos e ali se tornam presas fáceis de Espíritos sedutores que frequentam esses locais onde se agrupam a Espíritos semelhantes. O conúbio se estabelece e, a partir de então, passa a sofrer as devidas influências. Se o Espírito for mau, mais grave será a obsessão.

Outra causa de obsessão pouco conhecida é a que se estabelece por "amor", inicialmente de encarnado para encarnado. Na realidade, esse tipo de obsessão tem origem nas paixões desvairadas em que o ciúme e o prazer da posse recaem sobre o ser que se crê amar. Uma vez dominado pela paixão desequilibrante, o indivíduo não enxerga outra saída que não seja o domínio do objeto de sua loucura amorosa, o que se agrava pelo medo de perdê-lo. No entanto, se ocorrer o desencarne do "ciumento", certamente retornará em Espírito, com a finalidade de cobrar a posse de "seu objeto", caso este se deixe dominar pelas lembranças que os uniam, o que é muito natural. Instala-se então a obsessão de desencarnado para encarnado.

---

[220] PEREIRA, Yvonne A. *Devassando o invisível*. Cap. V.
[221] KARDEC, Allan. *Revista Espírita*, agosto de 1863.

Pode, também, ocorrer o inverso: a criatura "amada" desencarna e o "ciumento", incapaz de se dedicar ao esquecimento, continuará cultivando os mesmos sentimentos possessivos. Então, tal qual elemento de atração, aprisionará o recém-desencarnado, que será atraído pelas teias mentais do antigo afeto. Dele não se libertará facilmente se teimar em manter a mesma sintonia. Eis aí a obsessão de encarnado para desencarnado.

Há circunstâncias em que a obsessão não se implanta pela atuação de outro Espírito, e, sim, pelo Espírito do próprio encarnado. Trata-se da auto-obsessão tão bem identificada pelo codificador:

> É preciso dizer também que muitas vezes responsabilizamos os Espíritos estranhos por malefícios de que não são responsáveis. Certos estados mórbidos e certas aberrações, atribuídos a uma causa oculta, em geral são devidos exclusivamente ao Espírito do indivíduo. As contrariedades que ordinariamente concentramos em nós mesmos, sobretudo as decepções amorosas, têm levado ao cometimento de muitos atos excêntricos atribuídos por engano à obsessão. Muitas vezes a criatura é o seu próprio obsessor.[222]

O encarnado, em estado de extrema emoção, poderá atrair Espíritos que se comprazem em ampliar-lhe o desequilíbrio. Em tais circunstâncias, instigam sentimentos malsãos e não perdem a oportunidade de induzi-lo à violência, ao crime ou ao suicídio. Se a criatura se entrega sem qualquer reação à sugestão invisível, mais fácil se aprisiona nas teias do obsessor. Alheio ao hábito de orar e de sintonizar com os planos maiores, dificulta o auxílio dos Espíritos superiores, que não lhe faltariam se o campo mental estivesse aberto ao socorro. Enceguecido, alheio ao bom senso, em estado supremo de depressão, exaltação ou sofrimento, não consegue discernir o certo do errado. Deixa-se, então, conduzir pelo impostor que não lhe dará trégua enquanto não vir sua vítima mergulhada no desespero. Nesse estado avassalador, bastará apenas um empurrãozinho para concluir a ação tresloucada que lhe foi sugerida. Por isso é importante que amigos e familiares, ao detectarem o estado desequilibrante, busquem o auxílio médico juntamente com o espiritual.

A obsessão apresenta ainda outras tantas causas, entre elas "[...] certas obsessões tenazes, principalmente de pessoas de mérito, por vezes fazem parte das

---

[222] KARDEC, Allan. *Revista Espírita*, dezembro de 1862.

provas a que se acham submetidas. Por vezes acontece mesmo que a obsessão, quando simples, seja uma tarefa imposta ao obsidiado, que deve trabalhar pela melhoria do obsessor, como um pai por um filho vicioso".[223]

Quaisquer que sejam as causas que dão origem às obsessões, a responsabilidade se encontra no pensamento que gera o comportamento individual ou coletivo. Cabe ao homem, portanto, desatar os fios que o ligam à espiritualidade inferior por meio do saneamento mental.

---

[223] KARDEC, Allan. *Revista Espírita*, dezembro de 1862.

15

Quem ama não constrange, não persegue, não mata!

O Amor puro é o reflexo do Criador em todas as criaturas. Brilha em tudo e em tudo palpita na mesma vibração de sabedoria e beleza. É fundamento da vida e justiça de toda lei. Surge sublime, no equilíbrio dos mundos erguidos à glória da imensidade, quanto nas flores anônimas esquecidas no campo. Nele fulgura, generosa, a alma de todas as grandes religiões que aparecem, no curso das civilizações, por sistemas de fé à procura da comunhão com a Bondade celeste, e nele se enraíza todo impulso de solidariedade entre os homens. Plasma divino com que Deus envolve tudo o que é criado, o Amor é o hálito dele mesmo, penetrando o universo. [...][224]

—Vovó, ontem à noite, durante as aulas, a evangelizadora abordou um assunto aterrador! O suicídio. Ela falou sobre isso justamente porque estamos na adolescência. Diz ela que nessa idade as dores que afetam a alma tomam vulto gigantesco e o sofrimento parece não ter fim, então é comum surgirem ideias de suicídio. É uma forma de fugir da realidade. A senhora também pensa assim?

— Ah, minha querida, é verdade. A adolescência se abre para um mundo novo onde a experiência é o que mais falta. É um período de insegurança. Ora criança, ora adulto, os jovenzinhos acreditam que já sabem de tudo e que a vida se resume no mundinho limitado em que vivem. Por isso estão mais sujeitos às

---

[224] XAVIER, Francisco C. *Pensamento e vida*. Cap. 30.

intempéries da vida. Os jovens que buscam a experiência dos mais velhos, assim como você, sempre encontrarão um porto seguro nas horas de tempestade. Entretanto, aqueles que se julgam donos do próprio nariz acham que conhecem tudo e tudo podem. Não aceitam conselhos dos pais, nem dos mais experientes, infelizmente, ficam desprotegidos em meio à tormenta. Nas horas de aflição, sem o apoio necessário, agarram-se à primeira saída que encontram: pode ser a bebida, a droga, o crime, o suicídio. São formas de fuga que estão afetando a vida de muitos jovens. É preciso pensar muito em Jesus. Nas horas alegres, é nossa segurança; nas horas amargas, é a nossa salvação. Ele nos deixou muitas lições, roteiro de vida, para nos auxiliar. Lembra-se da passagem que estudamos algumas noites atrás?

— Qual delas, vovó?

— Espere um pouco, vamos relê-la:

> E entrando Ele no barco, seus discípulos o seguiram. E eis que no mar se levantou uma tempestade tão grande que o barco era coberto pelas ondas. Ele, porém, estava dormindo. E os seus discípulos, aproximando-se, o despertaram, dizendo: Senhor, salva-nos que perecemos! E Ele disse-lhes: Por que temeis, homens de pouca fé? Então, levantando-se, repreendeu os ventos e o mar, e seguiu-se uma grande bonança. E aqueles homens se maravilharam, dizendo: Que homem é este que até os ventos e o mar lhe obedecem?[225]

— É uma passagem belíssima, narrada por Mateus, guarde bem, querida, está no capítulo VIII.

— Vovó, é muito bonita, mas não encontro relação nenhuma com as aulas de evangelização.

— É fácil, querida, Jesus utilizava-se das mínimas oportunidades para deixar à humanidade suas lições. Ele é a força, a segurança, a proteção que estará sempre do nosso lado. A tempestade são as horas amargas, os momentos de aflição que de tempos em tempos assolam a nossa vida. Os discípulos são cada um de nós, cheios de inseguranças e de medo. O mar é o solo móvel e inseguro em que nos situamos. O barco é nossa frágil moradia. Os ventos são os inimigos invisíveis que nos atormentam e se aproveitam para atacar nas horas em que deixamos Jesus adormecer em nosso coração e nos afastamos dele. Então, somente

---

[225] MATEUS, 8:23 a 27.

quando esses inimigos nos atacam é que nos lembramos de Sua presença e O acordamos. Por isso Ele diz: *Por que temeis, homens de pouca fé?* Jesus estava do lado deles e mesmo assim duvidaram da Sua proteção, do Seu poder divino.

Realmente, falta-nos fé. Se nos habituarmos a mantê-Lo sempre acordado em nosso coração e acreditarmos no poder que Ele tem de nos ajudar, de fazer calar as tempestades da alma, certamente venceremos os momentos difíceis e chegaremos ao final da adolescência, ou dos problemas, com coragem, fé e muita experiência. São as dificuldades que amadurecem o indivíduo a fim de trilhar uma vida segura.

— É, vovó, a senhora sabe das coisas!

— Como lhe disse, querida, é preciso vencer as dificuldades, mas não de mãos vazias, e, sim, buscando solucionar os problemas sem fugir deles. Sempre que fugimos dos problemas, eles correm em nosso encalço e não nos livramos dele. Aí fica pior, como se fosse um aguilhão a nos atormentar. A melhor receita é sempre solucioná-los. Para isso temos os mais experientes para ajudar, os pais, os avós, os amigos sinceros. E não se esqueça da luz, que jamais se apaga, para iluminar os caminhos: o Evangelho de Jesus!

"Ao longo da minha existência, muitas coisas já se apagaram nas páginas da memória e, como se dizia naquele tempo: *muita água já rolou sob a ponte*. Mas muitas coisas ainda se conservam vivas e atualizadas porque estão sedimentadas em conceitos básicos da experiência humana e, sobretudo, nas lições do Mestre, pois elas não foram escritas para aquele tempo, mas para todas as eras.

"Ocorre-me agora uma história dolorosa que aconteceu com uma amiga. Eu era muito jovem e foi justamente aquele acontecimento que mudou o rumo da minha vida. É um acontecimento que jamais se apagou da minha memória, pelo contrário, continua vivo com todas as cores que o tempo se incumbiu de reforçar."

— Conta, vovó, conta! Quero ouvir de novo a história de Eneida.

— Ah! já sabe, então, de quem estou falando? Vou contá-la inteira. Agora você já é uma mocinha, pode ouvir com todos os detalhes.

"Pois é, a figurinha de Eneida, traços delicados, olhar meigo, se concretizou em obra de arte e hoje enfeita as dependências do meu coração. Morávamos perto, lado a lado. Eu numa casa térrea, pequena e simples; ela num sobrado suntuoso. As janelas do andar superior se abriam para a rua. Toda tarde ela tinha o hábito de tocar violino. O som melodioso invadia suavemente o meu coração romântico. Então, debruçava-me no beiral da janela e ali ficava a ouvir as músicas que ela extraia daquelas cordas mágicas. Foi esse som que atraiu John, o filho dos ingleses que moravam a algumas quadras dali. Cada vez que ela se punha a tocar, como por encanto, ele aparecia e ali permanecia extático, ouvindo a música divina, artisticamente trabalhada por suas mãos.

"Eneida confidenciou-me, um dia, que a presença de John, com seu interesse pela música, a fazia muito feliz. O seu coração ficava aflito quando ele não aparecia.

"Uma tarde, ela parou de tocar subitamente, desceu correndo as escadas e foi até ele e o convidou para entrar, um gesto raro para a época. Mas Eneida era assim, decidida, não desistia de seus ideais.

"Os dois iniciaram o namoro. Tudo parecia dar certo. John se apaixonou por Eneida, que correspondia com o mesmo afeto. Um dia, ela ficou mais de hora aguardando John para irem ao seu jantar de formatura. John não apareceu. Daquele dia em diante, a felicidade de ambos evadiu-se. Mais tarde, ficou sabendo que os pais de John proibiram o namoro, não faziam gosto. Ele deveria namorar uma prima, descendente de nobres. Obediente e inseguro, ele aceitou a imposição dos pais e não mais retornou. Eneida vivia chorando pelos cantos. Abandonou o violino, e a música silenciou naquele quarteirão. Meses se passaram, e um dia surgiu um comentário: o filho dos ingleses estava noivo e se casaria brevemente. Foi um choque para a jovem musicista, e o golpe foi tão forte que ela adoeceu. A mãe ficou o tempo todo a seu lado, aconselhou-a, deu-lhe esperança:

"— Minha filha, o tempo é o melhor remédio, cura todos os males. Você é jovem, logo se esquecerá dele e outro merecerá o seu amor.

"A jovem não queria saber. Deixou de comer, não ouvia os conselhos dos pais que, angustiados, tudo fizeram para que ela esquecesse o ingrato, mas Eneida estava decidida, não queria perder:

"— Ele será meu, vocês verão! De mais ninguém!

"Na manhã seguinte, Eneida estava morta. Uma corda, pendurada na janela do sobrado, ostentava um corpo jovem... Ela optara por se vingar fugindo da vida. Foi uma tragédia. Não soube renunciar. Esqueceu-se de Jesus, médico das almas que a todos cura. Ignorou os preceitos cristãos. Não fora habituada a orar, não soube perdoar. Na realidade, não amou de verdade. Egoisticamente, não pensou no abandono, nem na dor que atingiria os pais, tão amorosos. Fugiu do corpo, mas não conseguiu fugir da vida."

— Por que não conseguiu fugir da vida, vovó?

— Ela acreditava que tudo terminaria naquele ato insano. E, agindo assim, ele sentiria remorso e não se casaria. É uma forma de vingança!

"Pobre Eneida! A vida continua além da vida. E a dor não cessa para o Espírito transgressor. Pelo contrário, a dor da alma fica mais intensa quando o corpo é separado abruptamente do Espírito, antes do tempo previsto. Depois, acrescentam-se o remorso, a saudade, o arrependimento, a visão atormentada do corpo em decomposição. É tormento inenarrável! Acrescentam-se os débitos contraídos contra as Leis divinas que transcendem encarnações. E devem ser ressarcidos!"

— Vovó, isso eu não sabia!

— Pois é, querida, chegou a hora de saber.

"A libertação desejada por meio da fuga é ilusória. A vida do Espírito que se suicida transforma-se em inenarrável sofrimento. Os Espíritos amigos intercedem a Deus por ele, mas não têm autorização para desligá-lo do corpo que se deteriora, nem para retirá-lo do tormento em que mergulhou por vontade própria. Dependendo das circunstâncias que provocaram o delito, ele viverá em terrível pesadelo até que se esgotem as energias deletérias que emite. Pode levar muitos anos. Após o esgotamento energético, então depauperado e sofrido, será possível a aproximação dos trabalhadores do Senhor que, amorosamente, aguardam esse momento para resgatar o Espírito das regiões em que permanece confinado."

— Mas isso é horrível!

— Pois é! O Espírito suicida é um transgressor das Leis divinas. Ninguém tem o direito de matar quem quer que seja e, muito menos, pôr fim ao próprio corpo. Este é dádiva divina que todos devem prezar. As energias vitais, que deveriam sustentar o corpo durante a vida terrena, impregnam-se de miasmas mentais e intoxicam o Espírito, que, por sua vez, contamina tudo e todos que o rodeiam. Por isso é confinado. Somente após transcorrer o período necessário para esgotar as energias deletérias, então, sim, poderá ser resgatado. Graças à Misericórdia divina, receberá o tratamento adequado a fim de conquistar o direito de reencarnar para reaver o equilíbrio perdido, que nem sempre é possível em apenas uma encarnação. Por isso alguns Espíritos reencarnam com marcas visíveis no corpo físico, em outros, as marcas podem ser espirituais. A bondade do Pai é infinita e, em circunstâncias excepcionais, o ato transgressor poderá ser atenuado, mas só Deus sabe!

— Ah, vovó, isso é muito triste!

— Sim, mas necessário. É da lei que todos nós temos que valorizar e respeitar o corpo que nos serve de veículo aqui na Terra. Quem transgride a Lei divina precisa aprender a respeitá-la. Nesse caso, somente a dor está capacitada para a conscientização do Espírito. Os seus meios libertarão o ser aprisionado na rebeldia. Assim, ao defrontar situação conflitante, nas reencarnações subsequentes, terá forças para superar os percalços e não repetirá o ato insano. A rebeldia de Eneida lhe custou muitos anos.

— Como assim? O que a senhora sabe sobre o seu Espírito?

— Eu explico. Você sabe que a vovó tem mediunidade, não sabe? Pois é. Essa tragédia feriu meu coração. Então, toda noite eu dirigia o olhar para a janela do sobrado e pedia a Deus pela sua alma.

"Depois de algum tempo, não me lembro quanto, ao terminar a prece por sua alma, levei um grande susto. Vi Eneida com a mesma roupa que usava naquele dia. Ela se debatia desesperadamente tentando tirar a corda do pescoço. Essa cena se repetiu diante dos meus olhos por muitas noites. Eu, emocionada e ao mesmo tempo horrorizada, sem ter mais o que fazer, orava, orava, até cair vencida pelo sono. Um dia, durante minhas orações, vi que ela conseguira se livrar da corda. Talvez aquele fora o momento de ser amparada, mas não, determinada e recalcitrante, saiu escada abaixo, ganhou a rua, olhou para os lados e partiu na direção da casa de John. Meus olhos, atônitos, acompanharam o seu trajeto até que virasse a esquina. Passaram-se muitas luas sem que eu visse o seu Espírito. Certa noite, já refeita, dormia eu tranquilamente. Vi-me, então, pela primeira vez, fora do corpo. Foi um susto danado. Pensei que meu corpo estava morto. Tentei tocá-lo, mas ele permanecia imóvel. Morri, pensei! Virei o rosto, apavorada, quando senti uma mão segurar a minha. Era Zilma, um Espírito amigo, de feições doces e tranquilas. Sua voz era maternal e cariciosa. Ela me tranquilizou. Explicou que eu estava num momento de emancipação da alma e convidou-me a segui-la. Durante o trajeto, contou-me que estava incumbida de me preparar para uma tarefa importante. Maria de Nazaré, mãe de Jesus, nos assistiria. Segui-a e rapidamente nos detivemos defronte o casario cinematográfico de John. O silêncio e as sombras da noite envolviam aquele lar. Entramos e fomos diretamente para o quarto do rapaz. Seu estado era desolador. Seu sono agitado. Feição abatida, barba por fazer, magreza e palidez denunciavam a ausência de apetite. O pensamento, atrelado ao de Eneida, se aprisionara à ideia do suicídio. Zilma, suavemente, chamou a minha atenção para um fato inusitado, pelo menos para mim: Eneida estava ali, cabeça inchada, rosto disforme, inclinada junto ao ouvido de John. Ela repetia sem cessar: 'Rompe o noivado, rompe..., é a mim que você ama. Deixe seus pais e vem pra mim, vem, vem....'

"De tempos em tempos, ela corria alucinada até a janela e, com as mãos no pescoço, fazia esforço hercúleo para respirar e, ao mesmo tempo, tentava arrancar algo que o pressionava dolorosamente. Em seguida, voltava e repetia a súplica indefinidamente.

"Zilma e eu elevamos o pensamento a Jesus e suplicamos misericórdia para aquelas almas comprometidas."

— Mas, vovó, ele não teve culpa! Ela que optou por se suicidar.

— É verdade, ele pode não ter culpa do ato em si, mas indiretamente foi responsável, pois não respeitou os sentimentos de Eneida, abandonou-a sem qualquer explicação. Destruiu sua esperança de felicidade. Poderia ter sido mais responsável, talvez Eneida tivesse entendido. Ela se viu desprezada, humilhada, abandonada pelo homem em quem confiava bem na noite de sua formatura. John não agiu honestamente com a mulher que dizia amar. Não fosse culpado, não estaria conectado aos pensamentos funestos de Eneida. Por outro lado, ele carregava o sentimento de culpa. Isso também pesa na economia do Espírito.

— É, vovó, há muita coisa que eu não sabia!

— Somente o estudo, minha querida, abre as janelas do conhecimento.

"Dias depois da visita espiritual que fiz juntamente com Zilma, fiquei sabendo que John rompera o noivado e mergulhara na depressão. Alheio aos conselhos de amigos espirituais, o jovem não se preocupou em orar, não buscou socorro. Deixou-se dominar pelo desânimo e entregou-se ao isolamento. E ali ficou atrelado àquele ser invisível e prejudicial. Sua alma, jovem ainda, atingida pela tragédia e a incompreensão dos pais, se aprofundou ainda mais na depressão.

"Aos poucos eu fui me acostumando com a emancipação da alma e algumas noites por semana eu deixava meu corpo em repouso e partia com Zilma para aquele recinto sombrio. Eneida permanecia ali, chorosa e renitente. A ideia se fixara em John, que nada mais percebia à sua volta. Minha mentora espiritual não podia desrespeitar-lhe o livre-arbítrio. A obsessão de Eneida sobre o jovem se acentuava dia a dia. Zilma, por várias vezes, aproximou-se daquela mãe amargurada e sugeriu-lhe a prece, a leitura do Evangelho. Convidou-a a visitar uma Casa Espírita em busca de socorro. Mas seus pensamentos orgulhosos, sombrios, revoltados interditavam as sugestões de auxílio.

"John, após desfazer o noivado, abandonou os estudos. Isolou-se definitivamente naquele quarto. Não atendia aos apelos da mãe, nem ouvia as súplicas do pai. Quase sempre os acusava pela morte de Eneida.

"O tempo foi se estendendo sem que surgisse oportunidade para que John acolhesse as intuições espirituais e buscasse uma Casa Espírita. Eles eram refratários a qualquer auxílio. Os pais acreditavam apenas no doutor que, infelizmente, já não tinha mais nada a fazer."

— Que coisa, vovó! O Espírito de Zilma não tinha outros meios para socorrê-los?

— Querida, não se esqueça de que Eneida era uma suicida. Uma criminosa perante as Leis divinas. E John era também devedor. Se ao menos ele fosse habituado à prece, se tivesse uma Religião, ele facilmente teria se livrado dela. Ele aderiu facilmente àquele Espírito em desequilíbrio em virtude da afinidade existente entre eles.

"Entretanto, o Pai misericordioso, sempre atento, dispõe de meios que desconhecemos.

"Foi então que uma tia do jovem captou a intuição de Zilma. Em visita ao sobrinho, compreendeu-lhe o drama e, por conta própria, assumiu a responsabilidade de levá-lo, às escondidas, num Centro Espírita. Eneida, mentalmente ligada a John, acompanhou-o àquele pronto-socorro espiritual. Com ajuda de médiuns e Espíritos trabalhadores do local, ela se sentiu envolvida por vibrações salutares. Um grande alívio invadiu o seu Espírito e, pela primeira vez depois do tresloucado gesto, sentiu-se pacificada.

"Após alguns meses, cansada de sofrer, enfraquecida pelo esgotamento das energias, aceitou a realidade proposta pelo doutrinador, que, intuído por Espíritos amigos, conseguiu argumentos para modificar seus pensamentos. Depois de muito tergiversar, ela aceitou a realidade e se retirou nos braços de médicos espirituais que a levaram para tratamentos nas esferas próximas à crosta.

"John, aliviado da opressão, sentiu-se outro, mais leve, mais livre e, consequentemente, mais confiante. No entanto, ainda enfraquecido, precisou passar por um longo tratamento médico em virtude da saúde abalada. O longo período de obsessão desequilibrou suas energias. Com o tratamento eletromagnético, adquiriu forças para acompanhar a tia semanalmente à Casa Espírita. Aprendeu a sintonizar o pensamento com Jesus, entendeu a responsabilidade que tivera na tragédia e, consciente da culpa, passou a orar por aquela que um dia acreditou amar, mas por covardia a abandonou. Mais tarde, casou-se com uma jovem que conhecera na faculdade. Com estudo e dedicação, ele se tornou um atuante orador espírita. A esposa, porém, não adotou o Espiritismo, embora não interferisse nos trabalhos doutrinários de John."

— Vovó, e se ele não fosse auxiliado?

— Ah! minha querida, ele provavelmente teria atendido o forte apelo de Eneida e teria se suicidado. Muitas vezes, o suicídio se dá em virtude de obsessões terríveis em que o algoz, no desejo de se vingar da vítima, a induz pelos labirintos do suicídio. Entretanto, pode ocorrer o suicídio por amor, que na realidade nada mais é que paixão desvairada. John teve merecimento para ser socorrido a tempo. Foi difícil, mas, indiretamente, ele correspondeu aos apelos de Zilma quando aceitou acompanhar a tia até o pronto-socorro espiritual.

— Vovó, é impressionante! Já tenho um exemplo para comentar nos estudos de evangelização.

— Sim! É um alerta para que os jovens policiem os pensamentos.

— E depois, vovó?

— O tempo transcorreu normalmente. Quando seus dois filhos atravessavam as águas turvas da adolescência, eis que chega um bebê para alegrar o seu lar. Uma linda e frágil menina que recebeu o nome de Anita. Amada pelo pai, não foi bem aceita pela mãe. Trouxe na bagagem a prova do desprezo. Pois ela também desprezara os pais quando do seu ato tresloucado. Além disso, as lesões perispiríticas legaram ao corpo físico manchas na pele e um grave problema na garganta. Chorava muito e, vezes sem conta, quase perdia o fôlego se não fosse socorrida a tempo. John dedicou anos de sua vida em benefício daquela alma endividada. Cheio de atenções, paciência e amor, o pai ocupava grande parte do seu tempo ajudando-a absorver as aulas de evangelização. A música continuava viva em sua mente. Anita se sentia feliz quando ouvia os acordes musicais:

— Papai, venha ouvir! É lindo!

"O pai se encantava!

"Ela sempre amou a música. Participava dos corais infantis, mas sua voz, agredida pelo suicídio, era frágil. Nem sempre conseguia sustentar o som, faltava-lhe o ar. O rostinho ficava arroxeado, a respiração difícil. Tinha que parar imediatamente. Seu corpinho, fragilizado, vivia doente.

"Seu pai, conformado com a prova que lhe coubera, assistiu, com a alma estilhaçada, a despedida daquele anjo que não alcançou a adolescência. Anita viera para cumprir o tempo que desperdiçara na vida anterior e fortalecer o seu Espírito contra a tendência suicida. Seu coração levou a certeza de que havia cumprido corajosamente o seu dever."

— Vovó, eu não imaginava que pudesse haver obsessão por amor!

— Sim, querida, obsessão por amor! Não o Amor verdadeiro, mas o amor possessivo. Porque não se entende ainda que o verdadeiro Amor não é egoísta, não é posse, não é propriedade. O verdadeiro Amor é doação, é sentir-se feliz com a felicidade da pessoa amada, onde esteja e com quem esteja. A Lei de Deus é de Amor. A violência e a rebeldia não têm acesso aos seres que se amam verdadeiramente. Sempre que distorcermos a lei a nosso favor, a dor se apresentará para corrigir o seu curso.

16

LOUCURA E OBSESSÃO OU OBSESSÃO É LOUCURA?

Enquanto os vícios se nos refletem no corpo, os abusos da consciência se nos estampam na alma, segundo a modalidade de nossos desregramentos. É assim que atravessam as cinzas da morte, em perigoso desequilíbrio da mente, quantos se consagraram no mundo à crueldade e à injustiça, furtando a segurança e a felicidade dos outros.[226]

Tanto a loucura propriamente dita quanto a obsessão apresentam características semelhantes. "O mesmo olhar desvairado, a mesma apatia fisionômica, ora a excitação até a fúria, ora a prostração até o indiferentismo, sempre a incoerência das ideias".[227]

Allan Kardec faz importante abordagem sobre o assunto:

> Todas as grandes preocupações do Espírito podem ocasionar a loucura: as ciências, as artes e até a Religião lhe fornecem contingentes. A loucura tem como causa primária uma predisposição orgânica do cérebro, que o torna mais ou menos acessível a certas impressões. Dada a predisposição para a loucura, esta toma o caráter de preocupação principal, que então se muda em ideia fixa, podendo tanto ser a dos Espíritos, em quem com

---
[226] XAVIER, Francisco C. *Religião dos espíritos*. Cap. "Alienação mental".
[227] MENEZES, Dr. Bezerra de. *A loucura sob novo prisma*. Cap. III.

eles se ocupou, como a de Deus, dos anjos, do diabo, da fortuna, do poder, de uma arte, de uma ciência, da maternidade, de um sistema político ou social. [...] Entre as causas mais comuns de sobre-excitação cerebral, devem contar-se as decepções, os infortúnios, as afeições contrariadas, que, ao mesmo tempo, são as causas mais frequentes de suicídio.[228]

Em estudo minucioso, realizado pelo Dr. Adolfo Bezerra de Menezes, é esclarecida a diferença entre a loucura e a obsessão. Assim, o eminente médico explica que a lesão, quando ocorre no cérebro, ele a denomina de loucura científica, ou loucura propriamente dita já conhecida pela ciência. Entretanto, existe outro tipo de loucura sem que se apresente qualquer lesão cerebral: é a loucura psicológica, ou obsessão. Portanto, a loucura pode ser de fundo material ou imaterial. "Ora, a loucura, como temos demonstrado, é moléstia de fundo orgânico, nuns casos, é de fundo espiritual, noutros casos; logo, a ciência precisa bem conhecer essa diferença para variar de ação segundo a espécie. Tudo o que ela sabe, até hoje, é exclusivamente aplicável aos casos orgânicos [...]"[229]

Sendo o primeiro tipo de loucura conhecido e pesquisado pelos grandes vultos científicos no mundo todo, Dr. Bezerra preferiu empenhar grande parte de sua vida no estudo da loucura por obsessão. E assim, após detalhado estudo e observação, concluiu que o estado patológico do paciente é sempre o mesmo em qualquer tipo de loucura.

A faculdade de pensar é inerente ao Espírito. Enquanto ele estiver atado à matéria, necessitará de um órgão que lhe faculte a transmissão. Esse órgão é o cérebro. Estando este em perfeito estado, não haveria motivo para o impedimento da comunicação do Espírito com o mundo exterior por meio do pensamento e da fala. No entanto, o impedimento ocorre. Porém, se o cérebro apresenta qualquer tipo de lesão, seja ela congênita ou adquirida por doença ou acidente, a comunicação se interrompe, ou fica parcial, ou totalmente danificada. Isso é explicável. A ciência tem meios para detectar e tratar a loucura proveniente da lesão cerebral, entretanto, fica de mãos atadas ante a loucura sem qualquer lesão no órgão cerebral.

Na atualidade, a medicina encontra, em uma grande variedade de medicamentos, muitos de última geração, um meio auxiliar de grande valia. No

---

[228] KARDEC, Allan. *O livro dos espíritos*. "Introdução". Cap. XV.
[229] MENEZES, Dr. Bezerra de. *A loucura sob novo prisma*. Cap. III.

entanto, ainda se depara com enorme barreira para agilizar o tratamento ou a cura. Pois, se há dois tipos distintos de loucura, cujas causas também são distintas, como tratar a ambos com meios iguais?

Há, pois, necessidade de se distinguir a loucura propriamente dita, provocada pela lesão cerebral, que raramente apresenta cura, da loucura moral ou psicológica, que, sendo causada por perturbação anímica, é passível de cura, desde que se identifique a sua natureza.

Quando a loucura se manifesta sem qualquer lesão cerebral, pode-se entendê-la como psicológica, portanto, de origem anímica. Nesse caso, a loucura é de fundo moral e pode ser desencadeada tanto pela influência de Espíritos maldosos, que se aproximam com o intuito de vingança, ou por qualquer outro motivo escuso, como também pela influência do próprio Espírito do indivíduo que guarda reminiscência de traumas vividos nesta ou em outras existências. Conforme já foi mencionado:

> Certos estados mórbidos e certas aberrações, atribuídos a uma causa oculta, em geral são devidos exclusivamente ao Espírito do indivíduo. As contrariedades que ordinariamente concentramos em nós mesmos, sobretudo as decepções amorosas, têm levado ao cometimento de muitos atos excêntricos atribuídos por engano à obsessão. Muitas vezes a criatura é o seu próprio obsessor.[230]

Sempre que um Espírito, desejoso de vingança, localiza aquele que foi seu algoz em meio à multidão de encarnados, dele se acerca, analisa as oportunidades, aguarda o momento oportuno, detecta o ponto frágil por onde será possível invadir seus pensamentos e dominar a sua vontade. Conseguido o intento, passa a confundir-lhe a mente que, antes lúcida, torna-se confusa. As atitudes dúbias, as palavras desconexas, o ânimo exaltado ou extremamente passivo já não agem de acordo com as circunstâncias do momento. É um ser estranho ao meio, portanto, psiquicamente perturbado.

A loucura psicológica tem, quase sempre, uma causa anterior que pode ter se iniciado em outras existências. Mas nem sempre! Muitas se iniciam na vida presente. O Espírito, recém-desencarnado, emocionalmente abalado pelas injustiças sofridas ou que crê ter sofrido, sente-se vítima e, ansioso por se vingar

---

[230] KARDEC, Allan. *Revista Espírita*, dezembro de 1862.

da pessoa ou pessoas que o prejudicaram, aproxima-se do grupo e, na primeira oportunidade, assume o papel de algoz. Alheio ao socorro oferecido no plano espiritual, que poderia proporcionar-lhe consolo e alívio, prefere permanecer no ambiente terreno onde não lhe faltarão comparsas que lhe darão cobertura. No silêncio das sombras, acompanha a vítima, emite vibrações deletérias por conta do ódio que armazena, sugere ideias contraditórias, imagens assustadoras, sentimentos de culpa com o intuito de lhe perturbar o raciocínio. Meios não lhe faltam! Conseguido o intento, estabelece-se a obsessão.

Quanto mais inteligente for o invasor mental, mais facilmente atingirá o seu objetivo. Ora atuará sobre as funções orgânicas provocando afecções, ora jogará com as perturbações mentais.

Quase sempre detentor de técnicas hipnóticas, o obsessor domina a vítima, que, sem reação, perde a noção do bom senso, do discernimento, do ridículo. Nesse estágio, as atitudes de moralidade ou de imoralidade não mais o afetam.

Dr. Bezerra esclarece:

> A este estado, a Ciência chama loucura, e o é; mas, a esta loucura, o Espiritismo chama obsessão.
>
> É loucura porque há efetivamente uma perturbação das faculdades mentais, mas não é loucura por tal conhecida, porque esta depende da lesão orgânica do cérebro e no caso não se dá semelhante coisa.
>
> É a loucura em que Esquirol não encontrou lesão cerebral, é a loucura psíquica. [...][231]

Em ambos os casos:

> Quem vê um louco vê um obsidiado, tanto que até hoje se tem confundido um com o outro. [...]
>
> Se um tem momentos lúcidos, o outro igualmente os tem. Se um pode cair no idiotismo, o outro também.
>
> Efetivamente, Hahnemann disse, e nós temos observado que a obsessão desprezada determina lesão orgânica do cérebro, donde a coexistência das duas causas da perturbação mental. [...]

---

[231] MENEZES, Dr. Bezerra de. *A loucura sob novo prisma*. Cap. III.

Convém, porém, observar que, embora a loucura por obsessão não dependa de lesão cerebral, pode esta lesão vir a dar-se, por causa da obsessão.

Não é causa; mas pode vir a ser efeito.

A ação fluídica do obsessor sobre o cérebro, se não for removida a tempo, dará necessariamente em resultado o sofrimento orgânico daquela víscera, tanto mais profundo quanto mais tempo estiver sob a influência deletéria daqueles fluidos.[232]

Conclui-se que uma pessoa, vítima de obsessão constante e persistente, se não receber o tratamento conjunto médico-espiritual, certamente terá o cérebro lesado.

O assunto foi amplamente estudado pelo codificador. Eis algumas das questões que ele dirige aos Espíritos:

Qual, na loucura, a situação do Espírito?

O Espírito, quando em liberdade, recebe diretamente suas impressões e diretamente exerce sua ação sobre a matéria. Encarnado, porém, ele se encontra em condições muito diversas e na contingência de só o fazer com o auxílio de órgãos especiais. Altere-se uma parte, ou o conjunto de tais órgãos, e eis que se lhe interrompem, no que destes dependam, a ação ou as impressões. Se perde os olhos, fica cego; se o ouvido, torna-se surdo, etc. Imagina agora que seja o órgão que preside às manifestações da inteligência, o atacado ou modificado, parcial ou inteiramente, e fácil te será compreender que, só tendo o Espírito a seu serviço órgãos incompletos ou alterados, uma perturbação resultará de que ele, por si mesmo e no seu foro íntimo, tem perfeita consciência, mas cujo curso não lhe está nas mãos deter.

De que modo a alteração do cérebro reage sobre o Espírito depois da morte?

Como uma recordação. Um peso oprime o Espírito e, como ele não teve a compreensão de tudo o que se passou durante a sua loucura, sempre se faz mister um certo tempo, a fim de se pôr ao corrente de tudo. Por isso é que quanto mais durar a loucura no curso da vida terrena, tanto mais lhe durará a incerteza, o constrangimento depois da morte. Liberto do corpo, o Espírito se ressente, por certo tempo, da impressão dos laços que àquele o prendiam.[233]

---

[232] MENEZES, Dr. Bezerra de. *A loucura sob novo prisma*. Cap. III.
[233] KARDEC, Allan. *O livro dos espíritos*. Q. 375 e 378.

Allan Kardec, sempre atento ao assunto, publicou uma mensagem relativa à obsessão coletiva que tomara de assalto uma coletividade da Saboia, da qual segue excerto:

> Devemos concluir [...] que não se trata de uma afecção orgânica, mas, sim, de uma influência oculta. Custa-nos tanto menos crer, quanto temos tido numerosos casos idênticos isolados, devidos à mesma causa; e o que o prova é que os meios ensinados pelo Espiritismo foram suficientes para fazer cessar a obsessão. Está demonstrado pela experiência que os Espíritos mal-intencionados não só agem sobre o pensamento, mas, também, sobre o corpo, com o qual se identificam e do qual se servem como se fosse o seu; que provocam atos ridículos, gritos, movimentos desordenados que apresentam todas as aparências da loucura ou da monomania. [...] Com efeito, é bem uma espécie de loucura, uma vez que se pode dar este nome a todo estado anormal, em que o Espírito não age livremente. Deste ponto de vista, é uma verdadeira loucura acidental. [...][234]

A loucura psicológica, assim denominada pelo Dr. Bezerra, foi denominada por Kardec de loucura obsessiva. Ambos se referem à loucura por obsessão. Quanto à loucura ocasionada por lesão cerebral a que Kardec denomina loucura patológica, Dr. Bezerra denomina de loucura propriamente dita. Questão apenas de nome. Causa e efeito são os mesmos.

O codificador prossegue o importante esclarecimento sobre a loucura bem como a distinção entre elas:

> Faz-se, pois, necessário distinguir a loucura patológica da loucura obsessiva. A primeira resulta de uma desordem nos órgãos da manifestação do pensamento. Notemos que, neste estado de coisas, não é o Espírito que é louco; ele conserva a plenitude de suas faculdades, como o demonstra a observação; apenas estando desorganizado o instrumento de que se serve para manifestar-se, o pensamento, ou, melhor dizendo, a expressão do pensamento é incoerente. Na loucura obsessiva, não há lesão orgânica; é o próprio Espírito que se acha afetado pela subjugação de um Espírito estranho, que o domina e subjuga. No primeiro caso, deve-se tentar

---

[234] KARDEC, Allan. *Revista Espírita*, abril de 1862.

curar o órgão enfermo; no segundo, basta livrar o Espírito doente do hóspede importuno, a fim de lhe restituir a liberdade. Casos semelhantes são muito frequentes e muitas vezes tomados como loucura, o que não passa de obsessão, para a qual deveriam empregar meios morais e não duchas. [...] Abrindo novos horizontes a todas as ciências, o Espiritismo vem, também, elucidar a questão tão obscura das doenças mentais, ao assinalar-lhes uma causa que, até hoje, não havia sido levada em consideração — causa real, evidente, provada pela experiência e cuja verdade mais tarde será reconhecida.[235]

A loucura obsessiva ou psicológica, na atualidade, tem sido tema de estudos tanto dos Espíritos quanto dos encarnados. O Espírito Manoel Philomeno de Miranda é um desses estudiosos do assunto. Ele explica:

Em toda a gênese da loucura, há uma incidência obsessiva. Desde os traumatismos cranianos às manifestações mais variadas, o paciente, por encontrar-se incurso na violação das leis do equilíbrio, padece simultaneamente a presença negativa de seus adversários espirituais, que lhe pioram o quadro. Estando em desarranjo, por esta ou aquela razão, endógena ou exógena, os implementos cerebrais, mais fácil se torna a cobrança infeliz pelos desafetos violentos, que aturdem o Espírito, que se não pode comunicar com o exterior, mais desequilibrando os complexos e delicados mecanismos da mente. Nas obsessões, todavia, o descontrole da aparelhagem mental advém como consequência da demorada ação do agente perturbador, cuja interferência psíquica no hospedeiro termina por produzir danos, reparáveis, a princípio, e difíceis de recomposição, ao largo do tempo.[236]

O Espírito Pierre Jouty, abordando o cretinismo, assim se refere à loucura:

Quase todas as enfermidades têm, assim, sua razão de ser; nada se faz sem causa, e o que chamais injustiça da sorte é a aplicação da mais alta justiça. A loucura também é uma punição pelo abuso de altas faculdades;

---

[235] KARDEC, Allan. *Revista Espírita*, abril de 1862.
[236] FRANCO, Divaldo P. *Nas fronteiras da loucura*. Cap. 29.

o louco tem duas personalidades: a delirante e a que retém a consciência de seus atos, sem os poder dirigir.[237]

Sabe-se que nenhuma obsessão atinge o Espírito inocente. No entanto, ninguém desconhece a lei de causa e efeito que atua com justiça e precisão sobre todos os envolvidos nos acontecimentos passados que geraram as aflições presentes. Antes de acusar ou ignorar, é preciso trabalhar em prol da transformação moral de todos os envolvidos. Este é o objetivo primordial da convivência familiar. Ninguém se situa na família de vítimas de obsessão por mero acaso. É da lei que o caminho do progresso só estará disponível àqueles que já ressarciram os débitos contraídos contra si e os semelhantes.

---

[237] KARDEC, Allan. *Revista Espírita*, outubro de 1861.

17
Como "diagnosticar" a influência perniciosa?

Os falsos profetas não se encontram unicamente entre os encarnados. Há os também, e em muito maior número, entre os Espíritos orgulhosos que, aparentando amor e caridade, semeiam a desunião e retardam a obra de emancipação da humanidade, lançando-lhe de través seus sistemas absurdos, depois de terem feito que seus médiuns os aceitem. E para melhor fascinarem aqueles a quem desejam iludir, para darem mais peso às suas teorias, se apropriam sem escrúpulo de nomes que só com muito respeito os homens pronunciam. São eles que espalham o fermento dos antagonismos entre os grupos, que os impelem a isolarem-se uns dos outros e a olharem-se com prevenção.[238]

O pensamento é o veículo condutor da vontade. Esta, quando se desvia de seu curso, sem qualquer direcionamento, induz a criatura a atitudes impensadas e imprudentes, de consequências desastrosas para uns, dolorosas para outros. Por isso a vontade deve ser mantida sob rigorosa vigilância. Os Espíritos inteligentes, que não mantêm qualquer resquício moral, quando querem dominar, agem de preferência sobre a vontade de suas vítimas. Inicialmente, é uma simples insinuação que, aos poucos, toma vulto, impõe-se até o momento oportuno em que toma as rédeas da vontade alheia.

---

[238] KARDEC, Allan. *O evangelho segundo o espiritismo*. Cap. XXI, it. 10.

Se a vítima tem tendência para a gula, o impostor incentivará a vontade incontrolável de comer. A pessoa perde o controle sobre o próprio corpo, dispensa qualquer conselho de moderação, faz ouvidos moucos a qualquer censura de amigos e de familiares. Perde a autoestima e, ciente de pertencer ao rol dos obesos, entrega-se à depressão, à revolta e, não raramente, se isola. Se a vítima cultua o corpo e se policia para não engordar, a entidade invasora direcionará sua mente à supressão da alimentação. O Espírito envolverá a sua presa de tal forma que, mesmo mantendo um peso ideal, ela se achará gorda, feia e tudo fará para evitar a alimentação. Muitas vezes chega a se alimentar, mas, em seguida, provoca o vômito. Esses procedimentos, coordenados pela vontade do obsessor, caracterizarão a gula, a bulimia, a anorexia, cujas consequências são gravíssimas para a saúde física e mental da vítima.

A compulsão por compras é o resultado de uma vontade incontrolável de obter tudo que vê ainda que lhe seja desnecessário. O indivíduo contrai débitos, perde o crédito e até a confiança conforme a vontade do invasor mental. A vítima torna-se uma pessoa desacreditada.

A cleptomania é mais uma entre outras tantas técnicas de que o obsessor utiliza-se para destruir a sua vítima. Independentemente da classe social, e mesmo sem necessidade, o cleptomaníaco sente-se satisfeito menos com o produto do roubo e muito mais pela aventura em si. Na compulsão por afanar objetos de lojas, hotéis, residências ou qualquer lugar onde se encontra, a criatura ignora o perigo e, ao ser descoberta, cai nas malhas do ridículo, quando não da polícia. Nem sempre o perseguidor se dá por vencido. Se a vítima passa por períodos de terapia, ele aguarda pacientemente até entrar novamente em cena e provocar-lhe a recaída.

O Espírito obsessor programa o destino daquele que quer destruir. Se o consegue, é porque encontra receptividade: os mesmos vícios e falhas morais, a mesma fragilidade e imprudência de antanho.

Geralmente, o desejo do obsessor é fragilizar, de alguma forma, a sua presa e, então, induzi-la ao ridículo, ao crime, à prisão, ao suicídio. Nenhum Espírito tem o poder de tirar a vida de quem quer que seja, mas, ao ter acesso à mente da vítima, aprende como criar situações para que ela busque por si mesma a concretização do homicídio ou rompimento dos laços que a ligam à vida. Nesses casos, a responsabilidade é do obsessor, que agrava ainda mais seus débitos que se somarão à atuação obsessiva, pois ver-se-á frente a frente com as Leis divinas, das quais não escapará. No entanto, a vítima, alheia aos próprios atos, se chegar a ponto de concretizar os objetivos da sombra, carregará a responsabilidade dos atos que favoreceram a aproximação do invasor mental.

A influência obsessiva geralmente se estabelece de forma imperceptível e sutil. Outras vezes é declarada e hostil. Ignorar os Espíritos inferiores, bem como os processos obsessivos, não liberta ninguém dos flagelos criados pela obsessão.

A astúcia, a esperteza, a inteligência de tais Espíritos levam-nos a planejar lenta e cuidadosamente o momento ideal para atacar. No entanto, há Espíritos que não planejam, aproveitam-se da oportunidade, da invigilância, da imprudência e até da fragilidade de sua vítima.

O Espírito Manoel Philomeno de Miranda, quando em vida, foi um grande estudioso da obsessão e muito trabalhou em benefício tanto do encarnado quanto do desencarnado. No plano espiritual, pôs em prática a sua experiência e prosseguiu trabalhando nesse campo, auxiliando e amparando encarnados e desencarnados. Ele alerta pela psicografia de Divaldo Franco:

> Quando você escute nos recessos das mente uma ideia torturante que teima por se fixar, interrompendo o curso dos pensamentos; quando constate, imperiosa, atuante força psíquica interferindo nos processos mentais; quando verifique a vontade sendo dominada por outra vontade que parece dominar; quando experimente inquietação crescente na intimidade mental, sem motivos reais; quando sinta o impacto do desalinho espiritual em franco desenvolvimento, acautele-se, porque você se encontra em processo imperioso e ultriz de obsessão pertinaz.[239]

Prossegue ainda o autor espiritual: "Hábito vicioso facilita a interferência de mentes desencarnadas também viciadas que se ligam em intercâmbio obsessivo simples a caminho de dolorosas desarmonias..."[240]

Em suas explanações ele enumera:

> [...] o tabagismo, a alcoofilia, a sexualidade atormentada, as drogas em geral, a glutoneria, a maledicência, a ira, o ciúme, a inveja, a soberba, a avareza, o medo, o egoísmo como procedimentos que dão acesso para

---

[239] FRANCO, Divaldo P. *Nos bastidores da obsessão*. Cap. "Examinando a obsessão".
[240] Id. Ibid.

mentes desatreladas do carro somático em tormentosa e vigilante busca na Erraticidade, sedentas de comensais, com os quais, em conexão segura, continuam o enganoso banquete do prazer fugidio...[241]

O pessimismo, o negativismo, a insegurança, a revolta, o desespero, a irritabilidade, a cobiça, a suspeita infundada são outros tantos sentimentos que enfraquecem a alma, predispondo-a a invasões infelizes. É importante enfrentar os problemas com prudência e otimismo. É comum encontrar indivíduos que, atingidos por uma situação aflitiva, entram em estado profundo de revolta, de incredulidade, de desespero. Abandonam a prece por se acharem esquecidos de Deus e que o mal e o sofrimento só com eles acontecem. É estado mental perigoso, pois abre largas brechas por onde entram os Espíritos oportunistas, cujas sugestões de pavor e de insegurança inauguram as depressões e a temível síndrome do pânico, tão comuns nos tempos modernos tais os matizes de violência e corrupção que enfraquecem as esperanças. Ninguém está livre de provas e/ou expiações além das aflições afloradas pelas tintas circunstanciais do próprio planeta. Por isso todo cuidado é bem-vindo. Perante as Leis de Deus, não existem privilegiados e muito menos injustiçados. Todos são Espíritos mais ou menos comprometidos com as Leis divinas, portanto, em liberdade condicional sobre o orbe.

A obsessão representa uma grande barreira para os médiuns a serviço do bem. Allan Kardec afirma ser mais frequente entre os médiuns do que se imagina. A obsessão pode pôr em risco a integridade física e espiritual do médium, além de representar entrave à confiabilidade e autenticidade das comunicações.

Por isso o codificador aconselha que se rejeite qualquer informação duvidosa. Ele enumera algumas características que podem identificar o processo obsessivo em que o médium esteja envolvido. Tais são:

1. *Persistência de um Espírito em se comunicar,* seja por quaisquer meios, em detrimento de outros Espíritos.
2. *Ilusão* – é um estado emocional que bloqueia a inteligência do médium e o impede de reconhecer a falsidade e o ridículo das comunicações que recebe.
3. *Crença na infalibilidade e na identidade absoluta dos Espíritos.* Estes, muitas vezes, se identificam com nomes ilustres, respeitáveis e venerados, embora a comunicação apresente conteúdo chulo, além de dizerem coisas falsas e absurdas.

---

[241] FRANCO, Divaldo P. *Nos bastidores da obsessão*. Cap. "Examinando a obsessão".

4. *Confiança do médium nos elogios que lhe dispensam os Espíritos que por ele se comunicam* como se fosse natural aceitá-los. Esses elogios têm por finalidade instigar-lhe o orgulho e a vaidade.
5. *Disposição para se afastar das pessoas que podem emitir opiniões aproveitáveis.* Dificilmente, o médium, sob a influência de um obsessor, aceita sugestões ou ajuda dos amigos que percebem a interferência mediúnica. Afastam-se sem qualquer explicação, justamente no momento em que mais precisam.
6. *Tomar a mal a crítica das comunicações que recebe.* Nessa circunstância, qualquer dúvida levantada pode induzir o médium a deixar o grupo de trabalho; e, receosos do "melindre", os companheiros de doutrina se calam para evitar situações constrangedoras. É um proceder desaconselhável, pois a tentativa de auxiliar o médium pode ajudá-lo a se libertar. E, se isso não ocorrer, não pode, o médium, alegar ignorância.
7. *Necessidade incessante e inoportuna de escrever.* É interessante observar que a mediunidade psicográfica é uma das poucas ou talvez a única em que o médium pode treinar no próprio lar. Entretanto, deve cercar-se de todos os cuidados necessários. É imprescindível a disciplina: escolher dia e horário adequados, local propício à prece e ao silêncio, passar os textos psicografados pelo crivo da razão e da lógica, observar os conselhos de espíritas mais experientes. Sem precipitação, aguardar um período de tempo razoável antes de publicá-los. Paciência, prudência, humildade e fé são grandes colaboradores nas tarefas do bem.
8. *Constrangimento físico qualquer, dominando-lhe a vontade e forçando-o a agir ou falar a seu malgrado.* A experiência adquirida no estudo constante das obras básicas e obras complementares abalizadas prepara o médium, e ele há de notar que qualquer requisição estranha, fora de hora, que o obrigue a deixar seus afazeres, suas obrigações e compromissos imediatos para se dedicar à psicografia ou psicofonia, a falar ou fazer coisas contra a sua vontade não provém de mente equilibrada.
9. *Rumores e desordens persistentes ao redor do médium, sendo ele de tudo a causa ou o objeto.* É uma circunstância suspeita que em tudo denuncia a presença inconveniente de Espíritos inferiores.[242]

Daí a importância de manter-se sempre em *vigilância e oração*.

Espíritos bons não constrangem, não perturbam, não desrespeitam a liberdade do médium. Estão acima de qualquer postura que gere elogio, jamais

---
[242] KARDEC, Allan. *O livro dos médiuns*. Segunda parte, cap. XXIII, it. 243.

intrigam, ou interferem nos afazeres dos encarnados. Quando se manifestam, é por motivos úteis e não por bagatelas. Eles têm bom senso e rigoroso respeito ao livre-arbítrio, às ocupações, aos compromissos e sentimentos de seus tutelados. Os Espíritos superiores estão sempre ocupados e só se comunicam por uma boa causa.

Herculano Pires ressalta:

> O médium isolado ou solitário é um barco à deriva em águas desconhecidas e misteriosas. O médium ligado a uma Instituição é um barco ancorado, cuja segurança aparente o impede de navegar. As águas doutrinárias são volumosas e instáveis como as do mar, e o barco mediúnico precisa acostumar-se a enfrentar os seus embates para revelar sua resistência, seu equilíbrio, sua potência e velocidade.[243]

A assiduidade nas atividades da Casa Espírita, o respeito pelos semelhantes, pelo ambiente, pela equipe espiritual, a persistência nos estudos, o hábito da leitura edificante, o intercâmbio com outras Instituições Espíritas, o relacionamento fraternal com outros estudiosos, trabalhadores, doutrinadores e médiuns, a conversa franca, humilde e sincera facultam a ampliação do conhecimento, a experiência necessária para identificar qualquer influência infeliz.

Muitos médiuns se enganam ao acreditar que, pelo simples fato de participar de trabalhos mediúnicos, estão a salvo das investidas dos habitantes das sombras. Puro engano! Por outro lado, há indivíduos que acreditam que o médium, pelo simples fato de se comunicar com Espíritos, é uma alma pura e confiável. Outro engano! A mediunidade não passa atestado de pureza, de dignidade, de sinceridade a quem quer que seja. A mediunidade é apenas um dom a mais que será enobrecido ou aviltado conforme o uso que dela se fizer.

Ninguém estará a salvo enquanto não se espelhar nas lições e nos exemplos de Jesus, bem como no exercício definitivo do amor, da caridade material e moral, da tolerância, do perdão em todas as circunstâncias da vida.

---

[243] PIRES, J. Herculano. *Mediunidade: vida e comunicação*. Cap. X.

18

Passe – terapia espiritual

E toda a multidão procurava tocar-lhe, porque saía dele virtude e curava a todos.[244]

Curai os enfermos, limpai os leprosos, ressuscitai os mortos, expulsai os demônios: de graça recebestes, de graça dai.[245]

O poder curador de Jesus era instantâneo. Pela imposição das mãos, Suas energias irradiavam-se em direção ao doente. Células, órgãos, membros se restauravam e a saúde se restabelecia. Quem a Ele se compara? A cura que Jesus realizava era imensa. Sua fama se estendeu por todos os rincões. Milhares de pessoas O procuravam. Com o poder de Sua vontade e de Suas energias, os cegos enxergavam, os paralíticos andavam, os leprosos ficavam curados, os obsidiados ficavam livres dos obsessores. Mais que proceder a cura, Ele amou! Suas lições estenderam-se pelos séculos. Roteiro de vida, caminho seguro para a evolução moral, não foram bem recebidas. Seus seguidores foram perseguidos, mas seus ensinos venceram as perseguições e o tempo e se impuseram através dos milênios. Ninguém, até os dias atuais, jamais se comparou a Ele. Armado de Amor e humildade, foi o mais puro, o mais sábio habitante que o orbe terreno recebeu. Enviado de Deus para servir de modelo e guia a suas criaturas, fez muito mais, doou a própria vida em benefício da humanidade. Foi e é o maior exemplo que a Terra abrigou. E ao longo de dois mil anos, os Seus feitos continuam desafiando o mundo.

---

[244] Lucas, 6:19.
[245] Mateus, 10:8.

A terapia pelos passes, inaugurada pelo Médico divino, atravessou os séculos, venceu o tempo e o espaço e ganhou o seu lugar como terapêutica espiritualista em diversas Religiões. Hoje, nas Instituições Espíritas, essa terapia reergue criaturas aflitas, restaura e equilibra as energias do corpo e da alma.

A doação de fluidos eletromagnéticos nas Casas Espíritas é feita com muito critério. Para exercer essa terapia de amor, a pessoa deve fazer parte do quadro de trabalhadores da Instituição e participar dos estudos, ter fé em Deus e acreditar no efeito que o passe produz; ter um corpo relativamente saudável, uma alma desprendida e imbuída de boa vontade.

O ato de doar energias pela imposição das mãos, Allan Kardec denominou de passe. É um procedimento que está intimamente ligado à mediunidade, parte integrante do Espiritismo. E o médium que transmite energias magnéticas, ele denominou passista.

São muitas as finalidades do passe. A transfusão de energias salutares é comprovadamente eficaz no tratamento das mais diferentes patologias físicas e mentais. Ganhou novas nomenclaturas: fluidoterapia, bioenergia, passe magnético, energia magnética e tantas outras, mas o princípio e o efeito são os mesmos. Não há contraindicação.

O passe é uma transfusão de energias eletromagnéticas cuja fonte é o perispírito e visa à renovação fluídica de quem as recebe. Essas energias atuam sobre as células físicas e perispiríticas, equilibrando o metabolismo do corpo e as energias do Espírito. Para que esse estado salutar permaneça, é preciso que o receptor mantenha os pensamentos equilibrados, pois, quando a mente entra em desequilíbrio, o organismo emite energias deletérias que substituem as salutares. Tal procedimento abre campo propício para as entidades inferiores se aproximarem, facultando o desequilíbrio com emanação de energias malévolas.

É importante lembrar que, de acordo com a lei da afinidade, semelhantes atraem semelhantes. Assim, bons pensamentos atraem os bons, maus pensamentos atraem os maus. Então, ao receber o passe, o indivíduo deve ter em mente pensamentos elevados e dar continuidade a eles para reter as energias benéficas.

A fé é indispensável para que os fluidos sejam assimilados pelo organismo. É um estado de alma que cria condições receptivas para que os fluidos penetrem as células físicas e espirituais reorganizando-as. Por isso dúvida, descrença, curiosidade especulativa, impaciência, postura desrespeitosa, atitudes agressivas e irritadiças, mágoa, maledicência, ódio e inúmeras outras mazelas alteram os fluidos e tornam os passes ineficazes, pois os fluidos espirituais se contaminam da mesma forma que uma água límpida ao ser armazenada em recipiente sujo.

O álcool, bem como outras tantas substâncias tóxicas, provoca distúrbios nos centros nervosos, altera as funções psíquicas e anula o benefício das transfusões eletromagnéticas. É imprescindível que o recebedor evite a absorção de tais substâncias para que o tratamento surta efeito.

O passe, respeitosamente recebido, atua de forma eficaz sobre as doenças físicas e também sobre os diferentes tipos de obsessões que geralmente afetam o corpo material.

O passe representa por si só toda uma ciência, pois está vinculado ao magnetismo cujos efeitos benéficos foram estudados, experimentados e comprovados cientificamente pelo médico austríaco Frans Anton Mesmer, no século XVIII. Kardec, no século XIX, sob a orientação dos Espíritos do Senhor, estudou profundamente a ciência alicerçada por Mesmer, entendeu a importância desse tratamento espiritual inaugurado por Jesus e o incorporou à Codificação.

Referindo-se aos médiuns curadores, afirma o eminente codificador do Espiritismo:

> Este gênero de mediunidade consiste na faculdade que possuem certas pessoas de curar pelo simples toque, pela imposição das mãos, pelo olhar, por um gesto, mesmo sem o concurso de qualquer medicamento. Semelhante faculdade incontestavelmente tem o seu princípio na força magnética; difere desta, entretanto, pela energia e instantaneidade da ação, ao passo que as curas magnéticas exigem um tratamento metódico, mais ou menos longo. [...] A faculdade de curar pela imposição das mãos tem evidentemente o seu princípio numa força excepcional de expansão, mas diversas causas concorrem para aumentá-la, entre as quais é preciso que se coloquem em primeira linha: a pureza dos sentimentos, o desinteresse, a benevolência, o desejo ardente de proporcionar alívio, a prece fervorosa e a confiança em Deus; numa palavra, todas as qualidades morais.[246]

O médium, em sintonia com os Espíritos superiores, pode colaborar para o alívio do sofrimento, por isso o passe é mecanismo de auxílio nas Casas Espíritas. Quanto maior for o esforço do médium para estudar e se transformar moralmente, melhores serão os efeitos dos fluidos emitidos.

---

[246] KARDEC, Allan. *Obras póstumas*. Primeira parte, cap. VI, it. 52.

Por isso não é demais reiterar que o passista se dedique ao estudo e se esforce para vivenciar os ensinos de Jesus a fim de se aprimorar nesse trabalho especial de doação.

As energias salutares do passe, associadas à prece, expulsam os miasmas que se alojam nas células orgânicas e perispiríticas do recebedor. Da mesma forma que a transfusão de sangue fortalece o doente quando está enfraquecido, o passe fortalece as funções físico-espirituais do paciente. Portanto, o passe equilibra as energias e ativa o funcionamento das células, recompondo o organismo que esteja em desajuste. A prece, por si só, tem efeito magnetizador; associada ao passe, produz efeitos inimagináveis.

Fala-se muito em passe espiritual e passe magnético. Ambos seguem os mesmos princípios, todavia a eficácia depende da fonte cristalina ou turva da qual emana.

O passe espiritual é a transfusão de energias oriundas de fluidos emanados pelos Espíritos. O passe magnético consiste na transfusão de energias salutares, eletromagnéticas de um indivíduo para outro com o auxílio de Espíritos preparados para esse mister.

O passe mereceu muita atenção de Allan Kardec e, em seus estudos, ele esclarece:

> O magnetismo produzido pelo fluido do homem é o magnetismo humano; o que provém do fluido dos Espíritos é o magnetismo espiritual. O fluido magnético tem, pois, duas fontes bem distintas: os Espíritos encarnados e os Espíritos desencarnados. Essa diferença de origem produz uma grande diferença na qualidade do fluido e nos seus efeitos. O fluido humano está sempre mais ou menos impregnado de impurezas físicas e morais do encarnado; o dos bons Espíritos é necessariamente mais puro e, por isso mesmo, tem propriedades mais ativas, que levam a uma cura mais rápida. Mas, passando através do encarnado, pode alterar-se, como acontece com a água límpida ao passar por um vaso impuro e como sucede com todo remédio que, se permanecer num vaso sujo, perde, em parte, suas propriedades benéficas. [...] O fluido espiritual será tanto mais depurado e benfazejo quanto mais o Espírito que o fornece for mais puro e mais desprendido da matéria. Concebe-se que o dos Espíritos inferiores deva aproximar-se do homem e possa ter propriedades maléficas se o Espírito for impuro e animado de más intenções. Pela mesma razão, as qualidades do fluido humano apresentam matizes infinitos, conforme as

qualidades físicas e morais do indivíduo. É evidente que o fluido emanado de um corpo malsão pode inocular princípios mórbidos no magnetizado. As qualidades morais do magnetizador, isto é, a pureza de intenção e de sentimento, o desejo ardente e desinteressado de aliviar o semelhante, aliados à saúde do corpo, dão ao fluido um poder reparador que pode, em certos indivíduos, aproximar-se das qualidades do fluido espiritual. [...]²⁴⁷

As explicações do insigne codificador projetam luz sobre questões comumente formuladas entre espíritas. Tais são elas:

Por que não se fazem curas instantâneas como Jesus? É simples, outra pergunta pode responder: Quem já alcançou o nível de humildade, amor, desinteresse, pureza de intenções, perdão incondicional das ofensas, capacidade de renúncia e sacrifício para produzir fluidos curadores instantâneos?

Para doar energias de alto poder curativo, é necessário que o médium curador exercite amor, humildade, fé, renúncia, perdão das ofensas, desejo intenso de aliviar o sofrimento, desinteresse de acordo com os preceitos de Jesus, em todos os momentos de sua existência. A sua vida particular, profissional e social deve ser o reflexo das lições do Cristo. Quem se habilita?

A doação de energias, para ser eficiente, deve ser totalmente desinteressada, independentemente de quem recebe, portanto, jamais remunerada. Para que os fluidos estejam livres de quaisquer impurezas e exerçam o seu poder curador, o doador há que manter constante sintonia com os Espíritos superiores. Por isso é muito raro sobre a Terra o médium curador instantâneo. Na grande maioria, suas vidas são salpicadas pelas impurezas das paixões humanas.

Certamente, por muito tempo ainda, não se verá médium curador instantâneo.

É importante registrar:

> A mediunidade curadora é uma aptidão inerente ao indivíduo como todos os gêneros de mediunidade, mas o resultado efetivo dessa aptidão independe de sua vontade. Incontestavelmente, ela se desenvolve pelo exercício e, sobretudo, pela prática do bem e da caridade; como, porém, não poderia ter a fixidez, nem a pontualidade de um talento adquirido pelo estudo e do qual se é sempre senhor, jamais poderia tornar-se uma profissão. Seria, pois, abusivamente que alguém se anunciasse ao público como médium curador. [...]²⁴⁸

---

²⁴⁷ KARDEC, Allan. *Revista Espírita*, setembro de 1865.
²⁴⁸ Id. Ibid.

Em suas dissertações, Kardec explica que o Espírito pode aplicar passe em um indivíduo sem a necessidade da presença de um encarnado. Geralmente, para aliviar ou curar e mesmo para provocar o desdobramento durante o sono. Por outro lado, se o Espírito que se apresentar for inferior, provavelmente estará imbuído de más intenções, então o seu magnetismo portará princípios malsãos que prejudicarão as funções orgânicas das pessoas a que se dirige. Por isso, tanto ao receber quanto ao doar energias, é importante recorrer ao auxílio superior pela prece. Nunca se sabe em que sintonia se encontram tanto o passista quanto o doente, principalmente se o passe ocorrer em ambiente heterogêneo.

"Como a todos é dado apelar aos bons Espíritos, orar e querer o bem, muitas vezes basta impor as mãos sobre uma dor para a acalmar, é o que pode fazer qualquer pessoa, se trouxer a fé, o fervor, a vontade e a confiança em Deus. [...]"[249]

Foram muitas as questões dirigidas aos Espíritos por Kardec. Entre elas, destacam-se:

> Podem considerar-se as pessoas dotadas de força magnética como formando uma variedade de médiuns?
>
> Não há que duvidar. Entretanto, o médium é um intermediário entre os Espíritos e o homem; ora, o magnetizador, haurindo em si mesmo a força de que se utiliza, não parece que seja intermediário de nenhuma potência estranha. É um erro. A força magnética reside, sem dúvida, no homem, mas é aumentada pela ação dos Espíritos que ele chama em seu auxílio. Se magnetizas com o propósito de curar, por exemplo, e invocas um bom Espírito que se interessa por ti e pelo teu doente, ele aumenta a tua força e a tua vontade, dirige o teu fluido e lhe dá as qualidades necessárias. [...]
>
> Há pessoas que verdadeiramente possuem o dom de curar pelo simples contato, sem o emprego dos passes magnéticos?
>
> Certamente. Não tens disso múltiplos exemplos?
>
> Nesse, caso, há também ação magnética, ou apenas influência dos Espíritos?
>
> Uma e outra coisa. Essas pessoas são verdadeiros médiuns [...][250]

---

[249] KARDEC, Allan. *Revista Espírita*, setembro de 1865.
[250] Id. *O livro dos médiuns*. Segunda parte, cap. XIV, it. 176.

Devido ao valor incontestável dessa terapia, o codificador incluiu novas observações no último livro da Codificação que vieram ampliar o entendimento:

> Como se há visto, o fluido universal é o elemento primitivo do corpo carnal e do perispírito, os quais são simples transformações dele. Pela identidade da sua natureza, esse fluido, condensado no perispírito, pode fornecer princípios reparadores ao corpo; o Espírito, encarnado ou desencarnado, é o agente propulsor que infiltra num corpo deteriorado uma parte da substância do seu envoltório fluídico. A cura se opera mediante a substituição de uma molécula malsã por uma molécula sã. O poder curativo estará, pois, na razão direta da pureza da substância inoculada, mas depende também da energia da vontade que, quanto maior for, tanto mais abundante emissão fluídica provocará e tanto maior força de penetração dará ao fluido. Depende ainda das intenções daquele que deseje realizar a cura, seja homem ou Espírito. Os fluidos que emanam de uma fonte impura são quais substâncias medicamentosas alteradas. São extremamente variados os efeitos da ação fluídica sobre os doentes, de acordo com as circunstâncias. Algumas vezes é lenta e reclama tratamento prolongado, como no magnetismo ordinário; doutras vezes é rápida como uma corrente elétrica. Há pessoas dotadas de tal poder que operam curas instantâneas nalguns doentes por meio apenas da imposição das mãos, ou até exclusivamente por ato da vontade. Entre os dois polos extremos dessa faculdade, há infinitos matizes. Todas as curas desse gênero são variedades do magnetismo e só diferem pela intensidade e pela rapidez da ação. O princípio é sempre o mesmo: o fluido, a desempenhar o papel de agente terapêutico e cujo efeito se acha subordinado à sua qualidade e à circunstâncias especiais.[251]

Importante ressaltar que todo ser humano é magnetizador, desde que, para isso, se proponha e se prepare dentro dos princípios básicos necessários.

Com as informações oferecidas pelo Espírito André Luiz, o entendimento se amplia:

> Pelo passe magnético, no entanto, notadamente naquele que se baseie no divino manancial da prece, a vontade fortalecida no bem pode soerguer a

---

[251] KARDEC, Allan. *A gênese*. Cap. XIV, it. 31 e 32.

vontade enfraquecida de outrem para que essa vontade novamente ajustada à confiança magnetize naturalmente os milhões de agentes microscópicos a seu serviço, a fim de que o estado orgânico, nessa ou naquela contingência, se recomponha para o equilíbrio indispensável.[252]

A terapia do passe pode ser feita mesmo com a ausência do paciente. É o que se denomina vibração ou passe a distância.

Um integrante da Sociedade Espírita de Paris, contemporâneo de Kardec, resolveu interrogar um Espírito superior sobre os problemas que afetavam uma pessoa da família. Eis o que a entidade amiga respondeu:

A ideia fixa dessa senhora, por sua própria causa, atrai à sua volta uma multidão de Espíritos maus que a envolvem com seus fluidos e alimentam suas ideias, impedindo que cheguem até ela as boas influências. [...] Contudo, podeis curá-la, mas, para tanto, é necessária uma força moral capaz de vencer a resistência. E tal força não é dada a um só. Que cinco ou seis espíritas sinceros se reúnam todos os dias, durante alguns instantes, e peçam com fervor a Deus e aos bons Espíritos que a assistam, que a vossa prece fervorosa seja, ao mesmo tempo, uma magnetização mental. Para tanto, não tendes necessidade de estar junto a ela; ao contrário: pelo pensamento podeis levar-lhe uma salutar corrente fluídica, cuja força estará na razão de vossa intenção, aumentada pelo número. Por tal meio, podereis neutralizar o mau fluido que a envolve. Fazei isso, tende fé e confiança em Deus e esperai. [...][253]

> O passe, portanto, é manancial de luz a se derramar dos corações desprendidos e fervorosos sobre aqueles que acolhem o benefício com fé. Daí o seu uso terapêutico nas instituições espíritas a fim de proporcionar ao doente um meio eficaz que complementa a terapia convencional tendo em vista que o homem não é unicamente matéria, mas principalmente energia. Como tal, necessita, em situações especiais, de reposição. Essa reposição se torna imprescindível tanto nos casos em que moléstias graves afetam-lhe o organismo quanto nos casos de simbiose obsessiva, pois o invasor suga-lhe as energias, enfraquece-lhe a vontade e, em casos mais avançados, o próprio organismo.

---

[252] XAVIER, Francisco C.; VIEIRA, Waldo. *Evolução em dois mundos*. Segunda parte, 15.
[253] KARDEC, Allan. *Revista Espírita*, janeiro de 1863.

19

A FÉ REMOVE OS OBSTÁCULOS DO CAMINHO

> Inspiração divina, a fé desperta todos os instintos nobres que encaminham o homem para o bem. É a base da regeneração. Preciso é, pois, que essa base seja forte e durável, porquanto, se a mais ligeira duvida a abalar, que será do edifício que sobre ela construirdes? Levantai, conseguintemente, esse edifício sobre alicerces inamovíveis. Seja mais forte a vossa fé do que os sofismas e as zombarias dos incrédulos, visto que a fé que não afronta o ridículo dos homens não é fé verdadeira.[254]

A fé é um sentimento inato que o Espírito tem da existência de Deus e da certeza de que é por Ele criado com a finalidade precípua de progredir. Dessa forma, em qualquer circunstância aflitiva, recorre ao Criador como a criança recorre aos pais nos quais confia. Todavia, a fé é um sentimento que deve ser cultivado ao longo da existência. Se a criatura, por qualquer motivo, se põe a duvidar de Deus e de sua atuação amorosa, ela vai envolvendo esse sentimento inato em sombras e deixa que a descrença se avulte. Nesse estado de ânimo, fecha o portal da alma para toda e qualquer ajuda. Desestimulada pelas vicissitudes da vida, distancia-se do Pai e dificulta o intercâmbio espiritual. Afasta-se dos familiares, dos amigos e torna-se, então, refratária a qualquer tipo de socorro. Alie-se a fé à oração e sentirá que os planos divinos farão eco em sua alma.

Em uma dissertação sobre o progresso, Kardec refere-se à importância da fé nos relacionamentos sociais:

---

[254] KARDEC, Allan. *O evangelho segundo o espiritismo*. Cap. XIX, it. 11.

A fraternidade deve ser a pedra angular da nova ordem social. Mas não haverá fraternidade real, sólida e efetiva se não for apoiada em base inabalável; esta base é a fé; não a fé em tais ou quais dogmas particulares, que mudam com os tempos e os povos e se atiram pedras, porque, anatemizando-se, entretêm o antagonismo; mas a fé nos princípios fundamentais que todo o mundo pode aceitar: Deus, a alma, o futuro, o progresso individual indefinido, a perpetuidade das relações entre os seres. Quando todos os homens estiverem convictos de que Deus é o mesmo para todos, que esse Deus, soberanamente justo e bom, nada pode querer de injusto, que o mal vem dos homens e não dele, olhar-se-ão como filhos de um mesmo Pai e se darão as mãos. É essa fé que dá o Espiritismo e que, de agora em diante, será o pivô sobre o qual se moverá o gênero humano, sejam quais forem sua maneira de adorar e suas crenças particulares, que o Espiritismo respeita, mas, das quais, não deve se ocupar. Somente dessa fé pode sair o verdadeiro progresso moral, porque só ela dá uma sansão lógica aos direitos legítimos e aos deveres, sem ela o direito é o que é dado pela força; o dever, um código humano imposto pela violência. Sem ela, que é o homem? Um pouco de matéria que se dissolve, um ser efêmero que apenas passa; o próprio gênio não é senão uma centelha que brilha um instante, para extinguir-se para sempre. [...] Somente essa fé faz o homem sentir a sua dignidade pela perpetuidade e pela progressão de seu ser, não num futuro mesquinho e circunscrito à personalidade, mas grandioso e esplêndido; seu pensamento o eleva acima da Terra; sente-se crescer, pensando que tem seu papel no universo e que esse universo é o seu domínio, que um dia poderá percorrer, e que a morte não fará dele uma nulidade, ou um ser inútil a si mesmo e aos outros. [...][255]

Há pessoas que, sugestionadas por outras, procuram o auxílio espiritual, mas, imbuídas apenas pela curiosidade, em nada creem.

Não! Não é suficiente buscar socorro espiritual desprovido da certeza do auxílio. É preciso ter fé, estar receptivo para que, ao chegar o auxílio, não encontre a porta da alma fechada. É preciso abrir o coração, acreditar que, dos planos maiores, o Cristo vela por Seus tutelados e enviar-lhe-á o auxílio no momento

---

[255] KARDEC, Allan. *Revista Espírita*, outubro de 1866.

aprazado. Sem fé que alimente o Espírito, o socorro não encontra guarida, desvanece-se de encontro a uma alma refratária.

Explica Kardec:

> O poder da fé se demonstra, de modo direto e especial, na ação magnética; por seu intermédio, o homem atua sobre o fluido, agente universal, modifica-lhe as qualidades e lhe dá uma impulsão por assim dizer irresistível. Daí decorre que aquele que a um grande poder fluídico normal junta ardente fé pode, só pela força da sua vontade dirigida para o bem, operar esses singulares fenômenos de cura e outros tidos antigamente por prodígios, mas que não passam de efeito de uma lei natural. Tal o motivo por que Jesus disse a seus Apóstolos: "Se não o curastes, foi porque não tínheis fé".[256]

A criatura que tem fé predispõe a alma à receptividade. Torna-se mais fácil aos Espíritos amigos aproximar-se e auxiliar o suplicante que receberá os fluidos balsâmicos restauradores de acordo com a necessidade. Por isso Jesus afirmou que a fé remove montanhas. Estas simbolizam o acúmulo de dificuldades, de obstáculos, de aflições, de imperfeições que dificultam ao homem o caminhar.

O Espírito Emmanuel faz uma bela definição do ato de fé:

> Ter fé é guardar no coração a luminosa certeza em Deus, certeza de que ultrapassou o âmbito da crença religiosa, fazendo o coração repousar numa energia constante de realização divina da personalidade. Conseguir a fé é alcançar a possibilidade de não mais dizer: "eu creio", mas, afirmar: "eu sei", com todos os valores da razão tocados pela luz do sentimento. Essa fé não pode estagnar em nenhuma circunstância da vida e sabe trabalhar sempre, intensificando a amplitude de sua iluminação, pela dor ou pela responsabilidade, pelo esforço e pelo dever cumprido. Traduzindo a certeza na assistência de Deus, ela exprime a confiança que sabe enfrentar todas as lutas e problemas, com a luz divina no coração, e significa a humildade redentora que edifica no íntimo do Espírito a disposição sincera do discípulo relativamente ao "Faça-se no escravo a vontade do Senhor".[257]

---

[256] KARDEC, Allan. *O evangelho segundo o espiritismo*. Cap. XIX, it. 5.
[257] XAVIER, Francisco C. *O consolador*. Q. 354.

A pessoa mantenedora desse estado interior, impregnado de fé, não tem medo, não sente insegurança, pois sabe que nos momentos difíceis o Senhor estará presente. Em meio às provas e expiações, encontrará forças para superá-las, não deixará que o desânimo se alastre, nem se entregará ao negativismo. Esforçar-se-á para vencer e seguirá à frente porque sabe que jamais estará sozinha. Confia que no dia seguinte tudo será melhor e o Sol brilhará novamente.

Muitos afirmam ter fé, entretanto, basta qualquer momento de insegurança e o medo toma conta. Por que isso acontece? Bem, o medo é um estado de alma que se manifesta nas situações de insegurança, perigo, aflição, preocupação, doença, solidão e outras tantas circunstâncias em que o ser sente-se dominar pela fragilidade, pela incapacidade de vencer ou de solucionar os problemas. Sente-se então como ave abatida. Na realidade, é a consciência de que se está só, sem Deus, sem possibilidade de auxílio. Eis, pois, a falta da fé. Quando se tem fé, liga-se o pensamento a Deus e seus prepostos, mantém a alma confiante de que será atendido e aguarda com paciência o socorro que virá certamente. Quando o medo se manifesta, é porque a fé está ausente.

A alma humana é passível de confundir-se. Pode-se ter fé de forma cega ou racional. Por isso o codificador esclarece:

> A fé necessita de uma base, base que é a inteligência perfeita daquilo em que se deve crer. E, para crer, não basta ver, é preciso, sobretudo, compreender. [...] A fé raciocinada, por se apoiar nos fatos e na lógica, nenhuma obscuridade deixa. A criatura então crê, porque tem certeza, e ninguém tem certeza senão porque compreendeu. Eis por que não se dobra. Fé inabalável só o é a que pode encarar a razão em todas as épocas da humanidade.[258]

A fé cega é fruto da ignorância e da ingenuidade. Em tudo se acredita, sem ver, sem compreender, sem qualquer análise. A mentira lhe parece verdade, tanto quanto o falso se lhe apresenta como verdadeiro. Aí se encontra o perigo, pois tudo se aceita sem discernimento, sem ponderação, sem lógica. O codificador explica:

> Mas, não estando ainda o raciocínio bastante maduro para discernir o que é justo do que é falso, para julgar o que vem de Deus, ela arrastará

---

[258] KARDEC, Allan. *O evangelho segundo o espiritismo.* Cap. XIX, it. 7.

> o homem fora do reto caminho, tomando-o pela mão e pondo-lhe uma venda nos olhos. Muitos desvios: tal deve ser a divisa da fé cega que, entretanto, durante muito tempo, teve a sua utilidade e a sua razão de ser. Esta virtude desaparece quando a alma, pressentindo que pode ver pelos os próprios olhos, a afasta e não mais quer marchar senão com a sua razão. Esta a ajuda a se desfazer das crenças falsas, que havia adotado sem exame. Nisto ela é boa; [...][259]

O Espírito Georges faz uma interessante dissertação sobre a importância da fé. Segue excerto:

> Sou a irmã mais velha da Esperança e da Caridade: chamo-me Fé. Sou grande e forte. Aquele que me possui não teme nem o ferro, nem o fogo: é à prova de todos os sofrimentos físicos e morais. Irradio sobre vós com um facho cujos jatos cintilantes se refletem no fundo de vossos corações e vos comunico a força da vida. [...] Sou a Fé! Moro com a Esperança, a Caridade e o Amor, no mundo dos Espíritos puros. [...] Reconhecem-me por meus atos: ilumino as inteligências, aqueço e fortaleço os corações, afasto para longe de vós as influências enganosas e vos conduzo a Deus pela perfeição do Espírito e do coração. Vinde abrigar-vos sob a minha bandeira; sou poderosa e forte: eu sou a Fé. Sou a Fé e o meu reino começa entre os homens, reino pacífico, que os tornará felizes no presente e na eternidade.[260]

Quem tem fé atravessa as vicissitudes da vida com coragem, jamais esmorece ante o Sol escaldante do deserto ou os atropelos da tempestade. Quem tem fé conserva sintonia com a Misericórdia divina e impermeabiliza a mente contra as ligações inferiores. Aquele que tem fé sabe que não caminha à deriva neste orbe, pois guardiões invisíveis guiam-lhe os passos. É só dar sintonia.

---

[259] KARDEC, Allan. *Revista Espírita*, agosto de 1865.
[260] Id. Ibid. Fevereiro de 1862.

20

Quando floresce a fé

O homem imperfeitamente espiritualizado sempre busca igualar os semelhantes a si mesmo. Lembre-se, contudo, de que você é você, com tarefa original e responsabilidades diferentes e, se pretende a felicidade real, não deve esquecer a consulta aos padrões do bem, com o Cristo, em todas as horas de sua vida.[261]

Ajuda a construir o templo da tua fé, mas não creias que os outros devam crer conformes crês.[262]

Rosalice, ainda pequena, veio com os pais do interior da Bahia. Desempregados, foram atraídos pelo serviço farto que um conterrâneo lhes oferecera: trabalhar no corte da cana. Serviço árduo e sofrido, mas garantia-lhes o sustento. Ajudava os pais nessa tarefa exaustiva e não sobrava tempo para se dedicar aos estudos que interrompera. Seu aprendizado consistia em ouvir os mais velhos contando causos e crendices. Tudo parecia tão real que às vezes perdia noites de sono com medo de ser surpreendida por um lobisomem assustador, por uma mula sem cabeça ou outros seres apavorantes. Do demo, então, não queria ouvir falar, só pensar já era perigoso. Não se desapegava da fitinha do Senhor do Bonfim que a mãe trouxera aos montes para dar aos amigos. Presa ao tornozelo, a sua já estava tão encardida que ganhou a cor do chocolate. Mas dali não saía. Ah! não saía mesmo! Era a proteção contra os inimigos do bem!

---

[261] XAVIER, Francisco C. *Agenda cristã*. Cap. 48.
[262] Id. *Religião dos espíritos*. Cap. "Campanha na campanha".

Junto com a mãe, vivia colhendo trevo de quatro folhas, galhinhos de arruda para prender atrás da orelha. Isso não faltava. Ah! a guiné! Essa crescia viçosa dentro de uma lata velha, bem na entrada da porta. Com isso, as visitas deixavam para fora o mau-olhado. Era para evitar, também, que entrasse qualquer um desses endemoninhados!

Rosalice, um dia, ganhou um dente de coelho do filho de um cortador de cana. Ele garantia que, se usasse pendurado no pescoço, não havia mal que se aproximasse. Tornou-se, então, o seu enfeite.

Certa feita, ficou muito assustada. As crianças da vizinhança estavam alvoroçadas: a lua cheia apresentava uma claridade fora do normal e um círculo enorme à sua volta. Era dia em que o lobisomem gostava de aparecer, diziam. Que horror! O que fazer? Não sabiam. O certo é que ficaram a noite toda sem dormir. A ignorância, de mãos dadas com a ingenuidade, plantava naquelas criaturas a fé cega que em tudo faz acreditar sem qualquer lógica.

Entre saltos e sobressaltos, Rosalice cresceu. Aos 15 anos, o pai foi vítima de um acidente. Quando voltava do trabalho, sobre a carroceria do caminhão, foi lançado na estrada. Muitos colegas ficaram feridos, mas só ele ficou paraplégico e debilitado e, em pouco tempo, partiu para o Além. Ficou sozinha a consolar a mãe, que, desolada e sem meios de subsistência, deixou o trabalho exaustivo da roça e foi em busca de emprego na cidade. No início, tudo pareceu melhorar. Encontraram uma patroa que lhes dava cama, comida e alguns trocados. Ficaram entusiasmadas com o conforto que despontava. Mas, em pouco tempo, perceberam que era pouco, não dava para nada. As duas faziam todos os afazeres da casa e ainda tinham que aguentar a ranzinza da patroa. Ela não admitia outra Religião que não a sua e constantemente se referia ao Satanás. Qualquer coisa bastava para mandá-las para o Inferno. Era uma verdadeira fanática.

Rosalice, com muito sacrifício, convenceu a mãe a deixá-la cursar uma escola noturna. Foi uma bênção! Ali, conversando com uma amiga, contou-lhe sobre a morte do pai.

Ouviu pela primeira vez falar de Espiritismo. Achou bem interessantes as ideias da amiga, sentia que era verdade. Resolveu comentar com a patroa. Foi um pega-pega:

— Que horror! Menina, não se fala mais esse nome nesta casa! Foi o demo que lhe falou sobre isso. Só pode ser!

Para a patroa, bastava ser espírita para ser conivente com o demo.

Rosalice, assustada com os argumentos da patroa, acreditou e ficou com tanto medo que passou a evitar a amiga espírita.

Alguns anos se passaram. A mãe de Rosalice, que carregava havia muito um grave problema cardíaco, morreu sem qualquer aviso. Era um dia muito chuvoso. Poucas pessoas foram ao velório. Era mau agouro, dizia a patroa, chuva traz azar.

— Meu Deus, o que será de mim! — pensava a jovem, angustiada. Sozinha no mundo!

Rosalice chorava inconsolável. A alma mergulhada em sombras:

— A minha vida é cheia de azar, de dor, de má sorte. Nada dá certo. O que é que eu fiz de errado para estar tão só no mundo?

E só continuou vivendo, mas não por muito tempo.

O serviço aumentou. Com a morte da mãe, os afazeres todos ficaram sob sua responsabilidade. Não sobrava tempo para nada. Desanimada, afastou-se dos estudos e dos poucos amigos que conquistara. No final de semana, a solidão tomava conta da alma fragilizada pela dor da saudade.

Três anos se passaram desde que a mãezinha partira. Rosalice cansou-se. Na primeira oportunidade, mudou de emprego. A sua vida melhorou. O serviço era mais leve. Sobrava mais tempo para cuidar de si. Fez novos amigos e, mais animada, resolveu retornar aos estudos. Mesmo assim sentia-se muito só. Numa tarde muito fria, com a alma mais fria ainda, caminhando em direção à Igreja, passou em frente de um Centro Espírita, situado bem na esquina da avenida que ia atravessar. A porta aberta despertou-lhe a atenção. Sempre passava por ali e nunca havia notado quanta gente havia lá dentro. Parou, olhou, lembrou-se do que a antiga patroa falava sobre os espíritas:

— Os espíritas vivem com o demo no corpo!

Pensou, raciocinou:

— Será? Não sei não, acho muito estranho que seja verdade. Ela não era espírita e vivia com o diabo no corpo! Vou ver com meus próprios olhos!

Rosalice entrou pela primeira vez em uma Casa Espírita. Insegura e desconfiada, modulou os passos. Pensou em voltar atrás, mas sentiu que o silêncio era confortador. As pessoas estavam compenetradas, não faziam ruídos. Se conversavam, era baixinho. Sentou-se e aguardou. Poucos minutos depois, um senhor bem-posto, dirigiu-se à plateia e, numa voz límpida, fez uma linda prece. Ela ficou emocionada. Pela primeira vez, sentiu a alma elevar-se. Terminada a prece, o orador começou a falar de Jesus e desenvolveu um tema muito interessante: a fé nos dias de hoje! Rosalice olhou para o relógio, pensou em sair, já estava atrasada, mas algo mais forte a induziu a ficar. Decidiu:

— Não! Hoje não vou à Igreja, sinto que devo ficar.

No final da palestra, o orador falou sobre a fé cega e a fé racional. Ela não entendeu muito bem, mas as palavras proferidas adentraram-lhe a alma como um bálsamo.

— Que coisa! — pensava — Como podem pensar tanto mal de quem fala tão bem de Jesus?

Após a palestra, ficou algum tempo em silêncio, em meditação, e não percebeu que as pessoas foram se retirando e ela continuava ali, pensando. Sentiu uma pressão, como se fosse a mão de alguém sobre o ombro, olhou à sua volta e não viu ninguém que a tivesse tocado. Percebeu, então, que o salão estava quase vazio. Uma senhora idosa, muito simpática, se dirigiu a ela. Seu sorriso era encantador!

— Minha filha, você está bem? Tenho a impressão de que está chorando!

— Oh! desculpe-me, estou emocionada, é a primeira vez que entro aqui e ouvi essa palestra tão bonita!

Ela deixou Rosalice tão à vontade que, quando percebeu, estava contando suas mágoas, a saudade dos entes queridos, a mão que sentira em seu ombro e as ideias equivocadas de sua ex-patroa.

Dona Ana era muito simpática. Esclareceu-lhe todas as dúvidas, inclusive sobre a fé cega e a fé racional. Explicou-lhe que a mão sobre o ombro poderia ser de algum Espírito amigo, um ente querido. Certamente, foi ele que a encaminhou ali, no lugar certo e na hora certa. Ela assentiu:

— Sim, é verdade.

Sempre passava por ali e nunca havia notado aquele lugar. Só Deus sabe quanto estava desolada! E naquele momento sentia-se outra pessoa.

Dona Ana presenteou-a com um livro, para ela, desconhecido: *O evangelho segundo o espiritismo*. Indicou-lhe o capítulo sobre a fé para que Rosalice lesse em casa. Mas falou-lhe também do Cristo Consolador, das lições de conforto e de esperança do Espírito de Verdade. E orientou-a a ler essas lições sempre que se sentisse desolada e desprotegida.

A jovem não encontrou palavras para agradecer. Despediram-se. Rosalice saiu dali com a alma tranquila, feliz... Havia muito tempo não se sentia tão bem. Adorava leitura, o presente fora providencial. Ao retornar para casa, enxugou uma última lágrima que teimou em rolar pela face e, pela primeira vez, agradeceu aquele ser invisível que lhe indicou um caminho de esperança.

Na semana seguinte, resolveu voltar, na outra também e assim continuou frequentando aquele Lar Espírita. Fez amizade com várias pessoas, mas dona Ana era especial, tratava-a como se fosse sua filha.

Um dia, dona Ana chegou agitada. Estava muito preocupada, sua motorista e acompanhante ia se casar e pedira o acerto das contas. Ela ficaria sozinha. Tinha certa dificuldade para se locomover e não seria fácil encontrar outra motorista que acumulasse também a função de cuidadora. Que pena! Tão eficiente!

Rosalice havia tirado carta de motorista recentemente. E, sempre que necessário, conduzia os filhos da patroa até a escola. Ante a preocupação de dona Ana, sentiu naquele momento que chegara a oportunidade que sempre esperara. Não titubeou, ofereceu-se para o serviço e ali mesmo foi contratada. Ficou exultante, só poderia ser auxílio divino!

Mais próxima de dona Ana, a jovem passou a estudar o Espiritismo. Aos poucos, dissolveu os resquícios das crendices que trouxera da infância e aprendeu que objetos, figuras, fitas, imagens, gestos nenhuma força têm. Entendeu que sua fé era cega, tanto quanto a de sua primeira patroa, e não resistia a qualquer análise racional. Compreendeu que a força está no pensamento, na vontade, na conduta, na certeza de que Jesus Cristo é o modelo e guia enviado por Deus. Que ninguém sobre a Terra está desamparado e que todos se incluem na fieira do progresso. E ainda mais, entendeu que o futuro é consequência dos atos presentes, bem como o presente é a consequência das atitudes do passado. Aprendeu, ainda, que o mal só ganha forma quando se pensa no mal e nele se atém. E, mais que isso, tinha convicção de que haveria de realizar o sonho que acalentava havia muito.

Certa feita, numa conversa informal, dona Ana perguntou-lhe:

— Minha filha, você é tão jovem. Nessa idade, todos nós temos muitos sonhos, mas sempre há um que fala mais fundo ao coração. Qual é o seu?

— Ah! dona Ana, é verdade, tenho fé em Deus que um dia vou realizá-lo!

— Então, qual é, diga?

— Gostaria de ser nutricionista!

— Por isso, não! Pode começar a estudar, vou colaborar para que esse sonho se realize.

Rosalice abraçou dona Ana com o mesmo carinho que sentia por sua mãe. Com a ajuda daquela criatura especial, certamente seu sonho se realizaria. Ela amava manipular ingredientes e formular novas receitas. O seu caminho começava a delinear-se.

Mais tarde, ao se formar em nutrição, lá estava dona Ana, aquela alma boa, com o mesmo sorriso, para ver a "filha adotiva" receber o diploma. Naquele momento breve, Rosalice reviu em pensamento toda a árdua jornada ao lado dos pais, a luta empreendida pela mãe, o trabalho cansativo e desanimador e a fé que sentira ao ouvir as primeiras palavras do Evangelho. Soube cultivá-la. Vencera! A duras penas, mas vencera! E sabia que não estivera sozinha!

Muitos anos são passados. Dona Ana retornou ao plano espiritual, mas Rosalice deu continuidade ao seu trabalho. Hoje, uma vez por semana, ela dedica seu tempo profissional em benefício de pessoas que não têm condições de remunerá-la. E, na sala de recepção de sua clínica, um lindo quadro retrata o sorriso amável daquela mulher que continua viva em suas lembranças.

21

Prece, canal de ligação com os planos maiores

Porque onde estiverem dois ou três reunidos em meu nome, aí estou eu no meio deles.[263]

E quando estiverdes orando, perdoai, se tendes alguma coisa contra alguém, para que vosso Pai, que está nos Céus, vos perdoe as vossas ofensa; mas, se vós não perdoardes, também vosso Pai, que está nos Céus, vos não perdoará as vossas ofensas.[264]

A oração é um apelo que, no entanto, deve alcançar mais ampla expressão, tornando-se, num momento, um hino de louvor; vezes outras, constituindo-se uma rogativa de auxílio e, por fim, um cântico de gratidão. [...][265]

A prece não é um simples murmurar de palavras repetitivas,

[...] é uma invocação, mediante a qual o homem entra, pelo pensamento, em comunicação com o ser a quem se dirige. Pode ter por objeto um pedido, um agradecimento, ou uma glorificação. Podemos orar por nós mesmos ou por outrem, pelos vivos ou pelos mortos. As preces feitas a Deus escutam-nas os Espíritos incumbidos da execução de Suas vontades;

---

[263] Mateus, 18:20.
[264] Marcos, 11:25, 26.
[265] FRANCO, Divaldo P. *Trigo de Deus*. Cap. 17.

as que se dirigem aos bons Espíritos são reportadas a Deus. Quando alguém ora a outros seres que não a Deus, fá-lo recorrendo a intermediários, a intercessores, porquanto nada sucede sem a vontade de Deus.[266]

É ferramenta importantíssima que estabelece conexão com os planos superiores. O Criador colocou-a nas mãos de suas criaturas para que entrem em contato com Ele, não somente nos momentos de necessidade, mas sempre que desejem estabelecer sintonia. Por isso a prece não é um simples petitório; é o meio para que se possa também louvar a Deus e agradecer os benefícios recebidos.

A prece é tão importante na vida da criatura humana que Jesus, o Espírito mais perfeito que pisou este planeta, fez da prece um hábito para a sua vida. O Evangelho é a fonte de onde todos devem beber a água pura de seus exemplos e ensinamentos, e um deles é justamente a prece:

> E quando orares, não sejas como os hipócritas, pois se comprazem em orar em pé nas sinagogas e às esquinas das ruas para serem vistos pelos homens. Em verdade, vos digo que já receberam o seu galardão. Mas, tu, quando orares, entra no teu aposento e, fechando a tua porta, ora a teu Pai que está em oculto, e teu Pai, que vê secretamente, te recompensará.
>
> E, orando, não usais de vãs repetições, como os gentios, que pensam que por muito falar serão ouvidos.[267]

Então Jesus ensinou a seus discípulos o mais perfeito e completo modelo de prece que se tornou oração universal: a oração dominical, ou seja, a oração do Senhor [*dominus*] que se popularizou como Pai Nosso.

> Eis como deveis orar: Pai nosso que estais no céu, santificado seja o vosso nome. Venha a nós o vosso reino, seja feita a vossa vontade assim na Terra como no Céu. O pão nosso de cada dia nos dai hoje. Perdoai-nos as nossas ofensas, assim como nós perdoamos aos que nos ofenderam. E não nos deixeis cair em tentação, mas livrai-nos do mal, porque vosso é o reino, e o poder, a glória, para sempre. Amém.[268]

---

[266] KARDEC, Allan. *O evangelho segundo o espiritismo*. Cap. XXVII, it. 9.
[267] MATEUS, 6:5 a 7.
[268] MATEUS, 6:9 a 13.

Há pessoas que evitam orar quando dominadas pelo sentimento de culpa. Não se julgam merecedoras do auxílio divino. Esses são momentos críticos em que a alma se sente mergulhada num turbilhão sem saída. Por que não orar? É o momento de maior necessidade do ser. É a oportunidade de romper os elos com qualquer influência infeliz e estabelecer uma corrente fluídica benéfica, de ligação superior, facultando o arrependimento e a consequente regeneração.

Então, orar é uma necessidade de todos. Pela prece, consegue-se força moral para vencer as dificuldades e retornar ao caminho reto. Pode afastar as más companhias que atraiu com os maus pensamentos, com as atitudes equivocadas e viciosas. É preciso, entretanto, saber orar e se propor às novas atitudes, pedir apenas o necessário, saber pedir e o que pedir: nem tudo é possível conseguir pela prece.

> O que Deus lhe concederá sempre, se ele o pedir com confiança, é a coragem, a paciência, a resignação. Também lhe concederá os meios de se tirar por si mesmo das dificuldades, mediante ideias que fará lhe surgirem os bons Espíritos, deixando-lhe dessa forma o mérito da ação. Ele assiste os que se ajudam a si mesmos, de conformidade com esta máxima: Ajuda-te, que o Céu te ajudará. Não assiste, porém, os que tudo esperam de um socorro estranho, sem fazer uso das faculdades que possuem.[269]

É preciso esforçar-se. Muitos não se dignam nem mesmo a fazer uma prece. Deixam por conta dos Espíritos, alegando que eles devem saber de suas necessidades. Outros solicitam aos familiares e amigos que orem por eles. Não é bem assim. Deus realmente sabe de nossas necessidades, mas é preciso estar receptivo para receber auxílio. Se as portas da alma se fecham, os benefícios espirituais não adentram. É preciso orar para afastar os maus fluidos e proporcionar condições para que os bons se alojem na alma. Afinal, este planeta abriga bilhões de almas em provas e expiações e uma grande maioria vive de contínuo, descontente, revoltada, recalcitrante, descrente, viciada nos mais variados descaminhos, atreladas aos interesses materiais. Isso proporciona à Terra uma ambiência contaminada de maus fluidos. Pedir oração aos semelhantes é muito válido, pois se cria uma corrente de vibrações salutares que envolverá a criatura necessitada. O engano está em solicitar oração por comodismo, deixar que os outros orem para si, enquanto seus pensamentos se ocupam de futilidades.

---

[269] KARDEC, Allan. *O evangelho segundo o espiritismo*. Cap. XXVII, it. 7.

Os Espíritos amigos, familiares, trabalhadores de Jesus, não são serviçais dos caprichos humanos. Eles trabalham por amor. E muito! Eles atenderão de bom grado quando realmente o indivíduo está necessitado de auxílio. Existem situações complicadas em que realmente não há meios materiais que a resolvam. Outras surgem em que todos os meios físicos ou intelectuais não solucionam. Ainda há dificuldades, problemas, aflições que não fazem parte das provas e expiações necessárias ao progresso do Espírito. Nessas e em outras circunstâncias que não interfiram no livre-arbítrio do indivíduo, os amigos espirituais colaborarão de boamente. Eles não têm autorização para interferir no livre-arbítrio de seus tutelados, mas não economizam conselhos e orientações. Por isso não se preocupam com os ociosos que não se esforçam para resolver os seus problemas, não oram e não acolhem a sugestões para o bem. Muitos acreditam que os Espíritos têm uma varinha mágica para atuar em qualquer circunstância. Ledo engano. Eles trabalham incansavelmente e sem remuneração em benefício dos semelhantes quando estes fazem por merecer. As leis da vida devem ser respeitadas!

A prece é energia, é luz que ilumina e abre caminhos salutares para a própria alma. Atrai a presença dos bons Espíritos. Proporciona condições apropriadas para se reverem atitudes, ideias novas que facultam soluções e dissolvem os espinhos das aflições. A sua força é tão poderosa que levou Kardec a afirmar:

> A prece, que é um pensamento, quando fervorosa, ardente e feita com fé, produz o efeito de uma magnetização, não só reclamando o concurso dos bons Espíritos, mas dirigindo sobre o doente uma corrente fluídica salutar. [...] Como a todos é dado apelar aos bons Espíritos, orar e querer o bem, muitas vezes basta impor as mãos sobre uma dor para a acalmar; é o que pode fazer qualquer pessoa, se trouxer a fé, o fervor, a vontade e a confiança em Deus. [...][270]

Qual é o mecanismo desse instrumento divino? Como funciona?
O Espírito Amélia Rodrigues faz um comentário elucidativo:

> O Ministério da Oração é um dos mais delicados setores, exigindo hábeis servidores que se encarregam de registrar as solicitações em preces, selecioná-las e cuidar do seu atendimento conforme a procedência de cada

---

[270] KARDEC, Allan. *Revista Espírita*, setembro de 1865.

emissão de onda mental. Em razão disso, a oração deve ser uma vibração sincera, carregada de emoção, ao invés de expressivo palavreado sem a participação dos sentimentos honestos de elevação.[271]

A ação magnética da prece é explicada pelos Espíritos da Codificação:

> Por exercer a prece uma como ação magnética, poder-se-ia supor que o seu efeito depende da força fluídica. Assim, entretanto, não é. Exercendo sobre os homens essa ação, os Espíritos, em sendo preciso, suprem a insuficiência daquele que ora, ou agindo diretamente em seu nome, ou dando-lhe momentaneamente uma força excepcional, quando o julgam digno dessa graça, ou que ela lhe pode ser proveitosa.[272]

Os seres da Criação estão mergulhados no fluido cósmico, presente em todo o universo. Pelo poder da vontade, mediante esse fluido, o pensamento é conduzido, independentemente de distância, ao objetivo mentalizado. Assim, o ser fervoroso, ao entrar em prece, emitirá as ondas do pensamento que conduzirão os sentimentos de louvor, agradecimento ou súplica a grandes distâncias. Tais ondas serão captadas pelos mensageiros de Jesus, que se movimentam a fim de atender o solicitante. Se for uma situação urgente, será imediatamente atendida. Se for caso de doença ou obsessão, entrarão em contato com Espíritos ou encarnados, especialistas no assunto, que disponibilizarão o tratamento. Aproximar-se-ão do doente e, pelos canais da intuição, indicarão o melhor procedimento ou o caminho a seguir. Se necessário, intuirão médicos, familiares, pessoas amigas ou desconhecidas que providencialmente cruzar-lhe-ão o caminho, na hora mesma da necessidade, a fim de facultar-lhe a colaboração.

Eis o que os Espíritos aconselham: "Quando te achares na incerteza, invoca teu bom Espírito, ou ora a Deus, soberano Senhor de todos, e Ele te enviará um de seus mensageiros, um de nós".[273]

Segue observação de Kardec:

> Os Espíritos protetores nos ajudam com seus conselhos, mediante a voz da consciência que fazem ressoar em nosso íntimo. Como, porém, nem

---

[271] FRANCO, Divaldo P. *Trigo de Deus*. Cap. 17.
[272] KARDEC, Allan. *O evangelho segundo o espiritismo*. Cap. XXVII, it. 14.
[273] Id. *O livro dos espíritos*. Q. 523.

sempre ligamos a isso a devida importância, outros conselhos mais diretos eles nos dão, servindo-se das pessoas que nos cercam. Examine cada um as diversas circunstâncias felizes ou infelizes de sua vida e verá que em muitas ocasiões recebeu conselhos de que se não aproveitou e que lhe teriam poupado muitos desgostos se os houvera escutado.[274]

Portanto, o acaso não existe. O universo é regido por leis rigorosamente observadas pelos emissários do Pai. Entre os dois planos da vida, há interação permanente entre criaturas e mensageiros do Senhor. É pela prece que esse inter-relacionamento se torna mais eficiente. Essa dinâmica espiritual é constante em benefício dos encarnados no orbe e dos sofredores desencarnados. Explicam os Espíritos da Codificação:

> Dirigido, pois, o pensamento para um ser qualquer, na Terra ou no Espaço, de encarnado para desencarnado, ou vice-versa, uma corrente fluídica se estabelece entre um e outro, transmitindo de um ao outro o pensamento, como o ar transmite o som. A energia da corrente guarda proporção com a do pensamento e da vontade. É assim que os Espíritos ouvem a prece que lhes é dirigida, qualquer que seja o lugar onde se encontrem; é assim que os Espíritos se comunicam entre si, que nos transmitem suas inspirações, que relações se estabelecem a distância entre encarnados.[275]

O Espírito André Luiz descreve com precisão e arte o fenômeno sublime que vivenciou durante os momentos da prece:

> Enxuguei os olhos umedecidos de pranto. Suave calor, todavia, apossava-se-me da alma. E tão intensa era essa nova sensação de conforto, que interrompi a concentração em mim mesmo, a fim de olhar em torno. Fixando instintivamente o Alto, enxerguei, maravilhado, grande quantidade de flocos esbranquiçados, de tamanhos variadíssimos, a caírem copiosamente sobre nós, que orávamos, exceto sobre os que dormiam. Tive a impressão de que eram, derramados do Céu sobre nossa fronte, caindo com a mesma abundância sobre todos, desde Ismália ao último

---

[274] KARDEC, Allan. *O livro dos espíritos*. Q. 523 (nota).
[275] Id. *O evangelho segundo o espiritismo*. Cap. XXVII, it.10.

dos servidores. [...] Os flocos leves desapareciam ao tocar-nos, começando, porém, a sair de nossa fronte e do peito grandes bolhas luminosas, com a coloração da claridade de que estávamos revestidos, elevando-se no ar e atingindo as múmias numerosas. [...]²⁷⁶

André Luiz ficou assombrado com a sublimidade do momento. Em seguida, Aniceto balbucia a seu ouvido:

> Na prece encontramos a produção avançada de elementos-força. Eles chegam da Providência em quantidade igual para todos os que se deem ao trabalho divino da intercessão, mas cada Espírito tem uma capacidade diferente para receber. Essa capacidade é a conquista individual para o mais alto. E como Deus socorre o homem pelo homem e atende a alma pela alma, cada um de nós somente poderá auxiliar os semelhantes e colaborar com o Senhor, com as qualidades de elevação já conquistadas na vida.²⁷⁷

Em outra de suas obras, o mesmo autor espiritual transcreve as orientações que ouve de seu orientador:

> — Não tenha dúvida [...] a oração é o mais eficiente antídoto do vampirismo. A prece não é movimento mecânico de lábios, nem disco de fácil repetição no aparelho da mente. É vibração, energia, poder. A criatura que ora, mobilizando as próprias forças, realiza trabalhos de inexprimível significação. Semelhante estado psíquico descortina forças ignoradas, revela a nossa origem divina e coloca-nos em contato com as fontes superiores. Dentro dessa realização, o Espírito, em qualquer forma, pode emitir raios de espantoso poder. [...]

> — E as emanações de natureza psíquica que envolvem a humanidade provenientes das colônias de seres desencarnados que rodeiam a Terra? Em cada segundo, André, cada um de nós recebe trilhões de raios de vária ordem e emitimos forças que nos são peculiares e que vão atuar no plano da vida, por vezes em regiões muitíssimo afastadas de nós. Nesse círculo de permuta incessante, os raios divinos, expedidos pela oração santificadora,

---

²⁷⁶ XAVIER, Francisco C. *Os mensageiros*. Cap. 24.
²⁷⁷ Id. Ibid.

convertem-se em fatores adiantados de cooperação eficiente e definitiva na cura do corpo, na renovação da alma e iluminação da consciência.[278]

Quanto à eficácia da prece no tratamento e cura das obsessões, os Espíritos da Codificação também foram questionados:

A prece é meio eficiente para a cura da obsessão?

A prece é em tudo um poderoso auxílio. Mas crede que não basta que alguém murmure algumas palavras para que obtenha o que deseja. Deus assiste os que obram, não os que se limitam a pedir. É, pois, indispensável que o obsidiado faça, por sua parte, o que se torne necessário para destruir em si mesmo a causa da atração dos maus Espíritos.[279]

Independentemente de qualquer Religião, o ser humano está habituado a rogar auxílio nos momentos cruciais da vida, tais como uma doença incurável, um acidente grave, o desencarne de uma pessoa querida e, ainda, nas horas de perigo iminente, em situação econômica difícil, na perda de um emprego, de um objeto de valor e tantos outros momentos de aflição.

É isso mesmo! É preciso pedir! Não, é preciso saber pedir! Fortalecer a alma com as energias da fé. Guardar no íntimo a certeza de que não se encontra a sós e, do Alto, seres amados velam por todos.

Entretanto, ocorre que, quando o socorro chega, e quase sempre de imediato, o indivíduo aceita-o como se fosse um milagre, tal como ocorre nas histórias infantis em que fadas e gênios erguem as varinhas de condão e, num passe de mágica, materializam o pedido feito. Por que isso acontece? Justamente por não se ter qualquer ideia de como esse auxílio chega. Na realidade, não há nenhum milagre. Como já foi exposto, ao solicitar socorro, os Espíritos guardiões, que trabalham pelo bem individual e coletivo da criatura, da família, da comunidade, da região, acolhem a solicitação e movimentam-se com rapidez para socorrer o solicitante. Se o caso exige pressa, partem em busca de outras entidades e até encarnados para colaborar no socorro. Formam uma corrente dinâmica e, juntos, elaboram um plano imediato de auxílio.

Outras vezes, por ser mais complexo, o auxílio exige mais trabalho e, consequentemente, mais tempo, principalmente, nos casos de obsessão, que,

---

[278] XAVIER, Francisco C. *Missionários da luz*. Cap. 6.
[279] KARDEC, Allan. *O livro dos espíritos*. Q. 479.

para ser eficiente, deve ser estendido também ao obsessor, aos seus familiares encarnados, desencarnados e também aos comparsas do invisível. Para tanto, é necessário um trabalho intenso de conscientização moral em que a psicologia do Evangelho exerce sua função primordial no tocante ao perdão e à transformação moral das criaturas. A busca de outras pessoas ou de Espíritos é muito cuidadosa e de grande responsabilidade, pois pode ser que as criaturas envolvidas tenham se comprometido gravemente na mesma tragédia ou aflição em curso. E para que o auxílio não seja prejudicado, há um trabalho complicado e criterioso de aproximação com todos os envolvidos.

Há ainda os casos em que as súplicas não são atendidas. Não? Não! É evidente que não há negligência! Isso ocorre porque os amigos invisíveis não têm autorização para atender determinados pedidos de socorro. Os momentos aflitivos fazem parte dos planos de provas e de expiações estabelecidos nos mapas reencarnatórios e não podem ser afastados. Mas ninguém fica ao desamparo. Em tais situações, quem solicita recebe força, coragem, bom ânimo para suportar as provas com paciência e resignação. A fé e a esperança devem estar sempre presentes nos corações aflitos, pois, mesmo não sendo atendidos em suas rogativas, têm muito a receber desses abnegados servidores de Jesus. Em circunstâncias análogas, as entidades espirituais darão amparo e coragem para que suportem a prova e saiam vencedores.

Situações existem em que as solicitações são tão absurdas que os Espíritos não podem atendê-los. Quantos não há que pedem para ganhar na loteria? Entretanto, suas provas consistem em vencer as dificuldades econômicas pelo trabalho árduo. Quantos não dirigem suas preces solicitando a vitória em prova esportiva? Existem criaturas que chegam a orar para conquistar fama, destaque social, político, econômico, em detrimento de terceiros. Há relatos de pessoas que oram para vencer seus adversários e quantas outras solicitações descabidas! No entanto, a grande massa humana é necessitada da atenção dos planos maiores. Jesus, em poucas palavras, convida a todos: "Vinde a mim, todos vós que andais em sofrimento e vos achais carregados, e eu vos aliviarei. Tomais sobre vós o meu jugo e aprendei de mim, que sou manso e humilde de coração, e achareis descanso para vossas almas. Porque o meu jugo é suave e o meu fardo é leve".[280]

A prece é poderoso instrumento de sintonia com os planos maiores, no entanto, muito usada para suplicar e pouco para agradecer e louvar a Deus.

---

[280] MATEUS, 11:28 a 30.

Para muitos, tudo o que colhem do Alto é por conta da sorte e não do auxílio dos "ignorados" trabalhadores de Jesus. Em nome da sorte, a ingratidão permeia sobre a Terra.

Infelizmente, na atualidade, os homens teimam em romper os fios da sintonia sublime com os planos superiores, porquanto, distraídos com os bens materiais, prendem a atenção apenas na aquisição intelectual com vistas às conquistas de bens, de poder, *status*, fama. Almas em evolução! Ah! se entendessem a importância da interação com os trabalhadores divinos!

A prece intercessória tem o mesmo potencial das preces dirigidas em benefício próprio. Emitida com sinceridade, haurida nas fontes da alma, rasga o Éter imbuída de amor e caridade em benefício alheio. Como diz o Espírito André Luiz: "[...] o serviço intercessório, para ser completo, exige alguma coisa de nós mesmos [...]".[281]

É muito importante um trabalho de prevenção contra os assaltantes invisíveis. E não existe melhor proteção do que a prece sincera e a vigilância atuante. Uma vez abertas as brechas, mais difícil será impedir a invasão dos habitantes das sombras. A prevenção evita dores e dissabores.

---

[281] XAVIER, Francisco C. *Missionários da luz*. Cap. 11.

22

Transformação moral, a salvação do Espírito

> Sem noção de responsabilidade, sem devoção à prática do bem, sem amor ao estudo e sem esforço perseverante em nosso próprio burilamento moral, é impraticável a peregrinação libertadora para os Cimos da Vida.[282]

> Reconhece-se o verdadeiro espírita pela sua transformação moral e pelos esforços que emprega para domar suas inclinações más.[283]

A transformação moral é um processo individual e voluntário em que a pessoa, predisposta a melhorar, impõe a si mesma a modificação de atitudes e de hábitos que não condizem com as leis morais da vida, objetivando a própria evolução.

Portanto, a transformação moral exige uma postura concorde com as Leis divinas. Nesse processo transformacional, a vontade é de grande relevância.

Não se trata de um processo rápido que se concretiza de um dia para outro, como se fosse um passe de mágica. Não! A conquista dos valores morais é lenta, árdua e sacrificial. Daí a importância fundamental da força de vontade. Afinal, o Espírito atravessou séculos e séculos, carreou e acumulou hábitos, vícios e tendências que não se evaporam com o calor do entusiasmo momentâneo. Vitórias e derrotas se mesclam em suas experiências vividas em diferentes épocas. Não são experiências que se diluem com o querer. Não tão fácil! Elas

---

[282] XAVIER, Francisco C. *Nos domínios da mediunidade*. "Prefácio".
[283] KARDEC, Allan. *O evangelho segundo o espiritismo*. Cap. XVII, it. 4.

permanecem enraizadas no imo do ser. Todo aprendizado hostil, agressivo exige revisão e correção para que se harmonize com as leis. Não se arrancam raízes profundas sem esforço. É preciso muito suor! A mudança impõe, portanto, muita força de vontade, autodisciplina, perseverança e renúncia. A transformação que não impõe sofrimento não surte resultado. Perde-se tempo demais tentando mudar os semelhantes. Não! Ninguém muda ninguém! A mudança deve ocorrer no íntimo de cada um. Enquanto se perde tempo, os débitos se acumulam e as cobranças não aguardam o amanhã!

É difícil? Sim! Sem dúvida é!

Mas, se fosse impossível, Jesus não se sacrificaria pela humanidade. A salvação que Ele trouxe, embora pouco entendida, está expressa nas lições de vida registradas pelos evangelistas. Viver à margem de Seus ensinamentos é atrair dores desnecessárias e prolongar a jornada que se arrasta através dos milênios. O Evangelho é o roteiro moral por excelência! Bem lembrado pelo Espírito Emmanuel: "Realmente, Jesus é o salvador do mundo, mas não libertará a Terra do império do mal sem a contribuição daqueles que lhe procuram os recursos salvadores".[284]

A alma aflita encontrará paz no momento em que eleger o Evangelho como luzeiro em meio às sombras que contaminam.

A construção moral não se conclui num estalar de dedos. Ela se ergue lentamente, entre o amanhecer e o adormecer da vida, tijolo por tijolo. Cada etapa vencida, uma vitória; cada obstáculo, a esperança e o esforço para removê-lo.

Poucos minutos diários dedicados à prece sincera iluminam toda a jornada. A oração ao deitar protege e fortalece o Espírito durante a emancipação natural e faculta um despertar tranquilo.

É de bom alvitre analisar, como propõe Santo Agostinho, todas as ações do dia, tanto as positivas quanto as negativas, bem como as reações pessoais. Cada atitude tomada em relação à própria pessoa e às demais do convívio diário. Não é produtivo se permitir ideias repetitivas de culpa, remorso, arrependimento ou paixões anestesiantes. Elas não beneficiam nem conduzem a qualquer solução. Quando essas ideias são valorizadas, podem tornar-se ideias fixas, portanto, prejudiciais ao bom desempenho mental.

Quando se consegue identificar as atitudes e os pensamentos que devem ser modificados, acrescidos ou suprimidos, já se pode sentir em posição de vitória.

---

[284] XAVIER, Francisco C. *Pão nosso*. Cap. 173.

Muitas são as ervas daninhas cultivadas no continente da alma. Aparentemente inofensivas, crescem, dominam os sentimentos e destroem as mais belas intenções. É preciso manter a mente vigilante para que elas não frutifiquem e atraiam aves de rapina. Identificá-las ajuda o bom combate. Todas brotam e se multiplicam na fonte poluída do egoísmo, do orgulho e da vaidade, trigêmeos que encarceram os sentimentos nas celas da inferioridade. Juntos disputam na mente submissa o direito de supremacia. Juntamente às mazelas mentais já referidas no capítulo *Reflexões sobre as paixões humanas*, seguem algumas outras:

- O hábito de gritar ou proferir respostas com rispidez encobre o desejo de domínio, de imposição, agressividade, impaciência. Uma vez detectado, é preciso combatê-lo. Como? Impor-se a calma, modular a voz, pensar antes de responder, valorizar as ideias e atitudes dos semelhantes. Com o transcorrer do tempo, o convívio se tornará agradável. Os demais familiares ou pessoas do relacionamento diário também estarão falando em tons mais baixos, e todos desfrutarão de abençoada harmonia. Afinal, são seres que se amam!

- Negar-se a ouvir. Como é importante saber ouvir! Evitar-se-iam muitas sequelas da alma! Negar-se a ouvir ou acatar a opinião alheia é um tesouro desperdiçado. É preciso ouvir, mesmo que o assunto não seja compatível com as próprias ideias. Futuramente, trará benefícios e evitará transtornos.

- Cultivar rosários de mágoas e debulhá-los na primeira oportunidade é comprazer-se na dor. Os melindres ganham substância e se avolumam toda vez que são relembrados. O pensamento vivifica as ocorrências, injeta-lhes energias e elas se tornam incontroláveis. Varrê-las da alma e esquecê-las fortalece a amizade, alivia o coração, favorece a saúde. Perdoar e esquecer deve fazer parte do exercício diário do verdadeiro discípulo de Jesus. Aprender a desculpar e a desculpar-se revela grande sabedoria. Tanto é que o Espírito mais sábio, mais puro, mais elevado que habitou este orbe exercitou continuamente o perdão, até no instante mais doloroso de Sua crucificação. O exercício do esquecimento, o cultivo do perdão em sintonia com a lei da atração, promove a aproximação de outras pessoas que agirão em conformidade com o mesmo diapasão. Tal a veracidade do refrão: *Ajuda-te que o Céu te ajudará!* O benefício do perdão pode não vir de quem se espera. Mas virá certamente. Na hora e no momento aprazado, chegará do Alto. As pessoas com as quais se convive, agirão de forma semelhante. Todo bom exemplo produz frutos saborosos.

- O cultivo de palavrões, piadas e atitudes obscenas e debochadas atrai companhias indesejáveis. Do lado espiritual é visto como o charco fétido que atrai moscas e insetos asquerosos. Enobrecer a palavra atrairá amigos sublimes. A palavra é produto do pensamento e como tal emite energias de atração e de repulsão. Cada um tece o que bem lhe parece. Não se tecem boas amizades com más palavras. Sobre esse assunto é interessante ressaltar as palavras do Espírito São Luiz:

    > Os Espíritos malévolos adoram rir. Acautelai-vos. Aquele que julga dizer uma coisa agradável às pessoas que o cercam e diverte uma sociedade com suas brincadeiras ou atitudes, por vezes, se engana, o que frequentemente acontece quando pensa que tudo isso vem de si próprio. Os Espíritos levianos que o rodeiam com ele se identificam e pouco a pouco o enganam a respeito de seus próprios pensamentos, o mesmo sucedendo com aqueles que o ouvem.[285]

- Brigas e discussões são alimentos virtuais lançados a entidades que se comprazem em atiçar os encarnados. Do ponto de vista espiritual, o cenário é semelhante ao de uma rinha de galos cercada de torcedores invisíveis. Não deixe que seu lar se transforme em um ambiente de disputa inferior. Favoreça para que a harmonia impere no ambiente que compartilha. O Espírito Irmã Rosália sintetiza amorosamente:

    > Grande mérito há, crede-me, em um homem saber calar-se deixando que fale outro mais tolo do que ele. [...] Saber ser surdo quando uma palavra zombeteira escapa de uma boca habituada a escarnecer; não ver o sorriso de desdém com que vos recebem pessoas que, muitas vezes erradamente, se supõem acima de vós, quando, na vida espírita, a única real, estão, não raro, muito abaixo [...][286]

- Desconfiança e ciúme são combustíveis à espera da chama para explodir. Ingredientes ideais para satisfazer Espíritos oportunistas ou vingativos. É importante manter a confiança nas pessoas, mesmo que não a mereçam.

---

[285] KARDEC, Allan. *Revista Espírita*, outubro de 1858.
[286] Id. *O evangelho segundo o espiritismo*. Cap. XIII, it. 9.

Isso traz paz ao coração. O tempo se encarregará de retribuir em segurança e harmonia. Ninguém engana senão a si próprio.
- A malícia desperta o mal adormecido nas entranhas das almas invigilantes. Silenciar ante qualquer circunstância dúbia para não despertá-la. Uma vez desperta, podem-se perder as rédeas.
- A promiscuidade mental ou de fato carrega para dentro de casa os parceiros espirituais que exploram as mentes desavisadas. Substituir os pensamentos malsãos por pensamentos saudáveis e fugir dos fatos é saneamento de urgência.
- O medo se aninha numa alma descrente. Quando não combatido, cresce lentamente até alcançar o nível avançado da síndrome do pânico. É, portanto, estado emocional oposto à fé. Tem poder corrosivo. Mina as forças eletromagnéticas, abaixa a resistência física e espiritual e predispõe o Espírito às influências inferiores. Os Espíritos oportunistas se aproveitam da fragilidade da vítima e do pavor que determinadas coisas ou situações proporcionam. A melhor forma de se libertar do medo é cultivar a fé. Acreditar que há um Espírito amigo ao lado, que o Pai não abandona ninguém. E, nos momentos difíceis, manter a calma e o equilíbrio a fim de "ouvir" o socorro espiritual. Há apenas duas opções com chances iguais perante o medo: vencê-lo ou deixar que ele seja o vencedor. Qual a melhor opção? Vencer ou ser derrotado? Cabe a cada um escolher.

A melhor forma de vencer o medo é enfrentá-lo. Assim: medo do escuro, de Espíritos, de elevador, de altura, de sair de casa, do trânsito e outros mais. Não ceder a sugestões de Espíritos para que não se realize esta ou aquela atividade, viagens e outras tantas ideias que despertem o medo sem razão. O bom senso é imprescindível, pois não se deve enfrentar uma situação de perigo real que possa caracterizar imprudência.

Expõe Kardec sobre o medo ao se referir à obsessão: "A espécie de pavor e angústia que experimentais nesses momentos é um sinal de fraqueza que o Espírito aproveita. Dominai o medo e com a vontade triunfareis; dominai-o resolutamente, como o fazeis perante o inimigo e, crede-me, vosso muito dedicado e afeiçoado".[287]

- O hábito de caçoar das mazelas que ferem o corpo e a alma humana revela sordidez, ausência de sentimentos, de piedade para com o próximo.

---

[287] KARDEC, Allan. *Revista Espírita*, dezembro de 1862.

Quando diante de um drama, um defeito, uma queda física ou moral, situação de ridículo ou qualquer outra circunstância em que uma pessoa se vê envolvida, a melhor atitude é imaginar-se no seu lugar. A dor alheia não pode ser motivo de diversão. Não se atiram dardos mentais agravando-lhe os sofrimentos. É covardia! Substituir o desejo de caçoar pela piedade é grandeza moral. A oração é fonte de auxílio espiritual para que o envolvido encontre forças para vencer a prova. Agindo dessa forma, não se compactuará com Espíritos do mal. A discrição é de bom alvitre. Não podendo ajudar, o melhor é afastar-se discretamente.

- A maledicência, a calúnia e a intriga são ervas daninhas universais, companheiras inseparáveis. Arautos das tragédias que envolvem indivíduos, grupos e nações. Suas raízes se espalham por todos os continentes. Elas estão entranhadas na alma humana. Basta uma gotinha de água contaminada para florescer. E quando menos se espera! No entanto, ninguém admite cultivá-las. Quando surpreendido, o indivíduo justifica-se de todas as formas. Entretanto, não há justificativas para as consequências perniciosas que acarretam. Tal qual rastilho de pólvora, incendeiam os mais belos e produtivos campos. A maledicência se incumbe de abrir caminho à calúnia e à intriga. Qualquer um que se envolve no fogo das paixões inferiores sai chamuscado. Jesus alertou sobre isto: "Mas o que sai da boca procede do coração, e isso contamina o homem. Porque do coração procedem os maus pensamentos, mortes, adultérios, prostituição, furtos, falsos testemunhos e blasfêmias. São essas coisas que contaminam o homem..."[288]

A maledicência é porta aberta à invasão de entidades malévolas. Ao referir-se à pessoa ausente, o maledicente estabelece com ela ligação mental pelas ondas do pensamento que projetarão a imagem do indivíduo citado. Imediatamente, o intrigante atrairá Espíritos inferiores que instigarão à calúnia, ao ódio, ao revide. Se esses Espíritos forem simpatizantes do caluniado, voltar-se-ão contra o maledicente, que será alvo de sua inferioridade. Em situação inversa, se forem simpatizantes do caluniador, atacarão com presteza o que se tornou objeto da intriga. Sem perceber pelos olhos da matéria, o autor da maledicência será envolvido pela batalha invisível que se trava ao redor de si. Nesse imbróglio, todos saem prejudicados. Nesse caso, as consequências são de inteira responsabilidade do maledicente.

---

[288] MATEUS, 15:18 a 20.

O Espírito André Luiz relata um fato ocorrido com Moreira, um ex-obsessor em fase inicial de regeneração. Dedicado a Marita, internada em estado grave após acidente, ele sente-se revoltado com a atitude equivocada de Marina, irmã da acidentada. A enferma, em estado de coma, desfila, pelo pensamento, as mágoas provocadas pela irmã. Revoltado com a revelação, Moreira se transforma em justiceiro e parte em busca de alguns comparsas que tivera na erraticidade. Juntos dirigem-se a Marina, atingindo-a: "Debaixo da agressão, Marina experimentou irreprimível mal-estar. Empalideceu. Sentia-se sufocar. Registrava todos os sintomas de quem recebera pancada forte no crânio. Jogou a cabeça para trás, na poltrona, esforçando-se por esconder a indisposição, mas debalde".[289]

Ao armazenar, enumerar e propagar mágoas, atitudes equivocadas, defeitos físicos, acontecimentos desairosos, falhas morais e outras tantas mazelas dos semelhantes, o indivíduo estará denegrindo-lhes a imagem. Essa atitude infeliz diminui-lhes o valor, desvaloriza-lhes os feitos. Erguem-se barreiras familiares, profissionais e morais que dificultam a existência de quem quer que esteja na ponta da língua de um maledicente. Quem assim age não é diferente de um caluniador, de um intrigante, pois "[...] o mal não merece qualquer consideração além daquela que se reporte à corrigenda".[290] Por outro lado, o intrigante estará entregando a própria alma aos invasores da sombra. Kardec alerta: "As imperfeições morais do obsidiado constituem, frequentemente, um obstáculo à sua libertação".[291]

Ele narra um fato ocorrido com várias irmãs: elas dedicavam grande parte do tempo a observar e criticar a vizinhança e outras pessoas que caíam sob seus olhares. A maledicência corria solta.

> Havia umas irmãs que se encontravam, desde alguns anos, vítimas de depredações muito desagradáveis. Suas roupas eram incessantemente espalhadas por todos os cantos da casa e até pelos telhados, cortadas, rasgadas e crivadas de buracos, por mais cuidado que tivessem em guardá-las à chave. [...][292]

Cansadas de tanta estrepolia, sugeriram-lhes procurar o Sr. Kardec, que assim expõe:

---

[289] XAVIER, Francisco C.; VIEIRA, Waldo. *Sexo e destino*. Segunda parte, cap. 4.
[290] Id. Ibid. Cap. 11.
[291] KARDEC, Allan. *O livro dos médiuns*. Segunda parte, cap. XXIII, it. 252.
[292] Id. Ibid.

Sobre a causa, não havia dúvida: o remédio era mais difícil. O Espírito que se manifestava por semelhantes atos era evidentemente malfazejo. Evocado, mostrou-se de grande perversidade e inacessível a qualquer sentimento bom. A prece, no entanto, pareceu exercer sobre ele uma influência salutar. Mas, após algum tempo de interrupção, recomeçaram as depredações. Eis o conselho que a propósito nos deu um Espírito superior: "O que essas senhoras têm de melhor a fazer é rogar aos Espíritos seus protetores que não as abandonem. Nenhum conselho melhor lhes posso dar do que o de dizer-lhes que desçam ao fundo de suas consciências para se confessarem a si mesmas e verificarem se sempre praticaram o amor ao próximo e a caridade. Não falo da caridade que consiste em dar e distribuir, mas da caridade da língua, pois, infelizmente, elas não sabem conter as suas e não demonstram, por atos de piedade, o desejo que têm de se livrarem daquele que as atormenta. Gostam muito de maldizer do próximo e o Espírito que as obsidia toma sua desforra, porquanto, em vida, foi para elas um burro de carga. Pesquisem na memória e logo descobrirão quem ele é. Entretanto, se conseguirem melhorar-se, seus anjos guardiães se aproximarão e a simples presença deles bastará para afastar o mau Espírito, que não se agarrou a uma delas em particular, senão porque o seu anjo guardião teve que se afastar, por efeito de atos repreensíveis, ou maus pensamentos. O que precisam é fazer preces fervorosas pelos que sofrem e, principalmente, praticar as virtudes impostas por Deus a cada um, de acordo com a sua condição".[293]

Mazela enraizada na alma e pouco confessada, a maledicência tem sido a causa de inumeráveis obsessões.

O Espírito André Luiz enfatiza esse tema destruidor:

A mesa familiar é sempre um receptáculo de influenciações de natureza invisível. Valendo-se dela, medite o homem no bem e os trabalhadores espirituais, nas vizinhanças do pensador, virão partilhar-lhe o serviço no campo abençoado dos bons pensamentos. Conserve-se a família em plano superior, rendendo culto às experiências elevadas da vida, e os orientadores da iluminação espiritual aproximar-se-ão, lançando no

---

[293] KARDEC, Allan. *O livro dos médiuns*. Segunda parte, cap. XXIII, it. 252.

terreno da palestra construtiva as sementes das ideias novas que então se movimentam com a beleza sublime da espontaneidade. Entretanto, pelos mesmos dispositivos da lei de afinidade, a maledicência atrairá os caluniadores invisíveis e a ironia buscará, sem dúvida, as entidades galhofeiras e sarcásticas que inspirarão o anedotário menos digno, deixando margem vastíssima à leviandade e à perturbação.[294]

Outras tantas falhas morais encontram guarida na alma humana, todavia algumas das já citadas abrem o entendimento para o cultivo de pensamentos, atitudes e hábitos saudáveis.

A melhor forma de se destruírem as ervas daninhas que teimam em forrar os canteiros da alma é utilizar o tempo disponível no cultivo das flores do bem e da humildade. "Quem dá o bem é o primeiro beneficiado, quem acende uma luz é o que se ilumina em primeiro lugar".[295]

Ao lado da humildade, certamente florescerão paciência, fraternidade, solidariedade, confiança, tolerância, caridade e, entre outras benesses, certamente o Amor prevalecerá.

Em estado de aceitação, é imprescindível recordar a recomendação do Espírito da Verdade: "Espíritas! Amai-vos, este o primeiro ensinamento; instruí-vos, este o segundo".[296] Portanto, dedicação à leitura de livros edificantes e a estudos doutrinários solidificará as atitudes renovadas. E no exercício do bem: trabalho assistencial e voluntário.

No trabalho do bem, o indivíduo se esforça na transformação moral, ganha a simpatia e confiança dos Espíritos superiores e afasta os Espíritos perturbadores. Para alicerçar o intento, é importante a autodisciplina, conforme afirma o Espírito Emmanuel: "É necessário instalar o governo de nós mesmos em qualquer posição da vida. O problema fundamental é de vontade forte para conosco e de boa vontade para com nossos irmãos".[297]

Kardec ressalta a importância do esforço para a conquista moral que vale a pena reiterar: "Reconhece-se o verdadeiro espírita pela sua transformação moral e pelos esforços que emprega para domar suas inclinações más".[298]

---

[294] XAVIER, Francisco C. *Missionários da luz*. Cap. 11.
[295] Id. Ibid.
[296] KARDEC, Allan. *O evangelho segundo o espiritismo*. Cap. VI, it. 5.
[297] XAVIER, Francisco C. *Pão nosso*. Cap.158.
[298] KARDEC, Allan. Op. Cit. Cap. XVII, it. 4.

Para que uma pessoa se liberte da influência obsessiva, é preciso adquirir força, não a força física, mas a força moral, conforme propõem os Espíritos da Codificação:

> [...] a força está na autoridade que se pode exercer sobre o Espírito, e tal autoridade está subordinada à superioridade moral. Esta é como o Sol: dissipa o nevoeiro pela força de seus raios. Esforçar-se por ser bom; tornar-se melhor se já se é bom; purificar-se de suas imperfeições; numa palavra, elevar-se moralmente o mais possível, tal é o meio de adquirir o poder de dominar os Espíritos inferiores para os afastar.[299]

---

[299] KARDEC, Allan. *Revista Espírita*, dezembro de 1862.

23

Tratamento e cura das obsessões

Alguém, certa feita, indagou de grande filósofo como ele classificaria o sábio e o ignorante, e o filósofo respondeu, afirmando que considerava um e outro como sendo o médico e o doente. No entanto, acrescentamos nós: entre o médico e o doente, existe o remédio. Se o enfermo guarda a receita no bolso e foge à instrução indicada, não adianta o esforço do clínico ou do cirurgião que despende estudo e tempo para servi-lo.[300]

Felizmente, ao lado do mal, está o remédio. Para nos livrar das influências más, existe um recurso supremo. Possuímos um meio poderoso para afastar os Espíritos do abismo [...] é a prece, é o pensamento dirigido para Deus! O pensamento de Deus é qual uma luz que dissipa a sombra e afasta os Espíritos das trevas; é uma arma que dispersa os Espíritos malfazejos e nos preserva de seus embustes. A prece, quando é ardente [...] tem um poder dinâmico e magnético considerável; ela atrai os Espíritos elevados e nos assegura a sua proteção.[301]

É inegável que, em qualquer estado de desequilíbrio, seja do organismo físico, mental ou espiritual, a eficiência do tratamento depende da vontade do paciente. No entanto, quando se trata de influência espiritual, a vontade da vítima é fundamental, pois só dela depende a modificação do pensamento. Em processo de modificação, este alterará as propriedades dos

---
[300] XAVIER, Francisco C. *Seara dos médiuns*. Cap. "Obsessão e cura".
[301] DENIS, Léon. *O grande enigma*. Primeira parte, cap. VII.

fluidos que a rodeiam, dificultando a sintonia com seres inferiores. Estabelecida a aceitação, mais fácil se torna adotar as terapias espirituais. Não raro, o paciente necessita também da terapia médica. O seu desejo de melhora facultará um tratamento mais ostensivo e eficaz, pois: "Na raiz de todas as enfermidades que sitiam o homem, encontramos, no desequilíbrio dele próprio, a sua causa preponderante".[302]

Herculano Pires, ao tratar do grave problema do vampirismo, destaca a vontade da vítima como importante instrumento a se impor sobre a vontade dos obsessores: "E se houver boa vontade da parte das vítimas, os casos serão resolvidos, por mais prolongado que se torne o tratamento. Em casos difíceis e complexos, como esses, é necessária uma boa dose de compreensão e paciência da parte dos que os tratam e uma estimulação constante das vítimas na busca da normalidade".[303]

Nos dias atuais, não muito diferentes da antiguidade, enxameiam as dores morais, lares antes felizes são surpreendidos pelos fenômenos misteriosos da perturbação obsessiva. Não há idade: crianças, adolescentes, adultos são assaltados por perturbações inexplicáveis. O que está ocorrendo? Seria falta de Religião? Pode ser! Mas, em grande parte, ocorre entre pessoas que seguem uma Religião!

O ser humano, embora participe de alguma Religião, facilmente se coloca a distância de Deus. Pensa, fala e age na contramão dos desígnios divinos. Como barco à deriva, nos momentos de tormenta, se desespera. É justamente o momento de se manter o equilibro e se ligar aos planos divinos.

Diante dos problemas obsessivos, não se pode ficar de mãos atadas. É preciso encontrar solução. E a solução é Jesus: "Se me amardes, guardareis os meus mandamentos. E Eu rogarei ao Pai e Ele vos enviará outro Consolador, para que fique convosco para sempre o Espírito da Verdade..."[304] "Mas o Consolador, que é o Espírito Santo, a quem o Pai enviará em meu nome, vos ensinará todas as coisas e vos fará lembrar de tudo o que vos tenho dito".[305]

O Espiritismo desponta como o Consolador Prometido. E é nele que se pode encontrar a solução dos mais variados problemas obsessivos.

Entende-se que:

---

[302] FRANCO, Divaldo P. *Painéis da obsessão*. "Prefácio".
[303] PIRES, J, Herculano. *Mediunidade:* vida e comunicação. Cap. VIII.
[304] João, 14:15 a 17.
[305] João, 14:26.

Certas moléstias têm sua causa original na própria alteração dos tecidos orgânicos; é a única que a Ciência admite até hoje. E como para a remediar não conhece senão as substâncias medicamentosas tangíveis, não compreende a ação de um fluido impalpável, tendo a vontade como propulsor. [...] Na cura das doenças dessa natureza, pelo influxo fluídico, há substituição das moléculas orgânicas mórbidas por moléculas sadias. [...] A substância fluídica produz um efeito análogo ao da substância medicamentosa, com esta diferença: sendo maior a sua penetração, em razão da tenuidade de seus princípios constituintes, age mais diretamente sobre as moléculas primeiras do organismo do que o podem fazer as moléculas mais grosseiras das substâncias materiais. Em segundo lugar, sua eficácia é mais geral, sem ser universal, porque suas qualidades são modificáveis pelo pensamento, enquanto as da matéria são fixas e invariáveis e não podem aplicar-se senão em determinados casos. [...] Cada um desses meios poderá, pois, ser eficaz, se empregado a propósito e adequado à especialidade do mal; mas, seja qual for, compreende-se que a substituição molecular, necessária ao restabelecimento do equilíbrio, não pode operar-se senão gradualmente e não por encanto e por um golpe de batuta; se possível, a cura só pode ser o resultado de uma ação contínua e perseverante, mais ou menos longa, conforme a gravidade dos casos. [...] Certas afecções, mesmo muito graves e passadas ao estado crônico, não têm como causa primeira a alteração das moléculas orgânicas, mas a presença de um mau fluido que, a bem dizer, as desagrega, perturbando a sua economia. [...] Tal é o caso de grande número de doenças, cuja origem é devida aos fluidos perniciosos de que é penetrado o organismo. Para obter a cura, não são moléculas deterioradas que devem ser substituídas, mas um corpo estranho que se deve expulsar; desaparecida a causa do mal, o equilíbrio se restabelece e as funções retomam seu curso. Concebe-se que, em semelhantes casos, os medicamentos terapêuticos, destinados, por sua natureza, a agir sobre a matéria, não tenham eficácia sobre um agente fluídico; por isso a medicina ordinária é impotente em todas as moléstias causadas por fluidos viciados, e elas são numerosas. A matéria pode-se opor à matéria, mas a um fluido mau, é preciso opor um fluido melhor e mais poderoso. [...] Enfim, não podendo os maus fluidos emanar senão de maus Espíritos, sua introdução na economia se liga muitas vezes à obsessão. Daí resulta que, para obter a cura, é preciso tratar, ao mesmo tempo, o doente e o Espírito obsessor.[306]

Observa-se, dessa exposição, que a obsessão não causa apenas desequilíbrio psíquico. Uma grande parte das moléstias, aparentemente físicas, tem sua origem na influência obsessiva. Daí a necessidade de tratamento conjunto: medicina convencional, terapia fluídica, estudo doutrinário, atitudes enobrecidas. Por outro lado, não há apenas doente, mas um ente invisível também dominado por doença moral, tão necessitado de tratamento quanto a vítima.

Se o doente se encontra lúcido, de posse de suas plenas faculdades, morais e intelectivas, é preciso que se conscientize da necessidade de buscar auxílio e perseverar no tratamento. Todavia, se a perturbação já lhe obscureceu a mente, a intervenção de terceiros é imprescindível. Por isso o auxílio familiar é de grande valia.

Nesse auxílio, inclui-se a conscientização de todo o grupo familiar bem como o comprometimento no tratamento em que todos devem se imbuir de paciência, compreensão e tolerância. A frequência à Casa Espírita e o cultivo do Evangelho no lar podem pôr fim a uma atuação pertinaz. É sabido que, não raro, a obsessão pode envolver um membro familiar com o intuito de atingir outros membros da família. O obsessor, astucioso e sagaz, na incapacidade de atingir diretamente o seu desafeto, transfere sua atuação para o ente mais querido de sua vítima que verá a criatura amada em sofrimento sem poder fazer nada. Pelo menos de imediato.

Em casos semelhantes, todos se tornam vítimas do obsessor, que, por sua vez, também foi vítima em passado próximo ou remoto. Incapaz de esquecer a afronta, ele permanece mergulhado na dor de antanho sem qualquer trégua que o alivie e acredita que, fazendo a justiça com as próprias mãos, encontrará o sossego devido. Ledo engano. A vingança é uma arma de dois gumes, fere também o algoz. Por isso, o obsessor, por mais pertinaz que seja, merece toda consideração.

O primeiro passo a ser dado é instituir o hábito da oração. Por ela, estabelecer-se-á ligação, de pensamento a pensamento, com os prepostos do Senhor, que, do plano espiritual, velarão pelos suplicantes. Pela sintonia estabelecida, eles sugerem meios e atitudes que dificultarão a aproximação dos invasores e sanearão os miasmas que interferem na vontade e na vida dos atingidos, caso seja uma simples influência. No entanto, se o caso se revestir de gravidade, haverá necessidade de auxílio intensivo com a colaboração atuante dos encarnados.

---

[306] KARDEC, Allan. *Revista Espírita*, março de 1868.

A quem orar? Para que não haja dúvidas, o melhor é ir diretamente à fonte: Jesus. Ele é o modelo e guia para toda a humanidade. Não se pode esquecer Seu amoroso convite: "Vinde a mim todos vós que estais cansados e oprimidos, e eu vos aliviarei. Tomai sobre vós o meu jugo e aprendei de mim, que sou manso e humilde de coração; e encontrareis descanso para as vossas almas. Porque o meu jugo é suave e o meu fardo é leve".[307]

No entanto, é possível dirigir as súplicas àquelas entidades em que se confia. Seja Maria de Nazaré, Mãe de Jesus, Francisco de Assis, Bezerra de Menezes, ou outro amigo ao qual se tem certeza da posição superior em que se encontra na Espiritualidade.

Naturalmente, o homem encarnado neste orbe terreno, regra geral, não percebe a movimentação espiritual que a sua prece provoca, mas pode sentir a diferença que a prece promove em sua vida. A prece é poderoso antídoto contra as influências nefastas. As energias que recebe durante o momento da prece envolvem o paciente, fortalecem-lhe o ânimo, a coragem de lutar, a esperança de vencer. Embora os olhos não registrem, é possível perceber, pelas emanações vibratórias, a sensação agradável, o bem-estar que envolve o ser.

Jesus, com toda a sua elevação e autoridade moral, jamais ignorou a oração; pelo contrário, ela estava sempre presente em sua vida e, em toda oportunidade, Ele exaltava-lhe o poder: "E, quando estiverdes orando, perdoai se tendes alguma coisa contra alguém, para que vosso Pai, que está nos Céus, vos perdoe as vossas ofensas; mas, se vós não perdoardes, também vosso Pai, que está nos Céus, vos não perdoará as vossas ofensas".[308]

Mas apenas orar não é suficiente; é preciso vigiar e reformular os pensamentos, as palavras, o comportamento, os atos, enfim. É preciso selecionar os locais frequentados, os livros e revistas a serem lidos, os filmes, as companhias e outras tantas atitudes que podem comprometer a moral e por isso mesmo facilitar a conexão mental com o invasor.

É importante que os pensamentos conflitantes, sombrios, as ideias repetitivas e fixas, que se sobrepõem a qualquer outra, sejam substituídos por pensamentos salutares, ideias positivas, lembranças felizes, leituras edificantes, parábolas e lições do Evangelho. Para isso, é preciso afastar-se da ociosidade, do desânimo e enriquecer o arquivo mental com conteúdo

---

[307] MATEUS, 11:28 a 30.
[308] MARCOS, 11:25 e 26.

dignificante. A força de vontade deve estar sempre atuante. "O que de melhor se tem a fazer com todo indivíduo que mostre tendência à ideia fixa é dar outra diretriz às suas preocupações, a fim de lhe proporcionar repouso aos órgãos enfraquecidos".[309]

Outro fator importante no processo desobsessivo é manter a perseverança no estudo e no trabalho. Geralmente, o doente espiritual faz o oposto: afasta-se de tudo, facultando o intercâmbio. Há que se ocupar, uma vez que a mente em repouso indevido se coloca à disposição dos oportunistas. Essas providências dificultam o inter-relacionamento indesejável, enriquecem o arquivo mental, preenchem as horas vazias, arquivam subsídios importantes para os momentos de necessidade e abrem novas portas para a libertação.

É difícil? É. Com certeza! Mas, afinal, é uma luta em que vence sempre o mais preparado, o mais forte. Por isso é preciso estar preparado e ser forte. Ter fé em Deus, acreditar que não se está sozinho neste orbe. Jesus é o amigo incondicional, com Ele tudo é possível. Tal procedimento fecha as comportas das sugestões infelizes, das infiltrações de vontade estranha. A vontade pessoal e soberana passa a dominar. Com o desejo sincero de superar as investidas do mal e trilhar o bom caminho, certamente, o obsessor se afastará. Ou então, ao perceber as mudanças que se operam na vítima, poderá também se transformar pelo exemplo. Não antes de insistir e persistir. Por isso a necessidade de perseverança no tratamento é primordial. Não é demais reiterar a orientação dos Espíritos da Codificação:

> Pode o homem eximir-se da influência dos Espíritos que procuram arrastá-lo ao mal?
>
> Pode, visto que tais Espíritos só se apegam aos que, pelos seus desejos, os chamam, ou aos que, pelos seus pensamentos, os atraem.
>
> Renunciam às suas tentativas os Espíritos cuja influência a vontade do homem repele?
>
> Que querias que fizessem? Quando nada conseguem, abandonam o campo; entretanto, ficam à espreita de um momento propício, como o gato que tocaia o rato.[310]

---

[309] KARDEC, Allan. *O livro dos médiuns*. Segunda parte, cap. XVIII, it. 222.
[310] Id. *O livro dos espíritos*. Q. 467, 468.

A vítima, tomada de surpresa, sem fortaleza moral que a defenda, sem conhecimento que a esclareça, mais fácil será dominada.

O Espírito Philomeno de Miranda, quando em vida, foi atuante nos trabalhos desobsessivos. No plano espiritual, continuou trabalhando em prol da libertação das vítimas de obsessão. Seus livros são verdadeiros tratados sobre o assunto. Diz ele:

> Em razão da conduta mental, as células são estimuladas ou bombardeadas pelo fluxo dos interesses que lhe aprazem, promovendo a saúde ou dando gênese aos desequilíbrios que decorrem da inarmonia, quando essas unidades em estado de mitose degeneram, oferecendo campo às bactérias patológicas que se instalam, vencendo os fatores imunológicos, desativados ou enfraquecidos pelas ondas contínuas de mau humor, pessimismo, revolta, ódio, ciúme, lubricidade e viciações de qualquer natureza que se transformam em poderosos agentes de perturbação e de sofrimento.[311]

Nessas circunstâncias, o indivíduo facilmente atrairá companhias infelizes que lhe facultarão o agravamento das funções orgânicas.

A demora na busca do tratamento, a dificuldade no diagnóstico e outros tantos empecilhos podem ser barreiras impostas pela companhia indesejável que impõe, à vítima e aos familiares, doloroso sofrimento. Por isso é imprescindível o tratamento espiritual simultâneo ao tratamento físico.

A família é o núcleo de apoio para a vítima de obsessão. Esta, uma vez detectada, deve ser vista como um problema que exige não somente tratamento, mas também uma programação reeducativa.

Em conjunto com a vigilância e a oração, dedicar-se ao culto do Evangelho no lar é de grande importância para a conscientização tanto dos encarnados quanto dos desencarnados.

Uma casa onde seus habitantes se dedicam ao culto do Evangelho é vista do plano espiritual como um ponto de encontro dos Espíritos superiores, conforme afirma André Luiz:

> Aquela residência de aspecto tão humilde que alcançávamos, agora, proporcionava-me cariciosa impressão de conforto. Estava lindamente

---

[311] FRANCO, Divaldo P. *Painéis da obsessão*. "Prefácio".

> iluminada por clarões espirituais que recordavam precisamente nossa cidade tão distante. [...] A claridade espiritual reinante, todavia, era de maravilhoso efeito. Muita gente esclarecida e generosa do plano invisível aos humanos aí se reunia. [...][312]

Uma residência materialmente organizada e limpa nem sempre revela uma atmosfera espiritual semelhante, todavia um lar onde se cultiva o hábito da prece e a vigilância de pensamentos conserva a assepsia espiritual, independentemente de sua aparência material.

> Toda vez que se ora num lar, prepara-se a melhoria do ambiente doméstico. Cada prece do coração constitui emissão eletromagnética de relativo poder. Por isso mesmo, o culto familiar do Evangelho não é tão só um curso de iluminação interior, mas também processo avançado de defesa exterior pelas claridades espirituais que acende em torno. O homem que ora traz consigo inalienável couraça. O lar que cultiva a prece transforma-se em fortaleza, [...][313]

Como realizar o culto do Evangelho no lar?

É muito simples! Escolhe-se um dia da semana e um horário em que os membros da família não tenham compromisso e possam se reunir. Então, dia e horário escolhidos tornar-se-ão fixos. Será, semanalmente, o ponto de encontro familiar. Se uma vez ou outra não for possível reunir todos, reúnam-se os presentes ou mesmo que se esteja a sós.

Sobre a mesa, em torno da qual se reúnem, coloquem copos individuais ou uma jarra com água potável. Aí, as entidades em visita colocarão as substâncias eletromagnéticas que fluidificarão a água que todos vão beber.

A reunião iniciar-se-á com uma prece. Espontânea ou decorada, o importante é que a prece seja feita com fé, com sinceridade e sentimento. A oração dominical, popularizada como Pai Nosso, é uma oração universal que não pode ser esquecida, pois foi a oração que Jesus ensinou a seus discípulos. É pedra preciosa incrustada no Evangelho. É preciso expô-la com o coração.

Em seguida, far-se-á a leitura de um tema de *O evangelho segundo o espiritismo*, cujas lições de Jesus são complementadas pelas explicações dos Espíritos superiores.

---

[312] XAVIER, Francisco C. *Os mensageiros*. Cap. 34.
[313] Id. Ibid. Cap. 37.

A leitura pode ser feita por qualquer membro da família que amorosamente vai dirigir o culto. Em seguida, pequenos comentários sobre o assunto que foi lido: o que se entendeu, a sua utilidade e aplicação na vivência de cada um. É importante observar o objetivo primordial da lição deixada por Jesus. E assimilá-lo sem qualquer pretensão de supor ou sugerir que a lição seja apropriada a outrem, menos para si mesmo. Todos são necessitados aos olhos do Pai.

Após os comentários, fazer vibrações, isto é, solicitar proteção de Jesus para o lar, os familiares e necessitados. Direcionar pensamentos de amor, de equilíbrio, de cura em benefício de alguma pessoa doente, física ou espiritualmente, se houver.

Pode ser lida alguma mensagem de Espírito luminar.

O encerramento deve ser feito com uma prece de agradecimento.

São momentos de oração que não têm necessidade de durar mais que 20 ou 30 minutos. O importante não é o tempo em si, mas como ele é empregado e a harmonia entre os participantes. Uma vez encerrado, cada um tomará a água fluidificada.

O culto do Evangelho representa para o lar que o cultiva a luz que se acende em meio às trevas.

O Espírito André Luiz faz interessante explicação sobre o fenômeno da magnetização da água:

> A água potável destina-se a ser fluidificada. O líquido simples receberá recursos magnéticos de subido valor para o equilíbrio psicofísico dos circunstantes. Com efeito, mal acabávamos de ouvir o apontamento, Clementino se abeirou do vaso e, de pensamento em prece, aos poucos se nos revelou coroado de luz. Daí a instantes, de sua destra espalmada sobre o jarro, partículas radiosas eram projetadas sobre o líquido cristalino que a absorvia de maneira total. [...] precioso esforço de medicação pode ser levado a efeito. Há lesões e deficiências no veículo espiritual a se estamparem no corpo físico que somente a intervenção magnética consegue aliviar, até que os interessados se disponham à própria cura.[314]

O uso regular da água magnetizada, ou fluidificada, é medicamento espiritual de efeito curativo.

---

[314] XAVIER, Francisco C. *Nos domínios da mediunidade*. Cap. 12.

A água potável, ao ser magnetizada, passa por uma transformação invisível, portanto, imperceptível aos olhos do encarnado. Entretanto, sob a ação dos fluidos magnéticos, mobilizados pela associação entre a vontade do médium e do Espírito, sofre alteração em suas propriedades moleculares e torna-se medicamentosa. Assim transformada, agirá diretamente sobre as moléculas do perispírito que automaticamente atuará sobre o corpo físico, promovendo-lhe a cura.

A explicação de Kardec é esclarecedora:

> O Espírito atuante é o do magnetizador, quase sempre assistido por outro Espírito. Ele opera uma transmutação por meio do fluido magnético que, como atrás dissemos, é a substância que mais se aproxima da matéria cósmica ou elemento universal. Ora, desde que ele pode operar uma modificação nas propriedades da água, pode também produzir um fenômeno análogo com os fluidos do organismo, donde o efeito curativo da ação magnética, convenientemente dirigida. Sabe-se que papel capital desempenha a vontade em todos os fenômenos do magnetismo. Porém, como se há de explicar a ação material de tão sutil agente? A vontade não é um ser, uma substância qualquer; não é, sequer, uma propriedade da matéria mais etérea que exista. A vontade é atributo essencial do Espírito, isto é, do ser pensante. Com o auxílio dessa alavanca, ele atua sobre a matéria elementar e, por uma ação consecutiva, reage sobre seus compostos, cujas propriedades íntimas vêm assim a ficar transformadas.[315]

O Estudo da Doutrina Espírita, os passes, o culto do Evangelho proporcionarão à família do obsidiado os subsídios que vão colaborar com a cura de ambos, encarnado e desencarnado.

O recebimento de energias pelo passe é imprescindível ao tratamento. Por quê? O passe é uma transfusão de energias eletromagnéticas que visa à renovação fluídica do paciente. Essas energias atuam sobre as células físicas e espirituais, reorganizam as funções orgânicas, substituem os fluidos malsãos e proporcionam bem-estar, podendo, ainda, em certos casos, romper os liames que unem vítima e algoz, de acordo com o merecimento do doente. Por isso é auxiliar indispensável no tratamento das obsessões.

---

[315] KARDEC, Allan. *O livro dos médiuns*. Segunda parte, cap. VIII, it. 131.

Os passistas que atuam nas Casas Espíritas são, e devem ser, médiuns conscientes de sua responsabilidade, fervorosos e preparados para o trabalho que exercem. Dessa forma, ao exercitar o bem, estarão proporcionando um manancial de bênçãos, tanto para quem doa quanto para quem recebe.

Mesmer, enquanto encarnado, foi o responsável pelas pesquisas sobre a importância da magnetização para o equilíbrio e a cura do ser humano. Em Espírito, assim se dirigiu aos médiuns curadores:

> [...] ao empregarem sua faculdade, a prece, que é a vontade mais forte, seja sempre o seu guia, o seu ponto de apoio. Em toda a sua existência, o Cristo vos deu a mais irrecusável prova da vontade mais firme, mas era a vontade do bem e não a do orgulho. Quando por vezes dizia eu quero, a palavra estava cheia de unção; seus apóstolos, que o cercavam, sentiam abrir-se o coração a essa santa palavra. A doçura constante do Cristo, sua submissão à vontade do Pai, sua perfeita abnegação são os mais belos modelos da vontade que se possa propor para exemplo.[316]

Allan Kardec reconheceu, estudou e valorizou o emprego da magnetização:

> A existência de uma matéria elementar única está hoje quase geralmente admitida pela Ciência, e os Espíritos, como se acaba de ver, a confirmam. Todos os corpos da natureza nascem dessa matéria que, pelas transformações por que passa, também produz as diversas propriedades desses mesmos corpos. Daí vem que uma substância salutar pode, por efeito de simples modificação, tornar-se venenosa, fato de que a Química nos oferece numerosos exemplos. Toda gente sabe que, combinadas em certas proporções, duas substâncias inocentes podem dar origem a uma que seja deletéria. Uma parte de oxigênio e duas de hidrogênio, ambos inofensivos, formam a água. Juntai um átomo de oxigênio e tereis um líquido corrosivo. Sem mudança nenhuma das proporções, às vezes, a simples alteração no modo de agregação molecular basta para mudar as propriedades. Assim é que um corpo opaco pode tornar-se transparente e vice-versa. Pois que ao Espírito é possível tão grande ação sobre a matéria elementar, concebe-se que lhe seja dado não só formar

---

[316] KARDEC, Allan. *Revista Espírita*, janeiro de 1864.

substâncias, mas também modificar-lhes as propriedades, fazendo para isso a sua vontade o efeito de reativo.[317]

Dos muitos casos ocorridos com o médium Francisco Cândido Xavier, há um que ilustra a alteração da matéria por Espíritos inferiores: Chico, certa feita, visitou a residência de alguns conhecidos cuja vida era descuidada. Eles não se dedicavam à vigilância nem à prece. Ao entrar na residência, observou que havia sobre a mesa um lindo cacho de bananas-maçãs. Desejou ardentemente que lhe oferecessem uma. Mas logo o Chico se esqueceu. Prestes a se retirar, viu que dois Espíritos inferiores se dirigiram para as bananas, comeram-nas e saíram. Surpreso, recorreu a seu mentor espiritual Emmanuel, que lhe disse:

> — Isso acontece com as casas cujos moradores não oram nem vigiam. Agora, essas bananas, desvitaminadas, apenas farão mal aos que as comerem, em virtude de se acharem impregnadas de fluídos pesados... Têm razão os nossos irmãos protestantes quando oram às refeições, porque sabem, por intuição, que no ato simples da alimentação, no lar, reside a nossa defesa. [...][318]

É pela vontade ardente de ajudar, amparar e socorrer os semelhantes que os Espíritos encarnados e desencarnados se dedicam ao trabalho de passes, disponíveis em todas as Instituições Espíritas.

Em referência à obsessão que vitimou uma criança, parente da médium Yvonne Pereira, anteriormente relatado, o Espírito Charles prescreveu medicação apropriada ao sistema nervoso da criança e dirigiu-se à médium:

> Conheceis o remédio para tais desarmonias. Aplicai-o. Sim! O remédio único seria o trabalho de reeducação da menina à base do Evangelho, preces, paciência, vigilância, amor, disciplina rigorosa, sem concessões que redundassem em cumplicidade com caprichos prejudiciais, fraternidade e caridoso interesse para com os infelizes sedutores desencarnados. [...]

---

[317] KARDEC, Allan. *O livro dos médiuns*. Segunda parte, cap. VIII, it. 130.
[318] XAVIER, Francisco C.; GAMA, Ramiro. *Lindos casos de Chico Xavier*. Segunda parte, cap. "O Cacho de Bananas".

Passado o período de tratamento, Yvonne esclareceu: "Resta-nos acrescentar que a criança que deu motivo à presente lição se corrigiu das anormalidades apresentadas. E o que mais contribuiu para tão feliz desfecho foi o serviço de conselhos e preces a favor das entidades influenciadoras durante as fraternas e tão belas reuniões do culto do Evangelho no lar, que os espíritas há algum tempo tão amorosamente praticam, recordando os tempos apostólicos..."[319]

Allan Kardec estudou e acompanhou os mais dolorosos casos de obsessão. Em seu trabalho, o insigne pesquisador questionou os Espíritos:

Pode alguém por si mesmo afastar os maus Espíritos e libertar-se da dominação deles?

> Sempre é possível, a quem quer que seja, subtrair-se a um jugo, desde que com vontade firme o queira.
>
> Por que meio podemos neutralizar a influência dos maus Espíritos?
>
> Praticando o bem e pondo em Deus toda a vossa confiança, repelireis a influência dos Espíritos inferiores e aniquilareis o império que desejem ter sobre vós. Guardai-vos de atender às sugestões dos Espíritos que vos suscitam maus pensamentos, que sopram a discórdia entre vós outros e que vos insuflam as paixões más. Desconfiai, especialmente, dos que vos exaltam o orgulho, pois que esses vos assaltam pelo lado fraco. Essa a razão por que Jesus, na oração dominical, vos ensinou a dizer: Senhor! Não nos deixeis cair em tentação, mas livra-nos do mal.[320]

Em outro momento esclarece:

> Os meios de se combater a obsessão variam de acordo com o caráter que ela reveste. Não existe realmente perigo para o médium que se ache bem convencido de que está a haver-se com um Espírito mentiroso, como sucede na obsessão simples; esta não passa, então, para ele, de fato desagradável. [...] Duas coisas essenciais se têm que fazer nesse caso: provar ao Espírito que não está iludido por ele e que lhe é impossível enganar; depois, cansar-lhe a paciência, mostrando-se mais paciente que ele.

---

[319] PEREIRA, Yvonne A. *Devassando o invisível*. Cap. V.
[320] KARDEC, Allan. *O livro dos espíritos*. Q. 475 e 469.

Desde que se convença de que está a perder o tempo, retirar-se-á, como o fazem os importunos, a quem não se dá ouvidos.[321]

A vontade é um mecanismo individual que pode e deve ser monitorada com bom senso e prudência. Ao convidar seus discípulos à oração e à vigilância, Jesus fez um alerta para que a vontade se mantivesse dentro da disciplina estabelecida pelas Leis divinas. Pela vigilância o homem se cuida, controlando a vontade; pela prece ele recebe a inspiração da vontade divina. "O conhecimento do Espiritismo propicia recursos para a educação moral do indivíduo, ensejando-lhe a terapia preventiva contra as obsessões, assim também a cura salutar quando o processo já se encontra instaurado".[322]

Nas atividades dedicadas à desobsessão, o foco principal é a doutrinação do obsessor para que se interrompa o processo obsessivo, todavia não se pode esquecer a importância primordial de doutrinar também o Espírito do encarnado. É preciso, antes de tudo, conscientizá-lo da importância da sua vontade, do seu esforço em melhorar para que as portas se fechem aos Espíritos inferiores. Uma vez tratado e conscientizado, o obsessor se afasta, mas, se o obsidiado mantiver os mesmos hábitos infelizes e nada fizer para se modificar, certamente atrairá novas e sinistras parcerias.

Dr. Bezerra reitera:

> É, portanto, condição de cura dos obsidiados, além do tratamento das lesões orgânicas, que tenham dado entrada ao obsessor, à moralização do Espírito deles mesmos, e esta mais do que aquela. Não para, porém, aí o tratamento. Ao mesmo tempo em que se empregam aqueles dois meios, deve-se trabalhar com o mais amoroso empenho na moralização do Espírito obsessor, fazendo-o sentir a imensa responsabilidade que chama sobre si, calcando aos pés a lei do amor ao próximo e o sublime exemplo do perdão dado por Jesus do alto da cruz.[323]

As Associações Espíritas que desenvolvem trabalho de atendimento aos obsidiados dedicam-se também ao tratamento dos obsessores. Ali, em reuniões

---

[321] KARDEC, Allan. *O livro dos médiuns*. Segunda parte, cap. XXIII, it. 249.
[322] FRANCO, Divaldo P. *Loucura e obsessão*. "Introdução: Loucura e Obsessão".
[323] MENEZES, Dr. Bezerra de. *A loucura sob novo prisma*. Cap. III.

privativas, serão auxiliados por médiuns e doutrinadores experientes que disponham de valores morais para enfrentar o problema. Dedicar-se-ão, de maneira especial, tanto nos casos das obsessões que envolvem os alcoólatras, os toxicômanos, como nos demais casos em sua diversidade. O trabalho deve ser de conscientização, tanto do encarnado quanto do desencarnado. A evangelização deve ser o ponto principal do tratamento com o incentivo da transformação moral.

As Instituições Espíritas que se dedicam, ou que desejam oferecer esse tipo de tratamento, devem primar pelo estudo da doutrina e do Evangelho e pelo cuidado na seleção dos trabalhadores participantes. A discrição sobre os assuntos a serem tratados deve ser mantida sob o mais caridoso sigilo e respeito, lembrando sempre que os comentários negativos reverterão em detrimento dos próprios participantes e doentes. A falta de sigilo e de respeito pode trazer imensos prejuízos tanto para os doentes quanto para o próprio grupo, que perderá a confiança dos Espíritos envolvidos. E assim, fatalmente, abrirão brechas para a invasão de falanges que, de espreita, aguardam o momento aprazado para invadir a ambiência onde se realizam as atividades socorristas.

O maior cuidado é pouco. A bandeira de Jesus deve ser o símbolo do amor e do respeito, do silêncio e da prece não somente no coração, como também no recinto onde se desenvolvem as atividades.

A pressa é um outro fator de desequilíbrio. O participante deve abster-se de qualquer compromisso após as atividades, pois o horário inicial deve ser rigoroso, mas o término nem sempre ocorre no tempo fixado. Trata-se de um pronto-socorro espiritual em que os participantes podem ser surpreendidos em situações de emergência. Por isso a apreensão para que se termine dentro do horário previsto pode gerar desequilíbrios.

A mudança de comportamento, a fé, o perdão das ofensas, a elevação moral, o trabalho, o entrosamento em atividades de grupo, ao lado da terapia física, psíquica e espiritual são grandes recursos para a cura do obsidiado.

O Espírito José Grosso, pela psicografia de Francisco Cândido Xavier, deixa uma interessante receita para melhorar:

> Dez gramas de juízo na cabeça. Serenidade na mente.
>
> Equilíbrio nos raciocínios. Elevação nos sentimentos.
>
> Pureza nos olhos. Vigilância nos ouvidos.
>
> Lubrificante na cerviz. Interruptor na língua.

Amor no coração. Serviço útil e incessante nos braços.

Simplicidade no estômago. Boa direção nos pés.

Uso diário em temperatura de boa vontade.[324]

A cura da obsessão nem sempre ocorre de forma fácil e rápida, sendo necessário o empenho tanto da vítima quanto de seus familiares para se livrar da opressão obsessiva. A vítima, por sua vez, dificilmente persevera no tratamento, seja pela pressão exercida pelo Espírito invasor, seja por falta de fé, ou por falta de ânimo. Por isso a presença de familiares ou amigos para auxiliar é imprescindível. Explica o Espírito Philomeno de Miranda:

> A cura das obsessões conforme ocorre no caso da loucura é de difícil curso e nem sempre rápida, estando a depender de múltiplos fatores, especialmente, da renovação para melhor, do paciente, que deve envidar esforços máximos para granjear a simpatia daquele que o persegue, adquirindo mérito através da ação pelo bem desinteressado em favor do próximo, o que, em última análise, torna-se benefício pessoal.[325]

A caridade é instrumento eficiente para ser acrescentado ao tratamento das obsessões. Ao se propor veementemente à caridade moral, automaticamente, o discípulo de Jesus estará se predispondo à transformação moral, atitude imprescindível para criar uma barreira protetora contra as invasões mentais e abrir o coração à caridade material.

Embora confundida com a esmola ou com a filantropia, a caridade engloba todos os meios que se podem alcançar para auxiliar o próximo, independentemente de Religião, classe social, nacionalidade, raça, hierarquia, conforme propõem, nos excertos abaixo, os Espíritos da Codificação:

> A caridade moral consiste em se suportarem umas às outras as criaturas e é o que menos fazeis nesse mundo inferior, onde vos achais, por agora, encarnados. Grande mérito há, crede-me, em um homem saber calar-se, deixando que fale outro mais tolo do que ele. É um gênero de caridade isso.

---

[324] XAVIER, Francisco C.; GAMA, Ramiro. *Lindos casos de Chico Xavier*. Segunda parte, cap. "Receita para Melhorar".

[325] FRANCO, Divaldo P. *Loucura e obsessão*. "Introdução: Loucura e Obsessão".

> Saber ser surdo quando uma palavra zombeteira se escapa de uma boca habituada a escarnecer; não ver o sorriso de desdém com que vos recebem pessoas que, muitas vezes erradamente, se supõem acima de vós, quando na vida espírita, a única real, estão, não raro, muito abaixo, constitui merecimento, não do ponto de vista da humildade, mas do da caridade, porquanto não dar atenção ao mau proceder de outrem é caridade moral. Essa caridade, no entanto, não deve obstar à outra. [...] Várias maneiras há de se fazer a caridade que muitos dentre vós a confundem com a esmola. Diferença grande vai, no entanto, de uma para outra. A esmola, meus amigos, é algumas vezes útil, porque dá alívio aos pobres; mas é quase sempre humilhante, tanto para o que a dá como para o que a recebe. A caridade, ao contrário, liga o benfeitor ao beneficiado e se disfarça de tantos modos! Pode-se ser caridoso, mesmo com os parentes e com os amigos, sendo uns indulgentes para com os outros, perdoando-se mutuamente as fraquezas, cuidando não ferir o amor-próprio de ninguém. [...][326]

Num estudo esclarecedor sobre os possessos de Morzine, Kardec propõe as coordenadas capazes de vencer as influências obsessivas. Devido à sua importância, segue um amplo excerto:

> É possível que certas pessoas preferissem uma receita mais fácil para expulsar os maus Espíritos: algumas palavras a dizer, ou sinais a fazer, por exemplo, o que seria mais cômodo do que corrigir os próprios defeitos. Lamentamos bastante, mas não conhecemos processo mais eficaz para vencer um inimigo do que ser mais forte que ele. Quando estamos doentes, temos de nos resignar a tomar remédios, por mais amargos que sejam. Mas, também, quando tivemos a coragem de tomá-los, como nos sentimos bem e ficamos forte! Devemos, pois, persuadir-nos de que, para alcançar tal objetivo, não há palavras sacramentais, nem fórmulas, nem talismãs, nem sinais materiais quaisquer. Os maus Espíritos se riem e muitas vezes se deleitam em indicar alguns, cuidando sempre de dizer que são infalíveis, para melhor captar a confiança daqueles de que querem abusar, porque estes, então, confiantes na virtude do processo, entregam-se sem temor. Antes de esperar dominar o mau Espírito, é preciso

---

[326] KARDEC, Allan. *O evangelho segundo o espiritismo*. Cap. XIII, it. 9 e 14.

> dominar-se a si mesmo. De todos os meios para adquirir a força de o conseguir, o mais eficaz é a vontade, secundada pela prece, entendida a prece de coração e não de palavras, nas quais a boca participa mais que o pensamento. É necessário pedir a seu anjo da guarda e aos bons Espíritos que o assistam na luta. Mas não basta lhes pedir que expulsem o mau Espírito; é preciso lembrar-se da máxima: Ajuda-te, e o Céu te ajudará e, sobretudo, pedir-lhes a força que nos falta para vencer nossas más inclinações. Para nós, tais inclinações são piores que os maus Espíritos, pois são elas que os atraem, como a corrupção atrai as aves de rapina. Orando também pelo Espírito obsessor, estamos lhe retribuindo o mal com o bem e nos mostrando melhor que ele, o que já é uma superioridade. Com perseverança, na maioria dos casos, acabamos por conduzi-lo a melhores sentimentos e, de perseguidor que era, o transformamos num ser reconhecido. Em resumo, a prece fervorosa e os esforços sérios por se melhorar são os únicos meios de afastar os maus Espíritos, que reconhecem como senhores aqueles que praticam o bem, ao passo que as fórmulas os fazem rir. A cólera e a impaciência os excitam. É preciso cansá-los, mostrando mais paciência que eles.[327]

Nem toda invasão mental faculta a lucidez. As obsessões que se estabelecem por vingança são as mais ferrenhas. O obsessor age diretamente sobre o sistema nervoso central, provocando-lhe de imediato ou lentamente a confusão mental. Em tais circunstâncias, a vontade da vítima se anula. Entra então a dedicação dos familiares e de amigos.

> Acontece, porém, que, em alguns casos, a subjugação chega a ponto de paralisar a vontade do obsidiado, não se lhe podendo esperar nenhum concurso serio. É, principalmente, então, que a intervenção de um terceiro se torna necessária, seja pela prece, seja pela ação magnética. Mas o poder dessa intervenção também depende do ascendente moral que o interventor possa ter sobre os Espíritos, porquanto, se não valerem mais, sua ação será estéril. Nesse caso, a ação magnética terá por efeito penetrar o fluido do obsidiado por um fluido melhor e liberar o fluido do Espírito mau. Ao operar, deve o magnetizador [médium] ter o duplo objetivo de

---

[327] KARDEC, Allan. *Revista Espírita*, dezembro de 1862.

opor uma força moral a outra força moral e produzir sobre o paciente uma espécie de reação química, para nos servirmos de uma comparação material, expulsando um fluido por outro fluido. Por aí não só opera um desprendimento salutar, mas dá força aos órgãos enfraquecidos por uma longa e por vezes vigorosa opressão. [...][328]

Uma vez alcançada a cura, não significa que o paciente esteja livre de influências e possa, ilusoriamente, retornar às atividades inferiores e viciosas em que se aprazia. Os caminhos de passagem aos salteadores devem ser bloqueados para que não haja surpresas. A recaída, em qualquer circunstância, requer trabalho dobrado. Por outro lado, o débito existente entre obsidiado e obsessor continua perante as Leis divinas. O perdão deste não isenta aquele de suas dívidas. Cabe-lhe, portanto prosseguir no esforço constante pela transformação moral de acordo com a proposta de Jesus.

O Espírito Philomeno de Miranda faz elucidativa exposição, da qual segue pequeno excerto:

> Obsidiados existem que, logo que se recuperam da ação perniciosa que sofrem, voltam aos mesmos sítios de antes, atraídos pelo atavismo vicioso, não corrigindo as imperfeições morais que os assinalam, até que se tornam vítimas novamente, se não dos antigos adversários, mas de outros Espíritos levianos e mesquinhos, que neles encontram campo apropriado para vampirizações mentais e despautérios de outras expressões degradantes.[329]

Num outro momento, o autor espiritual conclui:

> Nada obstante, embora livre do cobrador, não está exonerado de realizar a própria reabilitação. [...] O alívio que experimenta não significa liquidação dos compromissos negativos, antes, uma trégua, a fim de que reúna forças e valor para prosseguimento na batalha de autoaprimoramento moral, indispensável à existência feliz. [...] A transformação espiritual do agente em nada modifica a estrutura íntima do paciente que se encontra comprometido com as Leis Soberanas da Vida, necessitando, portanto,

---

[328] KARDEC, Allan. *Revista Espírita*, dezembro 1862.
[329] FRANCO, Divaldo P. *Reencontro com a vida*. Primeira parte, cap. 5.

de realizar a própria reabilitação. [...] Eis por que se lhe faz imprescindível o esforço pessoal pela transformação de conduta, pela renovação dos sentimentos, pelo aprimoramento da vontade e ação bem direcionada para o bem. A cura das obsessões é delicado capítulo das terapêuticas emocionais que exige cuidados contínuos e vigilância prolongada...[330]

Do trabalho exaustivo e incansável do codificador, da experiência do Dr. Bezerra de Menezes e de Philomeno de Miranda, da dedicação amorosa dos Espíritos pelos semelhantes e do devotamento destes ao tratamento da obsessão, observa-se a importância imprescindível da vigilância e da prece recomendadas por Jesus. E em uníssono com o divino Mestre, reafirmam a importância da transformação moral do paciente e do auxílio empreendido em benefício do obsessor. Lei de amor e de perdão a dissolver barreiras que entravam a jornada evolutiva do Espírito.

Para que se efetive a transformação moral do paciente, é necessário o incentivo da família, mas, sobretudo, que ele se empenhe com fé a iluminar as sombras da alma.

---

[330] FRANCO, Divaldo P. *Reencontro com a vida*. Segunda parte, cap. 6.

24

Depoimento de Frida

> Agradecer não será tão somente problema de palavras brilhantes; é sentir a grandeza dos gestos, a luz dos benefícios, a generosidade da confiança e corresponder, espontaneamente, estendendo aos outros os tesouros da vida.[331]

Encontrei Frida nas proximidades de um Centro Espírita. Não a reconheci de imediato, estava tão mudada, alegre, rejuvenescida!

Ela veio a meu encontro, abraçou-me e então me lembrei daquela mulher batalhadora. Em poucas palavras, ela me colocou a par de suas vicissitudes. E ao finalizar não se esqueceu de acrescentar:

— Graças a Deus, hoje eu sou feliz!

— Frida, estou surpresa! Gostaria de conversar um pouco mais com você! Estaria disposta a fazer um depoimento resumido de sua vida? Eu gostaria de incluí-lo num livro que está em fase final.

— Com muito gosto! Imagina a minha história em um livro!

— Pois é. Só que seria melhor o uso de nomes fictícios para que a sua intimidade não se torne pública.

— É, isso é. Meus filhos não gostariam...

Foi assim que surgiu o seu depoimento.

Frida, com apenas 25 anos, mãe de quatro filhos, foi abandonada pelo marido. Conseguiu criá-los e dar-lhes estudo vendendo salgadinhos de porta em porta e fazendo pequenos consertos em roupas e uniformes.

---

[331] XAVIER, Francisco C, *Pão nosso*. Cap. 163.

O sofrimento maior veio no entardecer da vida. Um de seus filhos tombou sob o vício da bebida.

Cansada de sofrer e depois de muito relutar, aceitou o convite de uma amiga para encaminhar o filho alcoólatra para tratamento numa Instituição Espírita.

Nesse dia, abriram-se as portas para a sua libertação moral.

— Diga-me seu nome e de seus filhos.

— Meu nome é Frida J. C., tenho três filhos homens, Leo, Tiago, Fred, e uma filha mulher, Myrna. [nomes fictícios]

— Qual sua idade hoje?

— Tenho 49 anos, mas pareço bem mais velha, não é?

— Não, Frida, pelo contrário, você está muito bem.

— Desde quando você frequenta este Lar Espírita? E como soube do tratamento que é oferecido por esta Instituição?

— Ah! já deve fazer uns cinco anos. Eu sempre passei aqui em frente. É caminho para minha casa. Algumas pessoas que vêm aqui são minhas freguesas e sempre souberam da minha dificuldade para criar meus filhos, mas, como meu marido era muito rigoroso, não deixava nem falar do assunto em casa. Para ele, Espiritismo era proibido. Depois, ele foi embora. Eu, cheia de medo, preparava as crianças para passar longe do prédio, falava para elas que era mal-assombrado. Eu tinha muito medo. Para mim, era pecado. Eu não imaginava que aqui todos trabalham no bem. Nem sabia que Jesus está sempre presente onde há caridade. Agora eu sei que é um trabalho sério e até me arrependo de não ter me achegado antes.

— É, há sempre tempo para enfrentar a verdade! Mas diga-me, como foi que você conseguiu se aproximar?

— Ah! foi a dor! O sofrimento ensina muitas coisas.

— Realmente ensina. Conta-nos, então, a sua história. Ela vai servir para auxiliar outras mães, outras famílias que vivenciam dramas semelhantes.

— Eu era muito feliz com meu esposo. A gente era pobre, mas trabalhadeira. Ele também era. Mas o salário nunca sobrava para o fim do mês. Economizava daqui, tirava dali, comprava fiado e a vida continuava. Eu era empregada doméstica. A minha patroa me ensinou muita coisa. O que sei hoje, eu devo a ela. Então, eu completava o salário com salgadinhos que vendia para a vizinhança. Vieram os filhos. Primeiro o Leonardo, nome do pai. Aí as coisas foram ficando mais difíceis: eu tive que sair do meu emprego para cuidar dele. Era uma criança muito doente. Eu vivia com ele no Postinho. Ali, médicos e enfermeiros já eram meus conhecidos. No ano seguinte, chegou Tiago. Esse, felizmente, tinha mais saúde. Apesar das dificuldades, as crianças faziam a alegria da casa. As coisas melhoraram um pouco depois que Leonardo arrumou um emprego melhor. A gente já não passava necessidade.

"Depois chegaram Fred e Myrna, eles são gêmeos. Com a chegada dos dois, a vida mudou. Leonardo ficou ranzinza. Vivia a reclamar da comida e do choro das crianças. Dizia que dormia mal, por isso não parava em casa. Chegava muito tarde, saía muito cedo. De repente, começou a dormir fora. Um dia, ele não retornou. Pouco depois, recebi uma carta dele dizendo que estava cansado de mim, das crianças e ia viver uma nova vida ao lado de outra.

"Foi um choque enorme. O que eu podia fazer com quatro crianças pequenas? Sofri muito, mas não me entreguei à dor, fui à luta. Procurei a antiga patroa que era boa para mim. Coloquei Leo e Tiago na escola e os gêmeos foram para uma creche. Voltei a trabalhar. Nas horas vagas, eu voltei a vender salgadinhos e ainda fazia pequenos consertos de roupas enquanto as crianças dormiam. Deus me ajudou muito, sempre ganhava alguma coisa que completava as despesas do mês.

"As crianças cresceram. Leonardo nunca mais voltou. Mas agora não faz mais falta. Os filhos deram muito trabalho, mas consegui dar a todos eles uma profissão. Três se casaram, são felizes, graças a Deus. Foram eles que me deram apoio nos momentos mais difíceis de minha vida; foi quando Fred se desencaminhou. Desde pequeno tinha tendências para a bebida. Eu só percebi depois de moço, quando perdeu o emprego porque chegou embriagado na firma. Daí em diante foi uma via sacra, não parava em emprego nenhum. Bebia que só vendo! Dava dó! Foi pior quando se uniu a uma turma bulhenta. Bebiam, bebiam e saíam pelas ruas derrubando tudo que encontravam pela frente, sem contar as vidraças e árvores que quebravam. Era reclamação de todo lado. Eu não podia fazer nada. Em casa quebrava o pouco que eu tinha conquistado. Um dia, foi inevitável, ele foi parar na cadeia. Não havia mais o que fazer. Foi nesse momento que tomei a decisão mais acertada da minha vida: entrei decidida pelas portas desta Instituição que me acolheu com carinho.

"No início, ele não vinha. Ele não aceitava qualquer tratamento. Ele se rebelava a qualquer conselho. Mas eu vinha. Todos os dias de tratamento eu estava aqui. Abri meu coração a Jesus, confiei que um dia ele haveria de aceitar. Eu sempre convidava. Foi na noite de Natal que consegui a graça. Convidei meu filho para participar da festa preparada pelos atendidos. Quando ele aceitou, eu vi que não estava só. Os Espíritos, naquele convite, me enviavam uma mensagem. E que mensagem! Daquele dia em diante ele começou a vir comigo.

Teve algumas recaídas, afinal não é fácil. Mas, hoje, ele está reabilitado. E mais que isso, é um filho bom. Tem um bom emprego. E está se preparando para o casamento. A jovem é também assistida da Instituição. Ela recuperou-se das drogas. E agora é trabalhadora do bem.

— Frida, Jesus te abençoe! Tenho certeza de que esse depoimento tocará os corações sofridos e batalhadores como o seu.

25

Epílogo

> Se tiveres amor, caminharás no mundo como alguém que transformou o próprio coração em chama divina a dissipar as trevas...[332]

Verão, 2008. Aragem agradável invade suavemente a varanda. As folhas do livro, superpostas sobre a mesa, aguardam as últimas revisões e, em atitude determinada, movimentam-se ao toque da brisa e, num relance de aceitação, retornam à posição inicial. Observo as folhas plenas de conteúdo:

— Que sejam portadoras de paz e conhecimento...!

O telefone soa...

— Alô!

— Merci, é você?

— Sim, quem fala?

— Marta. Meu nome é Marta, estou ligando porque minha prima deu-me o seu telefone. Ela acha que você pode me ajudar. Você a conhece. É a Julice, lembra-se?

— Sim, lembro-me. Pode falar, minha filha. O que está acontecendo?

— Merci, eu estou esperando um filho. O meu marido não quer de forma alguma que eu tenha o bebê, ele quer que eu pratique o aborto, estou desesperada.

— Você não acha melhor conversarmos lá na Casa Espírita, onde o ambiente conta com a assistência dos Espíritos superiores? É um local mais apropriado.

---

[332] XAVIER, Francisco C. *Religião dos espíritos*. Cap. "Se tiveres amor".

— Não é possível, trabalho à noite numa fábrica de bebidas. Se faltar, posso perder o emprego. O meu caso é urgente, ele me colocou na parede: ou ele ou o bebê.

— Não entendo, Marta, se vocês são casados, por que essa atitude?

— Ele tem medo de sofrer novamente. O que é que eu faço?

— Marta, calma, não precisa chorar. Calma! Você tem Religião?

— Sou católica, mas minha prima é espírita e tem me ajudado, mas não sei o que faço. Eu amo meu marido, mas amo também essa criança que está por vir, eu sempre sonhei ter outro filho, não posso fazer o que ele quer.

— Por que ele age assim, Marta?

— O nosso primeiro filho foi muito querido, mas morreu num acidente. Deixou muitos traumas. Ele não quer outro, tem medo que tudo se repita. Se eu insistir, ele vai me deixar.

— Você sabe, o aborto é um crime!! Pense bem! Se seu marido colocou-a na contingência de escolher entre ele e o filho, como você pode confiar? Se ele não tem respeito pela vida do próprio filho, que é seu sangue, teria por você? Mais cedo ou mais tarde ele vai deixá-la, com ou sem o filho. Pense bem! Esqueça essa ideia de aborto. Uma vez praticado, você não terá mais sossego, o remorso vai lhe tirar o sono, a consciência pesada estará sempre a acusá-la... Além do mais, o Espiritinho reencarnante pode ser uma pessoa muito querida. E se ele não a perdoar? Não lhe dará tréguas. Pensou nisso?

Lembre-se: *Não matarás*! É Lei divina. Mantenha-se firme, ore com fé e coloque a criança acima de tudo. O mais, Jesus lhe proverá.

— Merci, eu tenho tido muitos pesadelos, mas, na semana passada, tive uma visão muito bonita. E é isso que está me deixando ainda mais angustiada. Até hoje ainda sinto estar vivendo o acontecido. Posso contar?

— Sim, naturalmente.

— Eu estava num lugar muito bonito, era uma praia cheia de coqueiros. Uma freira de meia idade se aproximou e perguntou-me se poderia me ajudar. Sem saber o porquê, eu disse que sim. Então, ela, que aparentava uns 30 anos, fisionomia suave, me falou:

— Marta, não faça o que você está pensando fazer, não deixe que dominem a sua vontade. A criança que você espera já foi seu filhinho e está vinculado à sua família. Você adquiriu com esse Espírito um compromisso muito grande no passado. Deixe-o nascer, ame-o, é a sua esperança de ser feliz. Só o Amor é capaz de unir vocês. Ela me acompanhou por algum tempo e me deixou à beira de um caminho todo florido. Foi tão bom! Eu me senti em paz o dia todo, como se uma coisa muito boa tivesse me acontecido.

"Mais tarde, Lúcio, meu marido, chegou e começou a chorar, dizia que não quer mais passar pela dor de perder um filho criado, que o castigo foi muito pesado. O tempo está acabando, ou eu faço o que ele quer ou vai embora. Eu sei que ele vai. A empresa em que trabalha tem filial em outro país. Vai ser fácil ele me abandonar! Ele diz que me ama, mas tem medo de ser pai novamente. Ele não suportaria outra tragédia.

"Eu não aguento mais, ele perturba os meus dias. Fui para o trabalho sem saber o que fazer, não conseguia me concentrar. Uns amigos dizem para eu fazer o que ele quer, para o bem da minha felicidade, outros acham que não devo. Eu me sinto como se estivesse em meio a um tiroteio. Meus sonhos são povoados de pesadelos. Por isso estou lhe pedindo ajuda, sei que você tem orientado muita gente..."

[choro convulsivo]

— Calma, Marta, mantenha a calma para que tenha lucidez ao agir. O meu trabalho é em nome de Jesus, e só Ele pode ajudá-la, mas é preciso que você também se ajude. Você tem *O evangelho segundo o espiritismo*?

— Tenho, Julice tem feito o culto junto comigo. Ela me explica algumas coisas, mas eu não consigo me concentrar.

— Procure manter a calma. Quando se sentir acuada e pensar no aborto, faça uma prece sincera, fervorosa, pense no semblante doce e meigo de Jesus, leia a lição do sexto capítulo, é "O Cristo Consolador". Mas leia com atenção, pense em Jesus e procure sentir a lição. Aos poucos você vai se acalmando e conseguirá agir com lucidez.

— Os meus pesadelos são sempre os mesmos. Você vai entender por que estou tão assustada, é apavorante. Sempre que durmo, vejo do meu lado, bem próximo, uma velha, toda enrugada, nariz pontudo, os dentes maiores que a boca igual às feiticeiras de histórias infantis. Sua fisionomia é aterradora, seus olhos, fixos nos meus, repetem sempre:

— Não adianta, você vai cair em minhas mãos. Você não vai me escapar. Você foi culpada pelo que eu fiz. Você roubou o meu filho, agora é a vez de eu me vingar.

"Fujo apavorada, mas ela corre atrás de mim a gargalhar. Eu não sei como escapar, corro, corro... Quando acordo, sinto o coração acelerado, a alma em frangalhos. Tenho medo de adormecer. O que quer dizer tudo isso? Como o meu bebê pode ser filho daquela bruxa? Eu preciso de uma explicação, por favor!"

— Marta, vou lhe explicar em poucas palavras. Por telefone fica muito difícil, mas vou tentar. Preste atenção: durante o sono, o nosso Espírito se afasta enquanto o corpo fica em repouso, embora permaneça a ele ligado por fios eletromagnéticos. Por isso é importante orar com muita fé antes de dormir. Nesses momentos, o Espírito guardião ou amigos espirituais, desta ou de outras existências, se aproximam para nos acompanhar, ajudar, aconselhar, prevenir. É possível que a freira seja um Espírito bom que esteja trabalhando para salvá-la do aborto delituoso. Sim, o aborto é um crime, uma violência contra um ser indefeso. Ao praticá-lo, você estará se comprometendo gravemente com as Leis divinas. Sem contar que estará, também, pondo a sua vida em risco.

— Eu sei, eu sei. Eu não quero abortar. É ele, é ele, não me dá sossego, me ajude, por favor. E a velha, por que não consigo tirá-la da minha cabeça? Por favor, me ajude, me ajude!

— Sim, eu posso te ajudar com preces, com esclarecimentos, mas só você pode se ajudar. Ore com fé, com sinceridade, faça a leitura atenta do Evangelho, peça que sua prima a acompanhe e faça esforço para tirar da mente a lembrança desse pesadelo. Substitua essa imagem ruim por imagens agradáveis. Não deixe que essa lembrança predomine, substitua por outras lembranças boas, leia as parábolas de Jesus e outras leituras edificantes. Assuma com coragem essa criança e tome uma decisão definitiva e acertada. Você já sabe qual é o caminho certo, escolha-o sem medo. Peça força e coragem a Jesus. Ele é o médico de nossas almas. Se você deseja ser auxiliada, Ele a auxiliará. Se for obrigada a escolher com quem ficar, que sua escolha recaia sobre o bebê, é a escolha correta, você não terá jamais do que se arrepender. Além do mais, com o tempo, seu esposo pode refletir melhor e retornar ao lado dos entes que ama.

"Quanto à velha, não se preocupe, quando um Espírito infeliz se aproxima para ameaçar, amedrontar, é porque sabe que vai perder, então se apega à última oportunidade. É um ser necessitado, precisa de auxílio. Ore também por ela e esqueça-a. Não deixe que essa lembrança predomine para que os fios do pensamento não estabeleçam qualquer ligação mental. Os sonhos maus não merecem atenção."

Nesse dado momento, veio-me à lembrança uma comunicação recebida dias antes, durante os trabalhos desobsessivos da Casa Espírita que frequento. Um Espírito muito emocionado aproximou-se e, por meio do médium, disse:

— Por favor, em nome de Jesus, eu vim pedir a ajuda de vocês, eu não estou aqui por minha causa, e sim por minha filha. Ela está em vias de cometer uma loucura. Ela se casou muito jovem, o seu primeiro filhinho morreu antes de chegar aos sete anos, estava comigo. Agora ela está esperando outro filho, e o marido, por medo de sofrer novamente, não quer que ela tenha o bebê. Ele quer que ela aborte antes de conhecer a criança. Ele está tão perturbado com isso que a está deixando enlouquecida. É por eles que estou aqui, para pedir ajuda. Essa criança foi meu neto, desencarnou comigo num acidente de moto. Eu estou bem, mas ele precisa reencarnar agora. Por favor, façam alguma coisa. Não deixem que ela leve a termo o aborto.

Perguntou o doutrinador:

— Você não têm condições de ajudá-la?

— Eu não, mas já recorri a amigos espirituais, mas ela não os ouve.

— Você já recorreu a Jesus?

— Sim, por isso vim aqui.

— E você está muito emocionado, não precisa de ajuda?

— Não, acredite, estou bem. É apenas emoção por estar aqui.

— E seus amigos espirituais não podem dar-lhe a assistência necessária?

— Sim, estão me ajudando, mas é preciso que vocês também ajudem.

— E como devemos ajudar?

— Vocês saberão no momento certo.

— Deus o abençoe!

— Jesus os favoreça!

Não foi dito mais nada, nem o nome nem como ajudar. Terminado o trabalho, se fez uma prece final em benefício de todos os Espíritos comunicantes. Mais tarde, aquele pedido de ajuda caiu no esquecimento.

Enquanto Marta chorava do outro lado da linha, esse diálogo se refez nitidamente em minha memória. Então, para ter certeza, perguntei-lhe:

— Marta, você tem outros filhos?

— Não!

— E seu pai?

— Ele desencarnou junto com meu filho. Foi num acidente de moto.

— Marta, estou lhe fazendo essa pergunta porque, dias atrás, em nossa reunião de desobsessão, uma entidade se comunicou pedindo ajuda para a filha que estava em vias de abortar.

Em virtude da circunstância excepcional, falei-lhe sobre o diálogo entre a entidade e o doutrinador, do filhinho em vias de reencarne. Antes que terminasse a explicação, ela já se encontrava mergulhada em lágrimas e com a voz entrecortada pela emoção:

— É ele, é ele, o meu filhinho, só pode ser ele, tenho certeza. Ele me visitou em sonho algum tempo depois que morreu, papai estava junto. Ele me trouxe muito consolo. Sempre aparecia com um ramalhete de flores perfumadas que estendia para mim. É ele, tenho certeza. Agora eu sei que terei mais forças para vencer. Eu sei que não estou sozinha. Ele vai me ajudar, eu sei, eu sei... O meu filhinho, então é ele que está voltando!

Pressenti que, do outro lado da linha, ela enxugava as lágrimas... e, mais serena e confiante, afirmou:

— Eu não vou abortar, não vou. Pode acreditar!

Desliguei o telefone após os seus agradecimentos e meditei sobre o trabalho incansável dos amigos espirituais, o quanto somos amados pelos imortais. A entidade sabia, ao se comunicar, o que estava fazendo e, certamente, com seus amigos espirituais, conseguiram intuí-la para procurar ajuda por meio de uma prima que sabia o meu telefone. Ele sabia que seu pedido de ajuda chegaria até ela. E chegou!

Olhei para os originais deste livro, cujas folhas continuavam a bailar sobre a mesa. E sem qualquer sombra de dúvidas, reorganizei a mente e reconstruí esse diálogo. O que seria da humanidade sem a retaguarda de Amor construída por Jesus?! Não dá para imaginar em amplitude o quanto os Espíritos do bem trabalham em benefício dos semelhantes.

Inverno de 2008.

Acabara de acordar! Abri a janela e observei o céu coberto de nuvens escuras que deslizavam mansamente pelo firmamento, prenunciando chuva e frio. Algumas gotas esparsas a tombar sobre o calçamento prenderam minha atenção: Uma..., duas..., dez..., vinte...

Não deu mais para contar... A chuva torrencial deixa n'alma sensação de tristeza...

O telefone soa!!!

— Alô!

— Merci, é você?

— Sim! Quem fala?

Identifico a voz que esmaece entre soluços:

— Sou eu, Marta. Lembra-se de mim?

— Sim, Marta. Como vai?

— Merci, não tive forças. Acabei fazendo a besteira... Quase me custou a vida. Mas, antes fosse!

— Você está me ouvindo?

— Sim, Marta, pode falar!

— Pois é! Estou envergonhada. Mergulhei numa terrível depressão. Antes tivesse ouvido você! Minha alma está ferida. Minha vida se transformou em um inferno! Não consigo dormir. É só encostar a cabeça no travesseiro e começo a ouvir o choro do bebê. Outras vezes sinto que ele reclama: "Mamãe, por que você fez isso comigo? Eu que te amo tanto. Eu que estava retornando para te alegrar!" Então eu choro, choro, até não poder mais. Quando consigo dormir, acordo aos sobressaltos. Ouço a voz daquela velha que gargalha e repete sem parar: "Assassina, assassina! Estou vingada. Roubei-lhe o filho e te joguei na lama. Chora, infeliz, da mesma forma que chorei quando você fez o mesmo comigo".

Estou cansada, envelhecida, amargurada. Ninguém quer me ouvir. Diz que é sentimento de culpa. Então começo a me questionar: por que fiz isso, por quê? Meu marido procura me confortar e justifica que foi melhor assim, pior se nós o perdêssemos novamente depois de aprender a amá-lo. Ele não entende, não entende...

— Calma, Marta! O desespero não soluciona problema algum, só serve para piorar as coisas. Calma, não chore! Lembre-se de Jesus ante os sofredores: *Vá e não peques mais*! Já que não há retorno, procure esquecer, coloque uma pedra sobre o passado e olhe para o futuro. Siga adiante com o firme propósito de não mais repetir o erro. Ore, tenha fé em Deus.

— Como vou orar? Eu? Não, não há perdão para mim. Tanta gente tentou abrir meus olhos. Você esclareceu tantas coisas. Eu fiquei cega, cega por um homem que me jogou no precipício e agora não consigo amá-lo. Pelo contrário, sinto raiva, muita raiva. Toda vez que se aproxima para me confortar, eu sinto desprezo por ele. Como eu fui louca!

— Calma! Lembre-se de que Deus é Pai, é Misericórdia. Jesus é o caminho abençoado. Ele ensinou seus discípulos a perdoar indefinidamente. Por que não a perdoaria? Ore com fervor se quiser sair dessa aflição. Jesus acolhe a todos de braços abertos. Não se esqueça disso. Erga o olhar para Ele e certamente lhe dirá: *Vá e não peques mais*!

— Eu vou tentar, mas é tão difícil, o sentimento de culpa me atordoa, me persegue, para onde quer que eu vá. Ore por mim. Ponha o meu nome na vibração.

— Sim, Marta! Pode contar com minhas preces, mas não se esqueça de que você deve orar e confiar. Ore também pelo Espírito que a escolheu como mãe. Peça-lhe perdão. Certamente, um dia Deus permitirá que você quite os débitos contraídos contra a lei da vida. Auxilie outras mães que também se deixaram envolver pela obsessão. Você conseguirá, tenha fé!

— Merci, obrigado por ter me atendido. Você não me condenou.

— Não, Marta! Quem sou eu para te condenar? Recorda: nem Jesus ante a pecadora a condenou!

— Merci, eu vou me esforçar, acredite. Quando eu tiver coragem, eu vou te procurar. Quero conhecer o Espiritismo. Agora não. Abraços!...

— Deus ilumine o seu caminho!

Desliguei o telefone. Olhei pela janela. Lá fora chovia torrencialmente, mas não tanto quanto em minha alma!

Que pena! Elevei o pensamento ao Médico de nossas almas, que tudo vê e perdoa.

Marta! Marta! Escolheste o caminho mais doloroso!

A AUTORA

Referências

Bíblia sagrada. 2. ed. Centro Bíblico Católico de São Paulo: Ave Maria, 1959.

Bíblia sagrada. Trad. João Ferreira de Almeida. Rio de Janeiro: Sociedade Bíblica do Brasil, 1988.

BORGES, A. Merci Spada. *Doutrina espírita no tempo e no espaço:* 800 verbetes especializados. São Paulo: Panorama, 2000.

BURNIE, David. *Dicionário escolar do corpo humano*. Trad. Helena Rasgado Dias Perdigão. Itália: Civilização, 1996.

CAMPETTI SOBRINHO, Geraldo. (coord.) *O Espiritismo de A a Z*. 4. ed. Rio de Janeiro: FEB, 2012.

DENIS, Léon. *Depois da morte*. 28. ed. Brasília: FEB, 2013.

_____. *O grande enigma*. 6. ed. Rio de Janeiro: FEB, 1980.

_____. *No invisível*. 1. edição especial, Rio de Janeiro: FEB, 2010.

_____. *Problema do ser, do destino e da dor*. 32. ed. Brasília: FEB, 2013.

FERREIRA, Inácio. *Novos rumos à medicina*. São Paulo: FEESP, 1993. Cap. I.

_____. *Novos rumos à medicina*. 2. ed. São Paulo: FEESP, 1995. Cap. II.

FRANCO, Divaldo P. *Após a tempestade*. Pelo Espírito Joanna de Angelis. 3. ed. Salvador: Alvorada, 1985.

_____. *Loucura e obsessão*. Pelo Espírito Manoel Philomeno de Miranda. 12. ed. Brasília: FEB, 2013.

_____. *Nas fronteiras da loucura*. Pelo Espírito Manoel Philomeno de Miranda. Salvador: Alvorada, 1982.

_____. *Nos bastidores da obsessão*. Pelo Espírito Manoel Philomeno de Miranda. 2. ed. Rio de Janeiro: FEB, 2011.

_____. *Painéis da obsessão*. Pelo Espírito Manoel Philomeno de Miranda. Salvador: Alvorada, 1984.

_____. *Reencontro com a vida*. Pelo Espírito Manoel Philomeno de Miranda. Salvador: Alvorada, 2006.

_____. *Trigo de Deus*. Pelo Espírito Joanna de Angelis. Salvador: Alvorada, 1993.

KARDEC, Allan. *O céu e o inferno:* a justiça divina segundo o Espiritismo. Trad. Manoel Justiniano Quintão. 61. ed. Brasília: FEB, 2013.

_____. *O evangelho segundo o espiritismo*. Trad. Guillon Ribeiro. 4. ed. Rio de Janeiro: FEB, 2008.

_____. *A gênese*. Trad. Guillon Ribeiro. 53. ed. Brasília: FEB, 2013.

_____. *O livro dos espíritos*. Trad. Guillon Ribeiro. 81. ed. Brasília: FEB, 2013.

_____. *O livro dos médiuns*. Trad. Guillon Ribeiro. 81. ed. Brasília: FEB, 2013.

_____. *Obras póstumas*. Trad. Evandro Noleto Bezerra. Rio de Janeiro: FEB, 2009.

_____. *Revista espírita* 1858 . Trad. Evandro Noleto Bezerra. Disponível em: <http://www.febnet.org.br>. Acesso em 27 nov. 2011.

_____. *Revista espírita* 1861. Trad. Evandro Noleto Bezerra. Disponível em: <http://www.febnet.org.br>. Acesso em 27 nov. 20011.

_____. *Revista espírita* 1862. Trad. Evandro Noleto Bezerra. 3. ed. Rio de Janeiro: FEB, 2009.

_____. *Revista espírita* 1863. Trad. Evandro Noleto Bezerra. 3. ed. Rio de Janeiro: FEB. 2009.

_____. *Revista espírita* 1864. Trad. Evandro Noleto Bezerra. 3. ed. Rio de Janeiro: FEB, 2009.

_____. *Revista espírita* 1865. Trad. Evandro Noleto Bezerra. 3. ed. Rio de Janeiro: FEB, 2009.

_____. *Revista espírita* 1866. Trad. Evandro Noleto Bezerra. 2. ed. Rio de Janeiro: FEB, 2009.

_____. *Revista espírita* 1868. Trad. Evandro Noleto Bezerra. 2. ed. Rio de Janeiro: FEB, 2010.

_____. *Revista espírita* 1869. Trad. Evandro Noleto Bezerra. 2. ed. Rio de Janeiro: FEB, 2005.

MENEZES, Dr. Bezerra de. *A loucura sob novo prisma*. Brasília: FEB, 2010.

NICOLELIS, Miguel. *Revista Mente & Cérebro*. "Vivendo com fantasmas". São Paulo: Ediouro, 12. edição especial.

PEREIRA, Yvonne A. *Devassando o invisível*. 15. ed. Brasília: FEB, 2010.

PIRES, HERCULANO. *Mediunidade: vida e comunicação*. 2. ed. São Paulo: Edicel, 1979.

XAVIER, Francisco C. *Agenda cristã*. Pelo Espírito André Luiz. 45. ed. Brasília: FEB, 2012.

_____. *Ação e reação*. Pelo Espírito André Luiz. 30. ed. Brasília: FEB, 2013.

_____. *A caminho da luz*. Pelo Espírito Emmanuel. 38. ed. Brasília: FEB, 2013.

_____. *O consolador*. Pelo Espírito Emmanuel. 29. ed. Brasília: FEB, 2013.

_____. *Emmanuel*. Pelo Espírito Emmanuel. 28. ed. Basília: FEB, 2013.

_____. VIEIRA, Waldo. *Evolução em dois mundos*. Pelo Espírito André Luiz. 27. ed. Brasília: FEB, 2013.

_____. *E a vida continua...* Pelo Espírito André Luiz. 33. ed. Rio de Janeiro: FEB, 2011.

_____. *Justiça divina*. Pelo Espírito Emmanuel. 14. ed. Brasília FEB, 2013.

_____. *Libertação*. Pelo Espírito André Luiz. 33. ed. Brasília: FEB, 2013.

_____. GAMA, Ramiro. *Lindos casos de Chico Xavier*. 11. ed. São Paulo: LAKE, 1978.

_____. *Os mensageiros*. Pelo Espírito André Luiz. 47. ed. Brasília: FEB, 2013.

_____. *Missionários da luz*. Pelo Espírito André Luiz. 45. ed. Brasília: FEB, 2013.

_____.VIEIRA, Waldo. *Mecanismos da mediunidade*. Pelo Espírito André Luiz. 28. ed. Brasília: FEB, 2013.

_____. *Nos domínios da mediunidade*. Pelo Espírito André Luiz. 35. ed. Rio de Janeiro: FEB, 2010.

_____. *Nosso Lar*. Pelo Espírito André Luiz. 63. ed. Rio de Janeiro: FEB, 2010.

_____. *No mundo maior*. Pelo Espírito André Luiz. 28. ed. Brasília: FEB, 2013.

_____. *Pão nosso*. Pelo Espírito Emmanuel. 1. ed. Brasília: FEB, 2013.

_____. *Pensamento e vida*. Pelo Espírito Emmanuel. 19. ed. Brasília: FEB, 2013.

_____. *Religião dos espíritos*. Pelo Espírito Emmanuel. 22. ed. Brasília: FEB, 2013.

_____. *Seara dos médiuns*. Pelo Espírito Emmanuel. 20. ed. Brasília: FEB, 2013.

_____. *Sexo e destino*. Pelo Espírito André Luiz. 34. ed. Brasília: FEB, 2013.

O que é Espiritismo?

O ESPIRITISMO É UM CONJUNTO DE PRINCÍPIOS E LEIS *reveladas por Espíritos superiores ao educador francês Allan Kardec, que compilou o material em cinco obras que ficariam conhecidas posteriormente como a Codificação: O livro dos espíritos, O livro dos médiuns, O evangelho segundo o espiritismo, O céu e o inferno e A gênese.*

Como uma nova ciência, o Espiritismo veio apresentar à humanidade, com provas indiscutíveis, a existência e a natureza do mundo espiritual, além de suas relações com o mundo físico. A partir dessas evidências, o mundo espiritual deixa de ser algo sobrenatural e passa a ser considerado como inesgotável força da natureza, fonte viva de inúmeros fenômenos até hoje incompreendidos e, por esse motivo, creditados como fantasiosos e extraordinários.

Jesus Cristo ressaltou a relação entre homem e Espírito por várias vezes durante sua jornada na Terra, e talvez alguns de seus ensinamentos pareçam incompreensíveis ou sejam erroneamente interpretados por essa associação. O Espiritismo surge então como uma chave, que pode explicar tudo mais facilmente e de maneira clara.

A Doutrina Espírita revela novos e profundos conceitos sobre Deus, o universo, a humanidade, os Espíritos e as leis que regem a vida. Ela merece ser estudada, analisada e praticada todos os dias de nossa existência, pois o seu valioso conteúdo servirá de grande impulso a nossa evolução.

Literatura espírita

Em qualquer parte do mundo, é comum encontrar pessoas que se interessem por assuntos como imortalidade, comunicação com Espíritos, vida após a morte e reencarnação. A crescente popularidade desses temas pode ser avaliada com o sucesso de vários filmes, seriados, novelas e peças teatrais que incluem em seus roteiros conceitos ligados à espiritualidade e à alma.

Cada vez mais, a imprensa evidencia a literatura espírita, cujas obras impressionam até mesmo grandes veículos de comunicação devido ao seu grande número de vendas. O principal motivo pela busca dos filmes e livros do gênero é simples: o Espiritismo consegue responder, de forma clara, perguntas que pairam sobre a Humanidade desde o princípio dos tempos. Quem somos nós? De onde viemos? Para onde vamos?

A literatura espírita apresenta argumentos fundamentados na razão, que acabam atraindo leitores de todas as idades. Os textos são trabalhados com afinco, apresentam boas histórias e informações coerentes que se baseiam em fatos reais.

Os ensinamentos espíritas trazem a mensagem consoladora de que existe vida após a morte, e essa é uma das melhores notícias que podemos receber quando temos entes queridos que já não habitam mais a Terra. As conquistas e os aprendizados adquiridos em vida sempre farão parte do nosso futuro e prosseguirão de forma ininterrupta por toda a jornada pessoal de cada um.

Divulgar o Espiritismo por meio da literatura é a principal missão da FEB Editora, que, há mais de cem anos, seleciona conteúdos doutrinários de qualidade para espalhar a palavra e o ideal do Cristo por todo o mundo, rumo ao caminho da felicidade e plenitude.

Conselho Editorial:
Jorge Godinho Barreto Nery – Presidente
Geraldo Campetti Sobrinho – Coord. Editorial
Edna Maria Fabro
Evandro Noleto Bezerra
Maria de Lourdes Pereira de Oliveira
Marta Antunes de Oliveira de Moura
Miriam Lúcia Herrera Masotti Dusi

Produção Editorial:
Rosiane Dias Rodrigues

Revisão:
Anna Cristina de Araújo Rodrigues
Elizabete de Jesus Moreira

Capa, Projeto Gráfico e Diagramação:
Luisa Jannuzzi Fonseca

Foto de Capa:
www.shutterstock.com/somchaij

Normalização Técnica:
Biblioteca de Obras Raras e Documentos Patrimoniais do Livro

Esta edição foi impressa pela Rettec Artes Gráficas e Editora, São Paulo, SP, com tiragem de 1mil exemplares, todos em formato fechado de 160x230 mm e com mancha de 128/189 mm. Os papéis utilizados foram o Lux Cream 70 g/m² para o miolo e o Cartão Triplex Poplar 300 g/m² para a capa. O texto principal foi composto em fonte Adobe Garamond 12/15 e os títulos em Filosofia Grand Caps 24/29. Impresso no Brasil. *Presita en Brazilo.*